教科書ガイド

ガイド

啓林館 版

ランドマーク
English Communication I

TEXT
BOOK
GUIDE

文研出版

はしがき

本書は，啓林館発行の高等学校・コミュニケーション英語Ⅰの教科書「LANDMARK English Communication Ⅰ」に準拠した教科書解説書として編集されたものです。教科書の内容がスムーズに理解できるよう工夫されています。予習や復習，試験前の学習にお役立てください。

本書の構成

各 Lesson	
単語・熟語チェック	教科書の新出単語・熟語を，用例付きで教科書の出現順に掲載。 使用する記号：　名 名詞　代 代名詞　形 形容詞 　副 副詞　動 動詞　助 助動詞 　前 前置詞　接 接続詞　熟 熟語 　間 間投詞
ポイント	本文の内容把握に役立つ質問を提示。
教科書本文	教科書各 Part の本文とフレーズ訳を掲載。 使用する記号： ・スラッシュ (/)　意味上の句切れや語句のまとまりを示す。 ・①②③ …　　　各文の通し番号
構成&内容チェック	本文の構成や概要を空所補充問題で確認。
教科書Qのヒント	正解に導くためのヒントとして，質問文の日本語訳と本文での該当箇所を提示。
読解のカギ	本文を理解する上で説明を要する部分をわかりやすく解説。また，関連問題に挑戦できる Q を設置。
Comprehension ❶ヒント More Information ❶ヒント	正解に導くためのヒントを掲載。
Grammar	新出文法事項をわかりやすく解説。 +α では発展・応用内容を掲載。
定期テスト予想問題	定期テストの予想問題を掲載。各 Lesson 範囲の文法事項や本文の内容を問う問題を出題。

※本書では，教科書本文の全訳や問題の解答をそのまま掲載してはおりません。

Contents

Lesson 1 Enjoy Your Journey!

単語・熟語チェック

PART ①

aboard	副（船・飛行機・電車などに）乗って	All the people **aboard** were rescued safely.	乗っていた人々は全員無事に救出されました。
reply	動（…と）返事をする	"No, thank you," he **replied**.	「いや，結構です。」と彼は返事をした。
seriously	副 深刻に	Don't take it so **seriously**.	そんなに深刻に受け取らないでください。
familiar	形 身近な	His name is **familiar** to me, but I haven't met him.	彼の名前はよく知っているが，会ったことはない。
regular	形〔スポーツ〕レギュラーの	The team was missing several **regular** players due to injury.	そのチームはけがでレギュラー選手を幾人も欠いていた。
achieve A	動 A を達成する	All this cannot be **achieved** in a day.	これ全部を1日では成し遂げられない。
be able to do	熟 ～することができる	He claims to **be able to** see into the future.	彼は未来を洞察できると言っている。
for example	熟 たとえば	I visited several cities in England, **for example**, London and Leeds.	私はイギリスのいくつかの都市，たとえばロンドン，リーズを訪ねた。
try to do	熟 ～しようとする	He **tried to** please everybody.	彼はみんなを喜ばせようとしました。
how to do	熟 ～のしかた	Can you tell me **how to** get to the zoo?	その動物園への行き方を教えてくださいませんか。
a piece of A	熟 1個の A	I bought **a piece of** pottery at the souvenir shop.	私はそのみやげ物屋で陶器を1つ買いました。

PART ②

image	名 イメージ，予想像	We are apt to have a false **image** of that country.	私たちはその国について誤ったイメージを抱きがちである。
skater	名 スケーター，スケート選手	The **skater** will be chosen to represent Japan.	そのスケーターは日本代表に選ばれるだろう。
medal	名 メダル，勲章	He won the gold **medal** in the 200-meter breaststroke.	彼は200メートル平泳ぎで金メダルを取った。
successful	形 成功した	Microsoft became one of the most **successful** companies in the world.	マイクロソフトは世界で最も成功した企業の1つとなった。
athlete	名 運動選手	He is remembered as a great **athlete**.	彼は偉大な運動選手として記憶されている。
tend	動 傾向がある	He **tends** toward selfishness.	彼は利己的になりがちだ。
vivid	形（記憶・描写などが）鮮明な	The scene is still **vivid** in my memory.	その情景は私の記憶の中で今なお鮮明だ。
declare A	動 A を宣言[公表]する	The player **declared** free agency.	その選手はフリーエージェントを宣言した。
eventually	副 ついに(は)，結局は	**Eventually**, I became the world champion.	ついに私は世界チャンピオンになった。

tend to *do*	熟 ~する傾向がある	These days, many people **tend to** eat in rather than eat out. 最近、多くの人々が外食するよりも自宅で食事する傾向がある。
give up *A*[*A* up]	熟 Aをあきらめる	She had to **give up** the idea of visiting the place. 彼女はその場所を訪ねるという考えをあきらめなければならなかった。
need to *do*	熟 ~する必要がある	We **need to** rebuild our house. 私たちは家を建て直す必要がある。
achieve *one's* goal	熟 目標を達成する	I worked hard to **achieve my goal**. 私は目標を達成するために努力した。
toward	前 ~に向かって	Find another goal and start **toward** it. 別の目標を見つけて、それに向かって歩き出してください。
Everest	名 エベレスト	They attempted to climb Mt. **Everest**. 彼らはエベレスト登頂を試みた。
extreme	形 極端な、常識外れの	She ruined her health by going on an **extreme** diet. 彼女はふつうでは考えられないダイエットをして体をこわした。
ability	名 能力	The job is beyond my **ability**. その仕事は私の能力を超えている。
sponsor	名 スポンサー、後援者	He is looking for a new **sponsor**. 彼は新しいスポンサーを探している。
too ~ to *do*	熟 とても~なので…できない	The weather is **too** bad **to** go for a walk. 天気がとても悪いので散歩に行くことができない。
set a goal	熟 目標を設定する	It's important to **set a goal** and move toward it. 目標を決めて、それに向かって進むことが大切です。
on *one's* own	熟 ひとりで、自力で	I've finished the work **on my own**. 私はひとりでその仕事を終えました。
overcome *A*	動 Aを乗り越える	Let's join forces to **overcome** the difficulties. 力を合わせて困難を乗り越えよう。
require *A*	動 Aを必要とする	We **require** a little more time to investigate that. それを調査するのにもう少し時間が必要です。
avoid *A*	動 Aを避ける	No one can **avoid** their destiny. だれも運命を避けることはできない。
nowhere	副 どこにも~ない	The cat was **nowhere** to be found. そのネコはどこにも見つからなかった。
go for *A*	熟 Aを勝ち取ろうとする[取りに行く]	I'll **go for** the world record. 私は世界記録を取りに行きます。
instead of *A*	熟 Aの代わりに	I'll buy this one **instead of** that. それの代わりにこれを買います。
take a rest	熟 休憩する	**Take a rest** from your work. 仕事を止めて休憩しなさい。
bon voyage	熟 よい旅を、どうぞご無事で	**Bon voyage!** 行ってらっしゃい。
to the fullest	熟 心ゆくまで、十分に	Enjoy your school life **to the fullest**. 学校生活を心ゆくまで楽しみなさい。

PART ① 　英文を読む前に，初めて習う文法を含んだ文を確認しましょう！ → p.7 ③・⑩

ポイント 　人生の新たなステージで何かに取り組もう。

① Welcome aboard! // ② You are now at a new stage / in your life. // ③ What
　　ようこそ　　　//　　あなたは今新たなステージにいる　/　人生の　//　あなたは

do you want to do? // ④ Many of you / may not be able / to answer this question /
何をしたいか　　//　みなさんの多くは / できないかもしれない / この質問に答えることが /

easily. // ⑤ Some may reply, / "I have no idea." //
簡単に　//　返事をする人もいるかもしれない /「わからない」と　//

⑥ Do not take the question / too seriously. // ⑦ Start with something familiar. //
その質問を受け止めてはいけない /　あまり深刻に　//　　身近なことから始めなさい　//

⑧ For example, / you can try / to "make a lot of new friends," / "become a regular
たとえば　/　あなたは挑戦できる /「たくさんの新しい友達をつくる」こと /　「レギュラー選手に

player / on your sports team," / "learn how to play the guitar," / or / "learn five
なる」こと /「スポーツチームで」/「ギターの弾き方を習得する」こと / あるいは /「5つ新しい

new English words / a day." //
英単語を覚える」ことに /「1日に」//

⑨ You see? // ⑩ You can find many things to do. // ⑪ You may say / that you
　わかるか　//　あなたはすることをたくさん見つけられる　//　あなたは言うかもしれない /

do not know / how to achieve these things. // ⑫ Well, / if that is the case, / here
わからないと /　これらのことを達成するやり方が　//　　さて　/　もしそうなら　/　4つ

are four pieces of advice / for you. //
のアドバイスがある　　　/　あなたに　//

✓ 構成&内容チェック 　本文を読んで，( )に合う日本語を書きなさい。

①～⑤ 本レッスンの導入部分。新たな(1. 　　　　　　　　)で何をしたいか問いかけている。

↓例示

⑥～⑧ (2. 　　　　　　　　)ことから考え始めるよう助言し，その例を示している。
「たくさんの新しい友達をつくる」ことや，「スポーツチームでレギュラー選手にな
る」こと，「ギターの弾き方を習得する」こと，「1日に5つ新しい英単語を覚える」
ことに挑戦できる。

⑨～⑫ 目標達成の方法がわからない人へ贈る(3. 　　　　　　　　)が4つあることを述
べている。

❗ 教科書 Q のヒント 　**Q1** What does "you are at a new stage in your life" mean?
(「あなたは人生の新たなステージにいる」とは何を意味していますか。) →現在の自分の立場は？

Q2 How many pieces of advice does the writer have for you?
(筆者にはあなたへのアドバイスがいくつありますか。) →本文⑫

✓ 構成&内容チェック の解答　1. ステージ[段階]　2. 身近な　3. アドバイス

🎵 **読解のカギ**

③ **What do you <u>want</u> <u>to do</u>?**
　　　　　　　　V　　O

➡ to do は名詞的用法の不定詞で「すること」という意味を表し，want の目的語となっている。want to *do* で「〜したい」という意味。

➡ 不定詞が「〜すること」という意味を表し，名詞の働きをして文の主語・補語・目的語となる不定詞の用法を名詞的用法と呼ぶ。　　　文法詳細 p.16 ▶

🎵 **Q1. 日本語にしなさい。**

He decided to join the soccer team.
(　　　　　　　　　　　　　　　　　　　　　　　　　　　　　　　　)

④ **Many of you may not be able to answer this question easily.**

➡ 助動詞を2つ続けて使えないので，can ではなく be able to が用いられている。

➡ this question は③ What do you want to do? を指している。

⑤ **Some may reply, "I have no idea."**

➡ この some は「〜するもの[人]もある[いる]」という意味。

➡ I have no idea. は「私にはわかりません。」という意味。

⑦ **Start with something familiar.**

➡ -thing で終わる語を形容詞が修飾する場合，〈-thing＋形容詞〉の語順になる。

⑧ **... you can try to "make a lot of new friends," "become a regular player on your sports team," "learn how to play the guitar," or "learn five new English words a day."**

➡ to "make a lot of new friends," (to) "become a regular player on your sports team," (to) "learn how to play the guitar," (to) "learn five new English words a day"は try の目的語となる名詞的用法の不定詞。try to *do* で「〜しようとする」という意味。

➡ how to *do* の形で「〜のしかた，どのように〜すべきか」という意味を表す。

➡ 〈疑問詞＋to *do*〉は名詞句として働き，文の主語・補語・目的語となる。

⑩ **You can find many <u>things</u> <u>to do</u>.**
　　　　　　　　　　　　　　↑_____|

➡ to do は形容詞的用法の不定詞で「する」という意味を表し，things を修飾している。

➡ 不定詞が「〜する，〜すべき，〜するための」という意味を表し，前の名詞や代名詞を修飾する不定詞の用法を形容詞的用法と呼ぶ。　　　文法詳細 p.16 ▶

🎵 **Q2. 並べかえなさい。**

私には助けてくれる友達がたくさんいます。
(me / have / to / a lot of / I / friends / help).

_____.

⑪ **You may say that you do not know how to achieve these things.**

➡ how to *do* の形で「〜のしかた，どのように〜すべきか」という意味を表す。

⑫ **Well, if that is the case, here are four pieces of advice for you.**

➡ the case は「事実，真相」という意味。

🎵 **読解のカギ** Q の解答　**Q1.** 彼はそのサッカーチームに入ることを決めた。　**Q2.** I have a lot of friends to help me(.)

PART ❷ 　英文を読む前に，初めて習う文法を含んだ文を確認しましょう！→ p.9 ⑧・⑪

ポイント 　明確な目標のイメージを持ち，その目標を公表しよう。

① First, / you should have a clear image / of your goal. // ② Then / you will have
第一に / あなたは明確なイメージを持つべきだ / あなたの目標についての // そうすれば / あなたはより

a better chance / to achieve it. // ③ Do you know Hanyu Yuzuru, / a figure skater? //
よい機会を持つだろう / それを達成するための 　あなたは羽生結弦を知っているだろうか / フィギュアスケーターの //

④ When he was a little kid, / he said / he wanted to win a gold medal / at the Olympic
　　彼は幼い子供の時に 　/ 　言った 　/ 　　金メダルを取りたいと 　/ 　オリンピックで

Games. // ⑤ He achieved this goal / when he was 19 years old. // ⑥ Like Yuzuru, /
　// 　　彼はこの目標を達成した / 　　19歳の時に 　　　// 　　結弦のように /

successful athletes tend to have a vivid image / of the goal / that they want to achieve. //
成功するスポーツ選手は鮮明なイメージを持っている傾向にある /目標についての / 自分が達成したい //

⑦ Second, / declare your goal. // ⑧ By doing so, / you cannot give it up easily, /
第二に 　/ 自分の目標を公表しなさい 　// そうすることで/ あなたはそれを簡単にあきらめられなくなる /

and　you may also get help / from others. // ⑨ Here is one good example. // ⑩ A high
そしてまた助けを得られるかもしれない / 他の人から 　// 　　ひとつよい例がある 　　// 　　ある女子

school girl declared her goal / to make a box lunch / for herself / every day / for five
高校生が自分の目標を公表した 　/ 　弁当を作るという / 　自分で 　/ 　毎日 　/ 　5

months. // ⑪ She needed to get up / at five in the morning / to make one. // ⑫ She
か月間 　// 　彼女は起きる必要があった 　/ 　朝5時に 　/ 弁当を作るために // 彼女はあきらめて

almost gave up, / but / her family and friends supported her. // ⑬ Eventually, / she
しまいそうになった / しかし / 　　家族や友人が彼女を支えた 　　　// 　　ついに / 彼女は

achieved her goal. //
自分の目標を達成した //

✓ **構成＆内容チェック** 　本文を読んで，（ ）に合う日本語を書きなさい。

①・② 目標達成のための1つ目のアドバイスを示している。
　目標についての明確な(1. 　　　　　　　)を持とう。そうすることで，目標達成のた
　めのよりよい機会が持てる。
　↓ 例示

③～⑥ 具体例として羽生結弦が行ったことを挙げている。
　羽生結弦はオリンピックで金メダルを取るという目標を持ち，19歳の時に実現させた。

⑦・⑧ 目標達成のための2つ目のアドバイスを示している。
　目標を(2. 　　　　　　)しよう。そうすることで，目標を簡単にあきらめられなく
　なるし，他の人からの(3. 　　　　　　　)を得られるかもしれない。
　↓ 例示

⑨～⑬ 具体例としてある女子高校生が行ったことを挙げている。
　ある女子高校生が毎日自分で弁当を作るという目標を(2)し，家族や友人の(3)を得
　て目標を達成した。

✓ **構成＆内容チェック** **の解答** 　1. イメージ 　2. 公表[宣言] 　3. 助力[助け]

（❗教科書Qのヒント）　**Q3** What did Yuzuru achieve when he was 19 years old?

（結弦は19歳の時に何を達成しましたか。）　→本文④・⑤

Q4 What time did the girl need to get up to achieve her goal?

（その女の子は目標を達成するために何時に起きる必要がありましたか。）　→本文⑪

（♪読解のカギ）

② **Then you will have a** <u>better chance</u> <u>to achieve</u> **it.**

➡ to achieve は形容詞的用法の不定詞で「達成するための」という意味を表し，to achieve it が a better chance を修飾している。

④ **... he said he** <u>wanted</u> <u>to win</u> **a gold medal at the Olympic Games.**
　　　　　　　　　　　V　　　　　　　　O

➡ to win は名詞的用法の不定詞で「獲得すること」という意味を表し，to win 以下が want の目的語となっている。want to *do* で「〜したい」という意味。

⑥ **... a vivid image of** <u>the goal</u> <u>that</u> **they want to achieve.**
　　　　　　　　　先行詞┗━━━┛関係代名詞（目的格）

➡ that は目的格の関係代名詞で，that 以下が先行詞 the goal を修飾している。

⑧ **By** <u>doing</u> **so, you cannot give it up easily, and you may also get help from others.**

➡ doing は動名詞で「すること」という意味を表す。doing so は⑦の declare your goal の内容を受けている。

➡ 動名詞はあとに続く目的語や前置詞句，副詞を伴って名詞のまとまりを作る。doing so が名詞のまとまりで，前置詞 by の目的語となっている。　文法詳細 p.17▶

➡ it は⑦の your goal を指している。

（♪Q1. 日本語にしなさい。）

Wash your hands before having dinner.

（　　　　　　　　　　　　　　　　　　　　　　　　　　　　　）

⑩ **...** <u>her goal</u> <u>to make</u> **a box lunch for herself every day for five months.**
　　　　　┗━━＝━━┛

➡ to make は形容詞的用法の不定詞で，to make 以下は「5か月間，毎日自分で弁当を作るという」という意味を表し，her goal の内容を具体的に説明している。

⑪ **She** <u>needed to get up at five in the morning</u> <u>to make one</u>**.**

➡ to make は目的を表す副詞的用法の不定詞で「作るために」という意味を表す。one は⑩の a box lunch のくり返しを避けるために使われている。　文法詳細 p.16▶

（♪Q2. 並べかえなさい。）

私はラッシュアワーを避けるために早く家を出た。

(the / left / rush hour / to / home / I / early / avoid).

_____

⑬ **Eventually, she achieved** her goal.

➡ her goal は⑩の her goal to make a box lunch for herself every day for five months のこと。

（♪読解のカギ）Qの解答　**Q1.** 夕食を食べる前に手を洗いなさい。　　**Q2.** I left home early to avoid the rush hour(.)

PART ③

ポイント 目標の達成が困難なときは，小さなステップを踏んでいこう。

① What should you do / when your goal is too difficult / to achieve? //
あなたはどうすべきだろうか / あなたの目標があまりに困難なとき / 達成するのに //

② The
3つ

third piece of advice / is to take small steps / toward your goal. // ③ Here is the
目のアドバイスは / 小さなステップを踏むことだ / あなたの目標に向かって // ここに話が

story / of Minamiya Marin. //
ある / 南谷真鈴さんの //

④ When Marin was a high school student, / she set a goal / to climb Mt.
真鈴さんは高校生の時に / 目標を定めた / エベレストに

Everest. // ⑤ It was an extreme goal / for her / because she had very little
登るという // それはふつうでは考えられない目標だった / 彼女にとって / 彼女には経験がほとんど

experience / in climbing high mountains. // ⑥ However, / she did not give up / and
なかったからだ / 高い山に登った // しかしながら / 彼女はあきらめなかった /

took small steps. // ⑦ She trained hard / every day / and improved her climbing
そして小さなステップを踏んだ // 彼女は一生懸命トレーニングした / 毎日 / そして自身の登山技術を向上

ability. // ⑧ She also found sponsors / on her own / and collected money / to go
させた // 彼女はまたスポンサーを見つけた / 自力で / そして資金を調達した / そこに

there. // ⑨ Finally, / she reached the top of Mt. Everest / when she was 19 years
行くための // ついに / 彼女はエベレストに登頂した / 19歳の時

old. //
//

✓ **構成＆内容チェック** **本文を読んで，（　）に合う日本語を書きなさい。**

①・② 目標達成のための3つ目のアドバイスを示している。
　目標の達成が困難なときは，小さな(1.　　　　　　)を踏むとよい。

↓ 例示

③〜⑨ 具体例として南谷真鈴が行ったことを挙げている。
　南谷真鈴は高校生の時にエベレスト登頂という目標を持つと，毎日一生懸命トレーニ
　ングし，登山(2.　　　　　　)を向上させ，自力で(3.　　　　　　)を見つけ資
　金を調達した。そして，19歳の時に目標を達成した。

❗ **教科書Qのヒント** **Q5** Why was Marin's goal extreme?
（なぜ真鈴の目標はふつうでは考えられないものだったのですか。） →本文⑤

Q6 How did Marin make money to go to Mt. Everest?
（真鈴はどのようにしてエベレストに行く資金を作りましたか。） →本文⑧

✓ **構成＆内容チェック** **の解答** 1. ステップ 2. 技術 3. スポンサー

🎵 読解のカギ

① **What should you do when your goal is too difficult to achieve?**

➡ too 〜 to *do* は「とても〜なので…できない，…するには〜すぎる」という意味。〜には形容詞[副詞]が入る。不定詞の意味上の主語を明示するときは，to の前に for *A* を置く。

🎵 **Q1. 並べかえなさい。**

あなたが話すのは速すぎて理解できませんでした。

(talked / to / too / you / fast / understand).

_____.

② **The third piece of advice is to take small steps toward your goal.**
　　　　　　　　　　　　　　　　　　V　　　　　　　　　　　　　　　C

➡ to take は名詞的用法の不定詞で「踏むこと」という意味を表し，to take 以下が文の補語となっている。

③ **Here is the story of Minamiya Marin.**

➡ Here is 〜 . は特に相手の注意を引くために用いて，「(ほら)ここに〜があります。」という意味を表す。

➡ 南谷真鈴は日本の女性登山家・冒険家。2016 年にエベレストに登頂し，日本人最年少記録を更新。そして同年，デナリを登頂したことで 7 大陸最高峰(セブンサミッツ)制覇の日本人最年少記録を更新した。さらに，翌年，北極点に到達し，「エクスプローラーズ・グランドスラム」達成の世界最年少記録を樹立した。

④ **When Marin was a high school student, she set a goal to climb Mt. Everest.**
　　　　　　　　　　　　　　　　　　　　　　　　　　　└ = ┘

➡ set a goal は「目標を設定する」という意味。

➡ to climb は形容詞的用法の不定詞で，to climb 以下は「エベレストに登るという」という意味を表し，a goal の内容を具体的に説明している。

⑤ **It was an extreme goal for her because she had very little experience in climbing high mountains.**

➡ It は④の a goal to climb Mt. Everest を指している。

➡ climbing は動名詞で「登ること」という意味を表し，climbing 以下は前置詞 in の目的語となっている。

⑧ **She also found sponsors on her own and collected money to go there.**

➡ on *one's* own は「ひとりで，自力で」という意味。

➡ to go は形容詞的用法の不定詞で「行くための」という意味を表し，to go there が money を修飾している。there は to Mt. Everest を表している。

🎵 **Q2. 日本語にしなさい。**

Can you finish the homework on your own?

(　　　　　　　　　　　　　　　　　　　　　　　　　　　　　　　　)

🎵 読解のカギ Q の解答　**Q1.** You talked too fast to understand (.)
Q2. ひとりでその宿題を終えることができますか。

PART ④ 　英文を読む前に，初めて習う文法を含んだ文を確認しましょう！ → p.13 ③

ポイント　目標までのステップを楽しもう。

① The last piece of advice / is to enjoy the steps / toward your goal. // ② You
最後のアドバイスは　／　ステップを楽しむことだ　／　あなたの目標に向けての　//　あなたは

may face difficulties / at some steps. // ③ Overcoming them will require / a lot of
困難に直面するかもしれない ／ いくつかのステップで // それらを乗り越えるには必要だろう ／ たくさん

your time and energy. // ④ However, / as Marin said, / "Avoiding things / will get
のあなたの時間と労力が／しかしながら／真鈴さんが言ったように／「ものごとを避けることは／何にも

you nowhere. // ⑤ Go for it!" // ⑥ Instead of running away / from the difficulties, /
つながらない　//　頑張って」　//　逃げるのではなく　／　困難から　／

try to enjoy the small steps / and the whole journey / toward your goal. // ⑦ If you
小さなステップを楽しもうとしなさい ／ そして旅の全行程を ／ あなたの目標に向けての // もし

get tired, / take a rest. // ⑧ It is not a waste of time. //
疲れたなら ／ 休憩しなさい // 　それは時間の無駄ではない //

　⑨ So, / bon voyage! // ⑩ Enjoy your journey / to the fullest! //
それでは ／ 行ってらっしゃい ／ あなたの旅を楽しみなさい ／ 心ゆくまで //

✔ **構成＆内容チェック**　本文を読んで，（　）に合う日本語を書きなさい。

①〜⑧ 目標達成のための４つ目のアドバイスを示している。

　目標までの(1.　　　　　　　)を楽しもう。(2.　　　　　　　　)に直面しても逃げる
　ことなく，目標に向けての小さな (1) と旅の全行程を楽しみ，疲れたら
　(3.　　　　　　　)ことが大切だ。(3)ことは時間の無駄ではない。

↓

⑨・⑩ 本レッスンを激励の言葉で締めくくっている。

 教科書Qのヒント　**Q7** What is the last piece of advice?
（最後のアドバイスは何ですか。）　→本文①

Q8 What should you do when you get tired?
（疲れたときは何をすべきですか。）　→本文⑦

🎵 **読解のカギ**

① **The last piece of advice is** <u>to enjoy</u> **the steps toward your goal.**
（V）（C）

→ to enjoy は名詞的用法の不定詞で「楽しむこと」という意味を表し、to enjoy 以下が文の補語となっている。

③ <u>Overcoming</u> **them** <u>will require</u> <u>a lot of your time and energy</u>.
（S）（V）（O）

→ Overcoming は動名詞で「乗り越えること」という意味を表し、Overcoming them が文の主語となっている。them は②の difficulties を指している。 文法詳細 p.17

④ **However, as Marin said, "**<u>Avoiding things</u> <u>will get</u> <u>you</u> **nowhere.**
（S）（V）（O）

→ as は〈様態〉を表す接続詞で、「～(する)ように」という意味。

→ Avoiding は動名詞で「避けること」という意味を表し、Avoiding things が文の主語となっている。

⑤ **Go for it!"**

→ go for A は「A を勝ち取ろうとする[取りに行く]」という意味。

→ go for it は「目標に向かって進む[努力する]、頑張ってやってみる」という意味。Go for it! は何かに挑戦しようとしている人を励ますときに用いる表現。

⑥ **Instead of** <u>running away</u> **from the difficulties,** <u>try</u> <u>to enjoy</u> **the small**
（V）（O）
steps and the whole journey toward your goal.

→ instead of A は「A の代わりに」という意味。

→ running away は動名詞で「逃げること」という意味を表し、running ... difficulties が前置詞 of の目的語となっている。

→ to enjoy は名詞的用法の不定詞で「楽しむこと」という意味を表し、to enjoy 以下が try の目的語となっている。try to do で「～しようとする」という意味。

🎵 **Q1. 並べかえなさい。**

彼女はみんなを喜ばせようとした。(tried / everybody / to / she / please).

_____.

🎵 **Q2. 日本語にしなさい。**

He sent his brother instead of coming himself.

(　　　　　　　　　　　　　　　　　　　　　　　　　　　)

⑦ **If you get tired, take a rest.**

→ get tired は「疲れる」という意味。

→ take a rest は「休憩する」という意味。

⑧ **It is not a waste of time.**

→ It は⑦の take a rest を指している。

⑩ **Enjoy your journey to the fullest!**

→ to the fullest は「心ゆくまで、十分に」という意味。

🎵 **読解のカギ Q の解答　Q1.** She tried to please everybody(.)
Q2. 彼は自分は来ないで兄[弟]をよこした。

🄲 Comprehension ❗ヒント

Fill in the blanks to complete the summary of the essay.

（下線部に適切な語を入れて，エッセーの要約を完成させなさい。）

問　あなたは高校で何をしたいですか。

　　何をすればよいかわからない場合は？

　　➡ 1 ＿＿＿ことから始めなさい。（教 p.14, ℓℓ.5~6）

　　どのようにすればよいかわからない場合は？

　　➡ 2 ＿＿＿つのアドバイスがある。（教 p.14, ℓℓ.12~13）

最初のアドバイス

　　3,4 自分の目標についての＿＿＿イメージを＿＿＿。（教 p.15, ℓℓ.1~2）

　　➡ 5 一例はフィギュアスケーターの＿＿＿である。（教 p.15, ℓℓ.4~5）

2つ目のアドバイス

　　6 自分の目標を周囲の人たちに＿＿＿。（教 p.15, ℓ.12）

　　➡ 7 一例は毎朝弁当を作ったある女子＿＿＿である。（教 p.15, ℓℓ.14~16）

3つ目のアドバイス

　　8 自分の目標に向けて小さなステップを＿＿＿。（教 p.16, ℓℓ.2~3）

　　➡ 9 一例は＿＿＿である。彼女はエベレストに登った。（教 p.16, ℓ.3, ℓℓ.10~11）

最後のアドバイス

　　10,11 自分の目標に向けての＿＿＿を＿＿＿。（教 p.17, ℓℓ.1~2）

　　➡ 12 疲れた場合は？　そのときは休憩を＿＿＿なさい。（教 p.17, ℓℓ.7~8）

ℹ️ More Information ⚡ヒント

Questions

1. 📕 p.22 の 1 ～ 6 の功績のうち，あなたが最も興味があるのはどれかを答える。

  ➡️ 1 ～ 6 の過去の優勝者がしたことの中から，自分が最も興味のあるものを選んで書く。

2. 1. でその功績を選んだ理由を答える。

  ➡️ 1. で選んだ功績に最も興味を持った理由を書く。その功績に対する感想や，どういった点に感銘を受けたかなどを具体的にまとめるとよい。

  ➡️ 次のような表現を使ってもよい。I am surprised[amazed] (that) ～「私は～であることに驚いている」，It is surprising[amazing] (that) ～「～であることは驚きだ」，I think (that) ～「私は～だと思う」，the setting period「設定期間」，needed to ～「～する必要があった」，had to ～「～しなければならなかった」，tried to ～「～しようとした」，didn't give up *do*ing「～することをあきらめなかった」，to achieve ～「～を達成するために」，admire「～に敬服する」，respect「～を尊敬する」，hard work / great effort(s)「多大な努力」

Presentation

・チャレンジカップ競技会に参加する場合，次の 3 つの作業が必要である。

  ①チャレンジカップ競技会に向けての計画を立てる。

  ②チームを作って，チームメートと一緒に所定のレジメに必要事項(チーム名，リーダー，メンバー，挑戦すること)を記入する。

  ➡️ 挑戦することについては，たとえば，環境への取り組みを考える場合，save electricity「電気を節約する」，save water「水を節約する」，reduce waste「ゴミを減らす」，clean「清掃する」などが候補として挙げられる。これらのことを We are going to ～「私たちは～するつもりだ」，We want to ～「私たちは～したい」などの表現を使って記入するとよい。

  ③そのレジメに基づいて，クラスメートにプレゼンテーションをする。

  ➡️ プレゼンテーションでは，レジメに書いた挑戦することについて，具体的にどのような取り組みをするつもりかを挙げるとよい。たとえば，「学校の電気を節約する。」と書いた場合，「明るさが足りていれば，窓側の照明を消す。」「昼休みはすべての教室の照明を消す。」「教室内のテレビやパソコンは，使用していない時はコンセントから抜いておく。」「教室のエアコンの設定温度は夏 28 度，冬 20 度を厳守する。」「エアコンの使用中は，ドアや窓をきちんと閉める。」「移動教室の時は，教室の照明を消す。」などの取り組みが挙げられる。これらの取り組みを To achieve it, we are going to ～「それを達成するために，私たちは～するつもりだ」などの表現を使って伝えるとよい。

📖 Grammar

G-1 不定詞〈to ＋動詞の原形〉

▶不定詞とは
・〈to＋動詞の原形〉の形で，文中で名詞・形容詞・副詞の働きをするものを不定詞という。

名詞的用法
・不定詞を含む語句に名詞の働きをさせて**「〜すること」**という意味を表し，文中で主語・補語・目的語にすることができる。このような不定詞の用法を不定詞の**名詞的用法**という。

① 主語になる

To read 100 books in a year is my goal.
　　S　　　　　　　　　　 V

(1年に100冊の本を読むことが私の目標だ。)

② 補語になる

Her dream is to be a singer.
　　　　　 V　　C

(彼女の夢は歌手になることだ。)

➡ 補語とは主語がどういうものであるかを説明する働きをするものである。

③ 目的語になる

I want to travel abroad.
　 V　　O

(私は海外旅行をしたいと思っている。)

形容詞的用法
・不定詞で直前の名詞や代名詞を後ろから修飾し，**「〜する…」「〜すべき…」「〜するための…」**という意味を表すことがある。このような不定詞の用法を不定詞の**形容詞的用法**という。また，不定詞が直前の名詞の内容を同格的に修飾して，**「〜するという…」**という意味を表すこともある。

You have a lot of friends to help you.

(あなたには，あなたを助けてくれる友達がたくさんいる。)

➡ to help you が直前の名詞 a lot of friends を修飾している。

副詞的用法
・不定詞で名詞以外の語句(動詞・形容詞・副詞など)や文全体を修飾し，**「〜するために」「〜して…」**という意味を表す不定詞の用法を不定詞の**副詞的用法**という。

① 目的を表す副詞的用法

I practice soccer every day to become a regular player on my team.

(私はチームでレギュラー選手になるために，毎日サッカーを練習している。)

➡ to become 以下は，「私が毎日サッカーを練習している」目的を表している。

+ α

② 感情の原因を表す副詞的用法

I'm glad **to see** you.　（私はあなたに会えてうれしい。）

➡ to see you は，glad という感情の原因を表している。

③ 判断の根拠を表す副詞的用法

You are very kind **to help** us.　（私たちを手伝ってくれるなんて，あなたはとても親切ですね。）

➡ to help us は，very kind だと判断した根拠を表している。

G-2 動名詞〈動詞の -ing 形〉

▶動名詞とは

・動詞の原形に **-ing** が付いたもののうち**「～すること」**という名詞の働きをするものを動名詞という。動名詞は，目的語や副詞(句)を伴って名詞の働きをし，文中で主語・補語・目的語・前置詞の目的語になる。

動名詞が主語

<u>Trying new things</u> <u>is</u> good for you.
　　S　　　　　　V

（新しいことに挑戦することは，あなたにとってよいことだ。）

➡ 動名詞の主語は**単数扱い**なので，あとの動詞の形に注意する。

動名詞が補語

Haruto's hobby <u>is</u> <u>listening</u> to rap music.
　　　　　　　V　　C

（ハルトの趣味はラップ音楽を聞くことだ。）

動名詞が目的語

I <u>enjoyed</u> <u>running</u>.
　V　　O

（私は走ることを楽しんだ。）

動名詞が前置詞の目的語

We won the championship by <u>practicing</u> very hard.
　　　　　　　　　　　前置詞　　前置詞の目的語

（私たちはとても一生懸命練習することで優勝した。）

+ α

動名詞と不定詞

動名詞と不定詞はどちらも動詞の目的語になる。どちらを目的語とするかは動詞によって決まる。動名詞のみを目的語とする動詞，不定詞のみを目的語とする動詞，どちらも目的語とする動詞がある。

・動名詞のみを目的語とする動詞 … enjoy(～を楽しむ)，finish(～を終える) など
・不定詞のみを目的語とする動詞 … decide(～を決心する)，hope(～を望む) など
・動名詞も不定詞も目的語とする動詞

forget *do*ing「～したことを忘れる」　try *do*ing「(実際に)～してみる」
forget to *do*「～することを忘れる」　try to *do*「～しようと試みる」　　など

📝 定期テスト予想問題　解答 ➡ p.20

1 日本語の意味に合うように，___に適切な語を入れなさい。
(1) あなたはすぐにその店を見つけることができるだろう。
You will _____ _____ to find the store soon.
(2) 彼は注意力が散漫になる傾向がある。
He _____ _____ be careless.
(3) 私は夢をあきらめ，その会社で働くことに決めた。
I _____ _____ my dream and decided to work for the company.
(4) 彼女は目標を達成するために一生懸命頑張った。
She tried hard to _____ her _____.

2 （　）内の語句のうち，適切なほうを選びなさい。
(1) I enjoyed (to dance, dancing) last night.
(2) I want (to go, going) shopping in New York.
(3) She is really good at (to play, playing) basketball.

3 日本語に合うように，（　）内の語句や符号を並べかえなさい。
(1) クラシック音楽を聞くことは私にとってはとても楽しいことだ。
(lot / music / of / to / is / classical / listening / a / fun) for me.
_____ for me.
(2) 私は英語を学ぶために，毎日アメリカのテレビドラマを見る。
(TV dramas / watch / to / English / learn / I / American / ,) every day.
_____ every day.
(3) これがその問題を解決する最善の方法だ。
(is / the problem / to / way / the / this / best / solve).
_____.
(4) あなたはインターネットの上手な使い方を知っていますか。
(the / use / know / well / do / to / Internet / you / how)?
_____?

4 次の日本語を英語にしなさい。
(1) 彼らは私がこの記事を書いたと知って驚いている。
_____
(2) 私は南極(Antarctica)の自然について話をしたい。
_____

5 次の英文を読んで，あとの問いに答えなさい。

　①What should you do when your goal is (　　) difficult (　　) achieve? The third piece of advice is to take small steps toward your goal.　Here is the story of Minamiya Marin.

　When Marin was a high school student, she set a goal to climb Mt. Everest. ②It was an extreme goal for her because she had very little experience in climbing high mountains.　However, she did not give up and took small steps. She trained hard every day and improved her climbing ability.　She also found sponsors ③on her own and collected money to go there.　Finally, she reached the top of Mt. Everest when she was 19 years old.

(1) 下線部①が，「あなたの目標がとても困難で達成できない場合，どうすべきでしょうか」という意味になるように，(　)に適切な語を入れなさい。
　　＿＿＿＿＿＿＿，＿＿＿＿＿＿＿
(2) 下線部②が指すものを日本語で答えなさい。
　　(　　　　　　　　　　　　　　　)
(3) 下線部③とほぼ同じ意味を表すものを選び，記号で答えなさい。
　　a. completely　　**b.** for herself
　　c. as she liked　　**d.** with some effort　　　　　(　　)
(4) 次の質問に英語で答えなさい。
　　Why did Marin collect money?
　　＿＿＿＿＿＿＿＿＿＿＿＿＿＿＿＿＿＿＿＿＿＿

6 次の英文を読んで，あとの問いに答えなさい。

　The last piece of advice is to enjoy the steps toward your goal.　You may face difficulties at some steps.　Overcoming ①them will require a lot of your time and energy.　However, as Marin said, "②(nowhere / things / you / will / avoiding / get).　Go for it!"　Instead of ③(run) away from the difficulties, try to enjoy the small steps and the whole journey toward your goal.　If you get tired, take a rest.　It is not a waste of time.

(1) 下線部①が指すものを本文中から抜き出しなさい。
　　＿＿＿＿＿＿＿＿＿
(2) 下線部②が「ものごとを避けることは何にもつながりません」という意味になるように，(　)内の語を並べかえなさい。
　　＿＿＿＿＿＿＿＿＿＿＿＿＿＿＿＿＿＿＿＿＿＿＿＿．
(3) 下線部③の(　)内の語を適切な形に変えなさい。
　　＿＿＿＿＿＿＿＿＿

定期テスト予想問題　解答　pp.18~19

1 (1) be able　　(2) tends to
　(3) gave up　　(4) achieve, goal(s)

2 (1) dancing　　(2) to go　　(3) playing

3 (1) Listening to classical music is a lot of fun
　(2) To learn English, I watch American TV dramas
　(3) This is the best way to solve the problem(.)
　(4) Do you know how to use the Internet well(?)

4 (1) They are surprised to know (that) I wrote this article.
　(2) I want to talk about nature in Antarctica.

5 (1) too, to　　(2) エベレストに登るという目標　　(3) b
　(4) 例 To go to Mt. Everest.

6 (1) difficulties　　(2) Avoiding things will get you nowhere(.)
　(3) running

💡 解説

1 (1) 助動詞を2つ続けて使うことはできないので，can ではなく，be able to を使う。

2 (1) enjoy は目的語に動名詞をとる。　(2) want は目的語に不定詞をとる。
　(3) 前置詞の目的語にできるのは動名詞。

3 (1) 動名詞 listening で始まる句を文の主語にする。　(2)「~するために」は不定詞の副詞的用法。　(3)「~する…」は不定詞の形容詞的用法。way を後ろから修飾する。　(4)「~のしかた」は〈how to＋動詞の原形〉で表す。

4 (1)「~して驚いている」は〈be 動詞＋ surprised to ＋動詞の原形〉の形にする。　(2)「南極の自然」は nature in Antarctica。

5 (1)「とても~で…できない」は too ~ to *do* を用いて表すことができる。
　(2) 直前の文を参照。It は a goal to climb Mt. Everest を指す。　(3) on *one's* own は「ひとりで，自力で」という意味。for herself がほぼ同じ意味を表す。
　(4)「真鈴はなぜ資金を集めたのですか。」第2段落5文目を参照。

6 (1) 直前の文を参照。them は difficulties を指す。　(2)「ものごとを避けること」は動名詞を用いて，avoiding things と表し，これを主語にする。「何にもつながりません」は残った語から「あなたをどこにも導かないでしょう」と考えて，will get you nowhere とする。　(3) instead of *A* は「A の代わりに」という意味。前置詞 of に続くので，動詞は動名詞の形になる。

Lesson 2 Curry Travels around the World

単語・熟語チェック

PART ①

単語・熟語	品詞・意味	例文
stew A / stew	動 A を煮込む 名 シチュー	My mother **stewed** some tomatoes and beans. 母はトマトと豆を煮込んだ。
various	形 さまざまな	The TV program introduced **various** movies. そのテレビ番組ではさまざまな映画を紹介した。
spice	名 スパイス	There are many kinds of **spices** in my kitchen. 私のキッチンにはたくさんの種類のスパイスがある。
sauce	名 ソース	This **sauce** is made from many kinds of vegetables. このソースは多くの種類の野菜からできています。
think of A	熟 A を思いつく	No one was able to **think of** a better idea. だれもよりよいアイデアを思いつけなかった。
(be) similar to A	熟 A と似ている	The plot of that movie **is similar to** this novel's. あの映画のあらすじはこの小説のあらすじと似ている。
come from A	熟 A から来る, A に起源がある	This kind of cat **comes from** Egypt. この種類のネコはエジプトから来ている。

PART ②

単語・熟語	品詞・意味	例文
colony	名 植民地	Some parts of America were British **colonies** in the past. アメリカの一部の地域は過去にはイギリスの植民地だった。
clerk	名 職員, 書記	He was a **clerk** in our company. 彼は私たちの会社の職員だった。
gradually	副 徐々に, 次第に	It is **gradually** getting colder. 徐々に寒くなっている。
powder	名 粉	We can make soup easily with this **powder**. この粉で簡単にスープを作ることができる。
mix A	動 A を混ぜる	I **mixed** a cup of milk into the potato soup. 私はポテトスープにカップ1杯の牛乳を混ぜた。
popularity	名 人気	The **popularity** of the song soon spread across the nation. その歌の人気はすぐに国中に広まった。
flour	名 小麦粉	Bread is made from **flour**. パンは小麦粉から作られる。
in the past	熟 かつて, 過去に	Many people lived here **in the past**. かつて, ここにはたくさんの人が住んでいた。
bring back A[A back]	熟 A を持ち帰る	He **brought back** magazines from his parents' house. 彼は両親の家から雑誌を持ち帰った。
at the beginning of A	熟 A の初めに	He moved here **at the beginning of** this year. 今年の初めに, 彼はここに引っ越してきた。
to one's (own) taste	熟 ～の好みに合わせて	My mother made my lunch **to my taste**. 母は私の好みに合わせて昼食を作ってくれた。

PART ③

単語・熟語	品詞・意味	例文
sail	動 航海する	Many Europeans **sailed** to India in the past. 過去に多くのヨーロッパ人がインドまで航海した。
era	名 時代	We're studying about the culture of the Meiji **era**. 私たちは, 明治時代の文化について勉強している。

import A	動 Aを輸入する	Many kinds of vegetables are **imported** from America. 多くの種類の野菜がアメリカから輸入されている。
price	名 値段	What is the **price** of this computer? このコンピュータの値段はいくらですか。
surprisingly	副 驚いたことに	**Surprisingly**, she has already finished her homework. 驚いたことに，彼女はすでに宿題を終えてしまっている。
frog	名 カエル	**Frogs** can live both on land and in water. カエルは陸上と水中の両方で生きることができる。
military	名 軍隊	My grandfather was a soldier in the **military**. 祖父は軍の兵士だった。
adopt A	動 Aを採用する	The captain of our team **adopted** his own style. 私たちのチームのキャプテンは自分のやり方を採用した。
soldier	名 兵士	The ship is carrying many **soldiers**. その船は多くの兵士を輸送している。
ideal	形 理想的な	This is an **ideal** home for my parents. これが両親にとっての理想的な家庭である。
amount	名 量	The **amount** of imported rice is still small. 輸入される米の量はまだ少ない。
in those days	熟 その当時は	**In those days**, I was a basketball player. その当時は，私はバスケットボールの選手だった。
it[that] is because ～	熟 それは～だからだ	**It was because** she studied very hard. それは彼女がとても熱心に勉強したからだった。
in large amounts	熟 大量に	We need flour **in large amounts** to make cakes. 私たちはケーキを作るために小麦粉が大量に必要だ。
go back home	熟 故郷[家]に戻る	I **went back home** for Christmas. 私はクリスマスのために故郷に戻った。
because of A	熟 Aのために	**Because of** the train accident, he was late. 列車事故のため，彼は遅刻した。
spread	名 広がり, 普及, 蔓延	**Spread** of disease can influence history. 病気の蔓延は歴史に影響を及ぼすことがある。
curry-based	形 カレーをもとにした	Do you like **curry-based** foods? あなたはカレーをもとにした食べものは好きですか。
invent A	動 Aを発明する	The telephone was **invented** in the 19th century. 電話は 19 世紀に発明された。
bakery	名 パン屋, ケーキ屋	Let's buy some bread at the **bakery**. そのパン屋でパンを買いましょう。
curry-flavored	形 カレー風味の	My sister often buys **curry-flavored** snacks. 妹はカレー風味のお菓子をよく買う。
probably	副 おそらく	She will **probably** come soon. 彼女はおそらくすぐに来るだろう。
roux	名 ルー	My favorite curry **roux** was sold out. 私のお気に入りのカレールーは売り切れだった。
pouch	名 袋	The store has many kinds of foods in **pouches**. その店には多くの種類の袋入りの食品がある。
export A	動 Aを輸出する	Those old computers were **exported** from Japan. それらの古いコンピュータは日本から輸出された。

PART ④

astronaut	名 宇宙飛行士	I want to be an **astronaut** and go to space. 私は宇宙飛行士になって宇宙へ行きたい。
suppose	動 ～だと思う	I **suppose** that's the best thing we can do. それが私たちにできる最善のことだと思う。
cafeteria	名 カフェテリア	Our school has a large **cafeteria**. 私たちの学校には大きなカフェテリアがある。
A such as *B*	熟 B のような A	I like spicy food **such as** curry. 私はカレーのような辛い食べ物が好きだ。
be born	熟 生まれる	I **was born** in Nagoya. 私は名古屋で生まれた。
That's all (for *A*)	熟 （A は）これで 終わりだ	**That's all for** today's lesson. 今日の授業はこれで終わりです。

PART ①　英文を読む前に，初めて習う文法を含んだ文を確認しましょう！ → p.25 ⑥

ポイント　「カレー」という語はどのようにして生まれたか。

① Hello / there! // ② Today / I'm going to talk about curry. // ③ When you
こんにちは/ みなさん　//　今日は /　　カレーについて話そうと思う　//　　　　「カレー」

hear the word "curry," / what country do you think of? // ④ Yes, India! // ⑤ Many
という言葉を聞くと　　/　みなさんはどの国を思い浮かべるか//　　そう /　インド // みなさんの

of you know / that India is the home of curry. // ⑥ However, / do you know / that
多くは知っている /　　インドがカレーの発祥地だと　//　　　しかし　/　知っているか /

there is no dish / called curry / in India? //
料理が１つもない　/ カレーと呼ばれる/インドには//

⑦ Of course, / there are many dishes / similar to curry / in India. // ⑧ For
　　もちろん　/　　たくさんの料理がある　/　　カレーに似た　/　インドには//

example, / people often stew meat or vegetables / with various spices. //
たとえば　/　　　　人々はよく肉や野菜を煮込む　　　/　さまざまなスパイスと一緒に //

⑨ However, / they do not call such dishes "curry." // ⑩ A long time ago, / the
　しかし　/ 彼らはそのような料理を「カレー」と呼ばない　//　　　ずっと昔　　　/

British people began / to use the word "curry" / to explain such Indian dishes. //
イギリスの人々が始めた　/「カレー」という言葉を使うことを / そのようなインド料理を説明するために //

⑪ This word comes from "kari," / the Tamil word / for "a sauce" or "a soup." //
　　この言葉は「カリ」に起源がある　/　タミル語の言葉 /「ソース」や「スープ」を表す //

✓ **構成＆内容チェック**　本文を読んで，（　）に合う日本語を書きなさい。

①〜⑤ 本レッスンの導入部分。カレーと（1.　　　　　　　　　）の関係についての一般論を述べている。

 逆接

⑥ 前で述べた事柄とは異なる事実を述べている。
　（１）にはカレーと呼ばれる料理はない。

 解説

⑦〜⑨ ⑥で述べた事実を具体的に説明している。
　カレーに似た料理はある。たとえば，（１）の人々はよく，肉や野菜をさまざまな
　（2.　　　　　　　　　）と一緒に煮込む。しかし，（１）の人々はそれらをカレーとは呼ば
　ない。

＋

⑩・⑪ ⑥で述べた事実をさらに説明している。
　「カレー」は，イギリスの人々が肉や野菜をさまざまな（２）と一緒に煮込んだ料理を
　説明するために使い始めた言葉で，タミル語の（3.　　　　　　　）やスープを意味す
　る「カリ」に起源がある。

✓ **構成＆内容チェック** の解答　1. インド　　2. スパイス　　3. ソース

Q1 Is there a dish called curry in India?

（インドにはカレーと呼ばれる料理はありますか。） →本文⑥

Q2 Who began to use the word "curry"?

（だれが「カレー」という言葉を使い始めましたか。） →本文⑩

読解のカギ

⑥ **However, do you know that there is no dish called curry in India?**

名詞　過去分詞＋語句（補語）

➡ called は過去分詞で，「〜と呼ばれた［呼ばれる］」という意味を表す。

➡ 過去分詞は，名詞を修飾することができる。

➡ 〈過去分詞＋語句（分詞の目的語や補語，副詞句）〉の形のときは，名詞を後ろから修飾する。ここでは called curry が dish を後ろから修飾している。　文法詳細 p.34

Q1. 日本語にしなさい。

Tomoko reads books written in English.

(　　　　　　　　　　　　　　　　　　　　　　　　　　　　　　　)

⑨ **... they do not call such dishes "curry."**

S　　　　V　　O　　　　C

➡ 〈S + call + O + C〉の第5文型の文。「O を C と呼ぶ」という意味。

➡ such dishes は⑦⑧で説明されている料理を指す。

Q2. 並べかえなさい。

彼の手紙は私をとても喜ばせた。(his letter / very / made / happy / me).

_____.

⑩ **... the British people began (to use the word "curry") (to explain such Indian dishes).**

補足説明

➡ to use は名詞的用法の不定詞。to use the word "curry"が began の目的語。

➡ to explain は副詞的用法の不定詞。「〜するために」と目的を表し，to explain 以下が use を修飾している。

➡ such Indian dishes とは，⑦⑧で説明されている料理のこと。

⑪ **This word comes from "kari," the Tamil word for "a sauce" or "a soup."**

名詞　　　　　　　　　名詞句

➡ This word は⑩の the word "curry" を指している。

➡ come from A は「A から来る，A に起源がある」という意味を表す。

➡ 〈名詞または名詞相当語句＋,（コンマ）＋名詞または名詞相当語句〉で同格を表す。

➡ for 〜は「〜を表して」という意味。for 以下が the Tamil word を修飾している。

Q3. ＿＿＿ を埋めなさい。

多くの英語の言葉がフランス語から来ている。

Many English words _____ _____ French.

読解のカギ Q の解答　**Q1.** トモコは英語で書かれた本を読む。
Q2. His letter made me very happy(.)　　**Q3.** come from

PART ②　英文を読む前に，初めて習う文法を含んだ文を確認しましょう！ → p.27 ②

ポイント　カレーはどのようにイギリスで広まっていったか。

① In the past, / India was a British colony. //
かつて　/ インドはイギリスの植民地だった //

② I think / you have learned about it /
私は思う / みなさんはそれについて学んだと /

in world history class. //
世界史の授業で　//

③ In 1772, / Warren Hastings, / a clerk in the East India
1772 年 / ウォレン・ヘイスティングズは / 東インド会社の職員

Company, / brought back rice and many spices / from India. //
である / 米と多くのスパイスを持ち帰った / インドから //

④ He often ate curry /
彼はよくカレーを食べた /

with rice / in India, / so he wanted to eat it / in the UK, too. //
米と一緒に / インドで / だから彼はそれを食べたかった / イギリスでも //

⑤ Other people in the UK /
イギリスのほかの人々は /

tried it / and liked it. //
それを試しに食べた / そしてそれを気に入った //

⑥ After that, / curry gradually became popular / in the UK. //
その後 / カレーは徐々に人気になった / イギリスで //

⑦ At the beginning of the 19th century, / the first curry powder appeared. //
19 世紀の初めに / 最初のカレー粉が登場した //

⑧ Until then, / people needed to work hard / to mix the many spices / to make
それまでは / 人々は苦労しなければならなかった / たくさんのスパイスを混ぜるため / カレー

curry. //
を作るために //

⑨ With the help of curry powder, / people could make curry more easily /
カレー粉のおかげで / 人々はより簡単にカレーを作ることができた /

and its popularity spread / across the UK. //
そしてその人気は広がった / イギリス中に //

⑩ Also, / the British began / to make
さらに / イギリスの人々は始めた / 小麦粉

curry thicker with flour. //
でカレーをよりどろっとさせることを //

⑪ They used a recipe for stew, / a traditional British food,
彼らはシチューの調理法を使った / 伝統的なイギリス料理である

to change curry / to their own taste. //
カレーを変えるために / 彼らの好みに合わせて //

構成＆内容チェック　本文を読んで，（　）に合う日本語を書きなさい。

18 世紀

①・② Part 2 の導入部分。過去の状況の説明
かつてインドはイギリスの(1.　　　　　)だった。

③〜⑥ 1772 年にイギリスにカレーが持ち込まれたいきさつの説明
東インド会社の職員のウォレン・ヘイスティングズがイギリスに
(2.　　　　　)やスパイスを持ち帰った。カレーはイギリスの人々に気に入られた。

19 世紀

⑦〜⑨ その後，カレーがどのようにイギリスに広まっていったのかの説明
19 世紀初頭に(3.　　　　　)が登場し，カレー作りが簡単になったことで，カレーはイギリス全域に広まっていった。

⑩・⑪ イギリスでカレーがどのように変化したのかの説明
伝統料理である(4.　　　　　)の調理法を応用して，カレーを独自のものに変えていった。

構成＆内容チェック の解答　1. 植民地　2. 米　3. カレー粉　4. シチュー

教科書 Q のヒント　**Q3** What did Warren Hastings bring back to the UK in 1772?
（1772 年に，ウォレン・ヘイスティングズは何をイギリスに持ち帰りましたか。）　→本文③

Q4 What happened at the beginning of the 19th century?
（19 世紀の初めに何が起こりましたか。）　→本文⑦・⑨

読解のカギ

② I think [you have learned about it in world history class].

　　　　　　　have ＋過去分詞

➡ 現在完了形〈have[has] ＋ 過去分詞〉は，過去に起きた出来事が現在まで影響を与えていることを表すときに使われる。　　文法詳細 pp.34〜35

➡ ここでは「（すでに）〜した」という意味の完了の用法の現在完了形が使われている。

➡ この文は〈I think that＋S'＋V'...〉の構造。接続詞 that は省略されている。

Q1. 並べかえなさい。

私はレストランで昼食を終えました。

(lunch / have / at / I / finished) a restaurant.

_____ a restaurant.

④ He often ate curry with rice in India, so he wanted (to eat it in the UK), too.

➡ to eat は名詞的用法の不定詞。to eat it in the UK が wanted の目的語。want to *do* で「〜したい」という意味を表す。

Q2. 日本語にしなさい。

We want to make friends around the world.

(　　　　　　　　　　　　　　　　　　　　　　　　　　)

⑧ ... people needed (to work hard)(to mix the many spices)(to make curry).

補足説明

➡ to work は名詞的用法の不定詞。to work hard が needed の目的語。

➡ to mix と to make は副詞的用法の不定詞。「〜するために」と目的を表す。

Q3. 並べかえなさい。

私たちは生きるためにお互いを助け合う必要がある。

We (to / each other / help / to / live / need).

We _____.

⑩ Also, the British began to make curry thicker with flour.

　　　　　　　　　　　　　　　　　V'　　O'　　C'

➡ make curry thicker は〈make＋名詞＋形容詞〉「〜を…の状態にする」の形。

➡ 形容詞が比較級の場合は，「より…の状態にする」という意味になり，thicker は「よりどろっとした」という意味を表している。

PART ❸　英文を読む前に，初めて習う文法を含んだ文を確認しましょう！ → p.29 ⑦・⑨

ポイント　日本において，カレーはどのように広まっていったか。

① British curry later sailed / across the sea / and came to Japan. //
イギリスのカレーはのちに航海した／　海を越えて　／そして日本にやってきた//

② Early in the Meiji era, / Japanese people first imported curry powder / and started to make curry. //
明治時代の初期に　／　　日本人はまずカレー粉を輸入した　／　そしてカレーを作り始めた//

③ At that time, / curry was an expensive dish. //
当時　／　カレーは高価な料理だった　//

④ For the price of a plate of "curry and rice," / a person could eat / eight bowls of *soba*. //
「カレーライス」1皿の値段で　／　食べることができた／　8杯のそばを　//

⑤ Also, / in those days, / curry was a little strange. //
また／その当時は／　カレーは少し変わっていた　//

⑥ Surprisingly, / people put / long green onions and frog meat / in it! //
驚いたことに／人々は入れていたのだ／　長ネギとカエルの肉を／それの中に//

⑦ Since the late Meiji era, / curry has been popular / all over Japan. //
明治時代の後期以来／　カレーは人気である／　日本中で　//

⑧ Some people say / it is because / the Japanese military adopted curry / as a food for its soldiers. //
中には言う人もいる／それは～だからだと／日本の軍隊がカレーを採用した／兵士用の食事として//

⑨ Curry was an ideal food / for soldiers living in large groups / because they could make it / in large amounts. //
カレーは理想的な食事だった／大人数で生活する兵士たちにとって／なぜなら作ることができるからだ／大量に//

⑩ When the soldiers went back home, / they took the recipe for curry / with them. //
兵士たちが故郷に戻る時／彼らはカレーの調理法を持ち帰った／彼らと一緒に//

⑪ Because of this, / curry became popular / in many parts of Japan. //
このため／カレーは人気になった／日本の多くの地域で//

✔ **構成&内容チェック**　本文を読んで，（　）に合う日本語を書きなさい。

明治時代初期
①・② Part 3 の導入部分。日本にカレー粉が輸入された。

③～⑥ カレー粉を輸入した当初の日本のカレーの説明
（1.　　　）な料理で，1皿でそば8杯分の値段だった。また，長ネギやカエルの肉が使われるなど，少し変わった料理だった。

後期
⑦・⑧ 日本中でカレーが人気になったきっかけ
（2.　　　）が兵士用の食事として採用したから。

⑨～⑪ ⑦・⑧の詳しい説明
カレーは（3.　　　）に作ることができるので理想的だった。兵士が調理法を故郷に持ち帰り，日本の多くの地域で食べられるようになった。

✔ **構成&内容チェック**　の解答　1. 高価　2. (日本の)軍隊　3. 大量

!教科書Qのヒント **Q5** When was curry powder imported to Japan?

(いつ日本にカレー粉が輸入されましたか。) →本文②

Q6 Why was curry ideal for soldiers?

(なぜカレーは兵士たちにとって理想的だったのですか。) →本文⑨

♪読解のカギ

不定詞

② ... Japanese people ... started to make curry.
　　　　　　　　　　　　　V　　　　O

➡ 不定詞は名詞の働きをし，動詞の目的語になることができる。

➡ start は目的語に不定詞，動名詞のどちらもとることができる。

♪Q1. ___ を埋めなさい。

私は日記をつけ始めた。　　I started _____ keep a diary.

⑦ <u>Since</u> the late Meiji era, curry <u>has been</u> popular all over Japan.
　～以来ずっと　　　　　　　　　　have[has]＋過去分詞

➡ since や for とともに使われる現在完了形は「（ずっと）～している」と継続を表す。

➡ since ～は「～以来（ずっと）」という意味で，ここでは，カレーが明治時代の後期から現在までずっと人気であることを表している。　　　**文法詳細 p.35**

♪Q2. 日本語にしなさい。

Tomoki and I have been friends since we were in junior high school.

(　　　　　　　　　　　　　　　　　　　　　　　　　　　　)

that の省略

⑧ Some people say [it is because the Japanese military adopted curry as a food for its soldiers].

➡ it is because 以下は say の目的語。it は⑦の内容を指す。

➡ it[that] is because ～で「それは～だからだ」という意味。

⑨ Curry was an ideal food for soldiers living in large groups ....
　　　　　　　　　　　　　　　　　名詞　　　現在分詞＋語句(副詞句)

➡ living は現在分詞で「生活している[する]」という意味を表す。

➡ 現在分詞も過去分詞と同じように名詞を修飾することができる。

➡ 〈現在分詞＋語句(分詞の目的語や補語，副詞句)〉の形は，名詞を後ろから修飾する。ここでは living ～ groups が soldiers を後ろから修飾している。　　**文法詳細 p.34**

⑪ Because of this, curry became popular in many parts of Japan.

➡ Because of this は前置詞句。because of A は「A のために」という意味で，2語で1つの前置詞になっている。

➡ this は⑩の内容を指している。

♪読解のカギ Q の解答　**Q1.** to　　**Q2.** トモキと私は，中学生の時からずっと友達だ。

PART ④　英文を読む前に，初めて習う文法を含んだ文を確認しましょう！ → p.31 ⑤

ポイント　現在，カレーはどのように進化しているか。

① With the spread of curry, / a lot of new curry-based foods / appeared / in
カレーの広がりとともに / カレーをもとにした多くの新しい食品が / 登場した /

Japan. // ② For example, / a Japanese restaurant invented curry-*udon* / around 1904. //
日本で // たとえば / ある日本のレストランがカレーうどんを発明した / 1904 年頃 //

③ A Japanese bakery started / to sell curry-filled bread / called "curry-*pan*" in 1927. //
日本のパン屋が始めた / カレーが入ったパンの販売を / 「カレーパン」と呼ばれる / 1927 年に //

④ Later, / curry-flavored snacks also appeared. // ⑤ You have probably eaten some of
その後 / カレー風味のスナック菓子も登場した // みなさんはおそらくそれらのいくつかを

them. //　⑥ Among them, / curry roux and curry in a pouch / were the most
食べたことがあるだろう // その中で / カレールーと袋入りの[レトルト]カレーは / 最も成功した

successful. //　⑦ Japanese companies exported these foods / to countries / such as
// 日本の企業がこれらの食品を輸出した / 国々に / 中国や

China, South Korea, and the US. // ⑧ Now / astronauts eat curry in a pouch / in
韓国，そしてアメリカのような // 今では / 宇宙飛行士が袋入りの[レトルト]カレーを食べる /

the International Space Station (ISS). //
国際宇宙ステーションで //

　⑨ Curry was born / in India. // ⑩ Later, / people in the UK and Japan / started to
カレーは生まれた / インドで // その後 / イギリスと日本の人々が / カレーを

eat curry. // ⑪ Now / people all over the world / eat it. //
食べ始めた // 今や / 世界中の人々が / それを食べる //

　⑫ That's all for my speech. // ⑬ Thank you. // ⑭ I suppose / you are very hungry
私のスピーチはこれで終わりだ // ありがとう // 私は思う / みなさんは今とても空腹

now. // ⑮ Let's go to the cafeteria / and have some curry! //
だと // カフェテリアへ行こう / そしてカレーを食べよう //

✔ **構成&内容チェック**　本文を読んで，（ ）に合う日本語を書きなさい。

①〜⑤ 日本でのカレーの進化に言及している。
　カレーうどんやカレーパン，さまざまなカレー風味のスナック菓子が現れた。

↓

⑥〜⑧ ①の話題についてさらに詳しく述べている。
　日本で発明されたカレーをもとにした食品のうち，カレールーと(1.　　　　　　)
　が最も成功した。多くの国に(2.　　　　　　)され，広く普及した。

文章全体
のまとめ
　├─ ⑨〜⑪ 本レッスンのまとめ
　│　　インドで生まれたカレーは，(3.　　　　　　)と日本に伝わり，今や，
　│　　(4.　　　　　　)で食べられている。
　└─ ⑫〜⑮ スピーチの終わりのあいさつ

✔ **構成&内容チェック**　の解答　1. 袋入りの[レトルト]カレー　2. 輸出　3. イギリス　4. 世界中

教科書 Q のヒント **Q7** With the spread of curry, what happened in Japan?
（カレーの広がりとともに，日本では何が起きましたか。）　→本文①

Q8 What curry-based foods were the most successful?
（カレーをもとにしたどんな食品が最も成功しましたか。）　→本文⑥

読解のカギ

③ **A Japanese bakery started to sell curry-filled bread called "curry-pan" in 1927.**
形容詞　名詞　過去分詞＋語句(補語)

➡ -filled は名詞に付いて「～を入れた」という意味の形容詞を作る。

➡ called は過去分詞で，「～と呼ばれた[呼ばれる]」という意味を表し，called "curry-pan"が bread を後ろから修飾している。　文法詳細 p.34

⑤ **You have probably eaten some of them.**
have ＋過去分詞

➡ 「（これまでに）～したことがある」という経験の意味を表す現在完了形。eaten は eat の過去分詞形。eat は eat－ate－eaten と不規則変化する。　文法詳細 p.35

➡ them は①の a lot of new curry-based foods を指している。

Q1. 日本語にしなさい。

My parents have seen the musical in the national theater before.

(　　　　　　　　　　　　　　　　　　　　　　　　　　　　　)

⑥ **Among them, curry roux and curry in a pouch were the most successful.**

➡ successful「成功した」は形容詞。the most が付いて最上級になっている。

➡ them は⑤の them と同様，①～④の a lot of new curry-based foods を指している。

⑦ **Japanese companies exported these foods to countries such as China, South Korea, and the US.**
具体的な国名

➡ 例などを3つ以上並べるときは「,(コンマ)」で区切り，最後の1つの前には and を使って A , B , and C のように表す。

➡ A such as B「B のような A」

⑨ **Curry was born in India.**

➡ born は bear「～を生む」の過去分詞形。〈be 動詞＋過去分詞〉という受動態の形になっている。〈be 動詞＋born〉は「生まれる」という意味。

⑫ **That's all for my speech.**

➡ That's all (for A)で「(A は)これで終わりだ」という表現。

読解のカギ Q の解答　**Q1.** 私の両親は以前，国立劇場でそのミュージカルを見たことがある。

⏰ Comprehension ❶ヒント

Fill in the blanks to complete the table about the history of curry.
（下線部に適切な語を入れて，カレーの歴史に関する表を完成させなさい。）

1 "curry"という言葉が意味していたインドの料理は，どのようなものであるかに注目。
（教 p.26, *ℓℓ*.7~8）

2,3 "curry"という言葉が使われ始めたときの様子についてよく読む。
（教 p.26, *ℓℓ*.9~11）

4 Warren Hastings がインドから持ち帰ったものは何か。（教 p.27, *ℓℓ*.4~7）

5 19世紀のイギリスで誕生したものは curry の何か。（教 p.27, *ℓℓ*.12~13）

6 イギリスで，curry はどうなっていったか。（教 p.27, *ℓℓ*.14~16）

7 イギリス人は何を使ってカレーをよりどろっとさせ始めたか。（教 p.27, *ℓℓ*.16~17）

8 curry powder について書かれているところに注目。（教 p.28, *ℓℓ*.2~3）

9 when they went back home に注目。they はだれを指すか。（教 p.28, *ℓℓ*.13~15）

10 カレーが日本で人気になっていった様子についてよく読む。（教 p.28, *ℓℓ*.15~16）

11 new curry-based foods についてよく読む。（教 p.30, *ℓℓ*.2~3）

12 教 p.30, *ℓℓ*.8~9 の these foods は何を指し，Japanese companies はそれをどうしたか。（教 p.30, *ℓℓ*.7~10）

Questions

1. アイスクリームはいつ北アメリカに紹介されたかを🕮 p.36 の本文から読み取る。

   ➡ North America というキーワードを探す。

   ➡ 質問文の was introduced to ~「~に紹介された」という語句は，本文中の別の語句の言い換えになっているので注意して読む。

2. 歴史上，最初にアイスクリームを食べた日本人はだれかを🕮 p.36 の本文から読み取る。

   ➡ first, Japanese, history などのキーワードを探す。

   ➡ 質問文の to eat ice cream は the first Japanese を修飾する形容詞的用法の不定詞。in history も the first Japanese を修飾している。the first Japanese in history to eat ice cream が本文中のどの部分の言い換えになっているかに注意する。

Writing

1. 🕮 p.37 の表中の質問に対するあなたの答えを書く。

・What is your favorite dish?

   ➡ いちばん好きな料理名を答える。

・Which country did it come from?

   ➡ その料理がどの国を起源としているか答える。

・What are the ingredients in it?

   ➡ その料理の材料を答える。材料を 3 つ以上挙げる場合は，最後の 1 つの前に and を置き，A, B, and C のように表す。

・How do you cook it?

   ➡ その料理の調理法を答える。調理法はふつう，命令文で書く。first「まず」, next「次に」, then「それから」, finally「最後に」などを使って手順を表すと自然な流れになる。

   ➡ 次のような表現を使ってもよい。cut A into slices[chops/sticks]「A をスライス状[みじん切り / 千切り]にする」, heat A「A を熱する」, fry A「A を揚げる[炒める]」, grill A / broil A「A を（直火で）焼く」, bake A「A を（オーブンで）焼く」, boil A「A をゆでる」, add A「A を加える」, pour A「A を注ぐ」, put A「A を入れる」, beat「（卵やクリームなど）をかき混ぜる，泡立てる」, stir「（液体など）をかき混ぜる」, season A (with B)「A を（B で）味付けする」, mix A with B / mix A and B / combine A with B「A と B を混ぜる」

2. あなたの答えを使って，文章を書く。

   ➡ 1~3 文目は，1. の 1~3 つ目の質問の答えを書く。

   ➡ 4 文目は To make it, につながるように，1. の 4 つ目の質問の答えを書く。この to make は副詞的用法の不定詞で「~するために」と目的を表す。

   ➡ 最後の文の all は「すべてのこと」という意味の名詞で，you need to do が all を修飾している。文全体を直訳すると「それが，あなたがする必要のあるすべてのことです！」だが，「やらなければならないのはこれだけです！」と訳すと自然。

📖 Grammar

G-3 分詞の後置修飾

▶ **分詞の種類と働き**

・分詞には動詞の原形に **-ing** を付けて作る**現在分詞**と，**-ed** を付けたり，不規則に変化させたりして作る**過去分詞**の２種類がある。現在分詞は「**〜している[する]**」という意味，過去分詞は「**〜された[される]**」という意味を表す。

・分詞を名詞の前や後ろに置いて，**名詞を修飾**することができる。名詞を修飾することによってその意味を**限定**するので，この用法を分詞の**限定用法**という。

・分詞がその目的語や補語，副詞句を伴う場合，分詞句は名詞の後ろに置く。

現在分詞

The *girl* eating ice cream is my sister.

（アイスクリームを食べている少女は私の妹[姉]だ。）

➡ 分詞句 eating ice cream が girl を後ろから修飾している。
➡ eating がその目的語を伴うので，分詞句は**名詞の後ろ**に置く。
➡ The girl は eating ice cream の主語の役割をしている。

過去分詞

We enjoyed delicious *chocolates* made in France.

（私たちはフランスで作られたおいしいチョコレートを味わった。）

➡ 分詞句 made in France が chocolates を後ろから修飾している。
➡ made が副詞句を伴うので，分詞句は**名詞の後ろ**に置く。
➡ chocolates は made の目的語の役割をしている。

＋α

名詞を前から修飾する分詞

名詞を修飾する分詞が１語の場合は，通常，分詞は**名詞の前**に置かれる。

例　The **dancing** girl is my sister.　（その踊っている少女は私の姉[妹]だ。）

　　She gave me some broken cookies.　（彼女は私に割れたクッキーをくれた。）

G-4 現在完了形

▶ **現在完了形とは**

現在完了形は，過去に起きた出来事が現在まで影響を与えていることを表すときに使う形のこと。現在完了形は**〈have[has]＋過去分詞〉**で表し，**完了・結果，経験，継続**の用法がある。

完了・結果

I **have** already eaten my lunch.
（私はすでに昼食を食べた。）

➡ 過去に起こっていたことが**終了**または**完了**した状態を表す用法。

➡ just や already などの副詞と一緒に使う場合が多い。

過去	**現在**
昼食を食べた	昼食を食べることが完了している状態

➡ 過去のある時点で起きたことは過去形で表す。

　例　I ate my lunch at noon.　（私は正午に昼食を食べた。）

➡ 否定文や疑問文では文末に yet を置くことが多い。yet は，疑問文では「もう」，否定文では「まだ」という意味を表す。

　例　Have you eaten your lunch yet?　（あなたはもう昼食を食べましたか。）

　　　I haven't eaten my lunch yet.　（私はまだ昼食を食べていない。）

経験

I **have visited** an Indian restaurant twice.
（私は2回，インド料理のレストランを訪れたことがある。）

➡ 「（これまでに）～したことがある」という**経験**の意味を表す用法。

➡ 「**一度も～したことがない**」と表す場合には，〈have[has] never＋過去分詞〉を使う。

過去		**現在**
レストランを利用していない	レストランを利用していない	

➡ 疑問文では ever が使われ，「**これまでに～したことがあるか**」という質問になる。

　例　Have you ever visited an Indian restaurant?

　　　（あなたはこれまでにインド料理のレストランを訪れたことがありますか。）

➡ have[has] been to ～で「**～に行ったことがある**」という意味を表す。

継続

He **has been** in the kitchen for three hours.
（彼は3時間キッチンにいる。）

➡ 過去から現在にいたるまで「（ずっと）～している」という状態の**継続**の意味を表す用法。

➡ for や since などと一緒に使われることが多い。

　・for ⇒「**…の間ずっと～している**」のように継続期間を表すときに使う。

　・since ⇒「**…以来ずっと～している**」のように開始の時点を表すときに使う。

過去	**for three hours**		**現在**
キッチンに来た	ずっとキッチンにいる		今もキッチンにいる

＋α

現在完了進行形

・〈have[has]＋been＋現在分詞〉の形で，「現在までの動作の継続」を表し，「今も，これからも続く」というニュアンスを表す。

I **have been studying** for four hours.　（私は4時間ずっと勉強し続けています。）
〈have＋been＋現在分詞〉

📝 定期テスト予想問題　　　　解答 ➡ p.38

1 日本語の意味に合うように，＿＿に適切な語を入れなさい。

(1) その当時は，だれもスマートフォンを持っていなかった。

　In ＿＿＿＿＿＿ days, no one had a smartphone.

(2) 私は寿司のような日本食が好きだ。

　I like Japanese food ＿＿＿＿＿＿ ＿＿＿＿＿＿ sushi.

(3) 私はイギリスから，数冊の英語の本を持ち帰った。

　I ＿＿＿＿＿＿ ＿＿＿＿＿＿ some English books from the UK.

(4) いくつかの理由のため，私は彼を信じていない。

　＿＿＿＿＿＿ ＿＿＿＿＿＿ several reasons, I don't believe him.

2 次の文の＿＿に，（ ）内の語を適切な形に変えて入れなさい。

(1) A man ＿＿＿＿＿＿ for the first train had a large bag.　（wait）

(2) I like the curry ＿＿＿＿＿＿ by my mother.　（cook）

(3) I read a story ＿＿＿＿＿＿ in the 19th century.　（write）

3 日本語に合うように，（ ）内の語句を並べかえなさい。ただし，1語不要な語があります。

(1) 京都で撮った私の写真を見たいですか。

　(see / taking / in / to / Kyoto / do / taken / you / my pictures / want)?

　＿＿＿＿＿＿＿＿＿＿＿＿＿＿＿＿＿＿＿＿＿＿＿？

(2) 彼は大洋を航海している船に乗っている。

　(on / is / the ocean / he / the ship / across / sailing / sailed).

　＿＿＿＿＿＿＿＿＿＿＿＿＿＿＿＿＿＿＿＿＿＿．

(3) 日本は長い間，多くの自動車を輸出してきている。

　(has / a lot of / for / Japan / exported / cars / since / a long time).

　＿＿＿＿＿＿＿＿＿＿＿＿＿＿＿＿＿＿＿＿＿＿．

4 次の英語を日本語にしなさい。

(1) I haven't had dinner yet.

　（　　　　　　　　　　　　　　　　　　　　　）

(2) Since last week, my sister has been sick.

　（　　　　　　　　　　　　　　　　　　　　　）

(3) I have met the woman singing in the TV program before.

　（　　　　　　　　　　　　　　　　　　　　　）

(4) My brother has been to New York three times.

　（　　　　　　　　　　　　　　　　　　　　　）

5 次の英文を読んで，あとの問いに答えなさい。

　Hello there! Today I'm going to talk about curry. When you hear the word "curry," what country do you think (　①　)? Yes, India! Many of you know that India is the home of curry. However, do you know that there is no dish ②(call) curry in India?

　Of course, there are many dishes ③(　　)(　　) curry in India. For example, people often stew meat or vegetables with various spices. However, they do not call such dishes "curry." A long time ago, the British people began to use the word "curry" to explain such Indian dishes. This word comes (　④　) "kari," the Tamil word for "a sauce" or "a soup."

(1) (　①　)と(　④　)にそれぞれ適切な前置詞を入れなさい。
　　①　＿＿＿＿＿＿＿＿　　④　＿＿＿＿＿＿＿＿
(2) 下線部②の(　)内の語を適切な形に変えなさい。
　　＿＿＿＿＿＿＿＿
(3) 下線部③が，「～に似た」という意味になるように，(　)に適切な語を入れなさい。
　　＿＿＿＿＿＿＿＿＿　＿＿＿＿＿＿＿＿

6 次の英文を読んで，あとの問いに答えなさい。

　①Since the late Meiji era, curry has been popular all over Japan. Some people say ②(　　)(　　)(　　) the Japanese military adopted curry as a food for its soldiers. Curry was an ideal food for soldiers living in large groups because they could make it in large amounts. When the soldiers went back home, they took the recipe for curry with them. Because of this, curry became popular in many parts of Japan.

(1) 下線部①の英語を日本語にしなさい。
　　(　　　　　　　　　　　　　　　　　　　　　　　　)
(2) 下線部②が，「それは～だからだ」という意味になるように，(　)に適切な語を入れなさい。
　　＿＿＿＿＿＿　＿＿＿＿＿＿＿　＿＿＿＿＿＿＿
(3) 次の質問に英語で答えなさい。
　　Why did curry become popular in many parts of Japan?
　　＿＿＿＿＿＿＿＿＿＿＿＿＿＿＿＿＿＿＿＿＿＿＿＿＿＿＿＿

定期テスト予想問題　解答　pp.36~37

[1] (1) those　　(2) such as　　(3) brought back
　　(4) Because of

[2] (1) waiting　　(2) cooked　　(3) written

[3] (1) Do you want to see my pictures taken in Kyoto(?)
　　(2) He is on the ship sailing across the ocean(.)
　　(3) Japan has exported a lot of cars for a long time(.)

[4] (1) 私はまだ夕食を食べていない。
　　(2) 先週から，姉[妹]は病気である。
　　(3) 私は以前，テレビ番組で歌っているその女性に会ったことがある。
　　(4) 兄[弟]は，ニューヨークに 3 回行ったことがある。

[5] (1) ① of　　④ from　　(2) called　　(3) similar to

[6] (1) 明治時代の後期以来，カレーは日本中で人気である。
　　(2) it[that] is because
　　(3) 例 Because the soldiers took the recipe for curry with them when they
　　　　went back home.

解説

[1] (1) in those days で「その当時は」。　　(2) A such as B で「B のような A」。
(3) bring back A[A back]で「A を持ち帰る」。　　(4) because of A で「A のために」。

[2] 名詞を修飾する適切な形の分詞にする問題。「~している…」という意味のと
きは現在分詞，「~された[される]…」という意味のときは過去分詞にする。

[3] (1)「京都で撮影された私の写真」と考える。pictures を後ろから修飾する過
去分詞句を作る。　　(2)「~している…」は現在分詞で表す。「船に乗っている」
は〈be 動詞＋on the ship〉。　　(3) 継続を表す現在完了形の文にする。現在完了
形は〈have[has]＋過去分詞〉。a long time には for を用いる。

[4] (1)〈have[has] not＋過去分詞＋yet〉は「まだ~していない」という意味を表
す。　　(2) 現在完了形で since を使うと，「~以来ずっと…している」という状
態の継続を表す意味になる。　　(3)「~したことがある」という経験の意味を表
す現在完了形。　　(4) have[has] been to ~ は「~に行ったことがある」という
経験の意味を表す。

[5] (1) ① think of A で「A を思いつく」。　　④ come from A で「A から来る，A
に起源がある」。　　(2) dish を修飾する過去分詞にする。　　(3)「A に似た」は
similar to A。

[6] (1)「~以来…である」という現在完了形の文。　　(2)「それは~だからだ」は
it[that] is because ~で表す。　　(3)「日本の多くの地域でカレーが人気になったの
はなぜですか」という質問。最終文の Because of this の this が指すものに注目する。

Lesson 3 School Uniforms

PART ❶

nearly	副 ほぼ	**Nearly** half of the people in the village are over 65. その村のほぼ半分の人が 65 歳以上だ。
variation	名 バリエーション	There are some **variations** of kimonos. 着物にはいくつかのバリエーションがある。
stiff	形 堅い，硬い	He made his hair **stiff** with a hair spray. 彼はヘアースプレーで髪を硬くした。
collar	名 襟	There is a stain on the **collar** of your shirt. あなたのシャツの襟にしみがある。
blouse	名 ブラウス	I'm looking for a formal **blouse**. 私はフォーマルなブラウスを探している。
sailor	名 船員，水兵	He works as a **sailor** on the ship. 彼はその船で船員として働いている。
one-piece	形 ワンピースの	She is wearing a new **one-piece** dress. 彼女は新しいワンピースのドレスを着ている。
survey	名 調査	In the **survey**, they were asked about online education. その調査では，彼らはオンライン教育についてたずねられた。
approximately	副 おおよそ	**Approximately** 2 million people live in this city. おおよそ 200 万人がこの市で暮らしている。
in fact	熟 実際	**In fact**, the earth is getting warmer. 実際，地球は暖かくなっている。
care about A	熟 A を気にかける， A に関心を持つ	Many people **care about** the environment now. 今は多くの人々が環境を気にかけている。

PART ❷

Vietnam	名 ベトナム	Have you ever been to **Vietnam**? ベトナムに行ったことがありますか。
native	形 (ある場所に) 固有の	This is a **native** bird of the country. これはその国固有の鳥だ。
Bhutan	名 ブータン	**Bhutan** is called the happiest country. ブータンはもっとも幸福な国と呼ばれている。
differ	動 異なる	My opinion **differs** from yours. 私の意見はあなたのとは異なる。
religious	形 宗教的な	That band plays **religious** music. あの楽団は宗教的な音楽を演奏する。
background	名 背景	We should think about their social **background**. 私たちは彼らの社会的背景について考えるべきだ。
Malaysia	名 マレーシア	That girl is from **Malaysia**. あの少女はマレーシア出身だ。
religion	名 宗教	Do you believe in any **religion**? あなたは何か宗教を信じていますか。
scarf	名 スカーフ	She wore a **scarf** around her neck. 彼女は首の周りにスカーフを巻いていた。

look (much) like A	熟 Aに(とても)似ている	Your smartphone **looks much like** mine.	あなたのスマートフォンは私のものにとても似ている。
different kinds of A	熟 異なる種類のA	You can find **different kinds of** flowers here.	ここでは異なる種類の花を見つけられる。
cover A with B	熟 AをBで覆う	She **covered** her baby **with** a blanket.	彼女は自分の赤ん坊を毛布で覆った。

PART 3

plain	形 (衣服などが)地味な，模様のない	A **plain** T-shirt like this goes well with anything.	このような地味なTシャツはⅣとでも合う。
traditionally	副 伝統的に	We have **traditionally** enjoyed green tea.	私たちは伝統的に緑茶を楽しんできた。
consider A	動 Aを検討する	You should **consider** many things before buying a house.	家を買う前には，多くのことを検討するべきだ。
limit A	動 Aを制限する	She **limits** the amount of foods.	彼女は食事の量を制限している。
liberty	名 自由	The country won **liberty** after many years of war.	その国は何年もの戦争のあと自由を勝ち取った。
code	名 規定	Some restaurants have dress **codes**.	服装規定のあるレストランがある。
clothing	名 衣服，衣料品	I bought this jacket at this **clothing** store.	私はこのジャケットをこの衣料品店で買った。
appearance	名 外見	You must not judge people by their **appearance**.	人を外見で判断してはいけない。
recent	形 最近の	The singer has become popular in **recent** years.	最近の数年で，その歌手は人気になった。
might	助 ~かもしれない	If you eat so much, you **might** get a stomachache.	そんなに食べると，あなたはお腹が痛くなるかもしれない。
prevent A	動 Aを予防する[防ぐ]	Wash your hands to **prevent** colds.	風邪を予防するために，手を洗いなさい。
bully A	動 Aをいじめる	Some kids **bully** other kids because they feel lonely.	寂しいのでほかの子供をいじめる子供がいる。
fashion	名 ファッション，(流行の)服装	**Fashion** is changing more quickly than before.	ファッションは以前よりもっと急速に変化している。
What about A?	熟 Aはどうか？	I like our school lunch. **What about** you?	私は私たちの給食が好きです。あなたはどうですか？
consider doing	熟 ~することを検討する	He is **considering moving** to the countryside.	彼は田舎へ引っ越しすることを検討している。
a set of A	熟 一連のA，Aの一式	He gave her **a set of** teacups as a wedding gift.	彼は彼女に結婚の贈り物としてティーカップ一式をあげた。
prevent A from doing	熟 Aが~することを防ぐ[妨げる]	Regular exercise **prevents** you **from getting** sick.	定期的な運動はあなたが病気になるのを防ぐ。

PART 4

kingdom	名 王国	That country was a **kingdom** long ago.	その国は昔は王国だった。
favor	名 支持，賛成	His idea won **favor** with a lot of people.	彼の考えは多くの人々の支持を得た。
bullying	名 いじめ	My teacher said, "**Bullying** is a very bad thing."	私の先生は，「いじめはとても悪いことだ。」と言った。

sense	名 感覚	We should have a **sense** of crisis. 私たちは危機感を持つべきだ。
belong	動 ある[いる], 所属する	I don't **belong** here. 私はここに所属していない。
wearer	名 着用者, 使用者	Clothes show the **wearer**'s personality. 服は着用者の個性を表す。
status	名 地位, 身分	His success changed his **status**. 彼の成功が彼の地位を変えた。
mindset	名 心的態度, 物の見方	She tried to change her negative **mindset**. 彼女は否定的な物の見方を変えようとした。
insist *A*	動 A を主張する	Lucy **insists** that she is right. ルーシーは自分が正しいと主張する。
individuality	名 個性, 独自性	That singer has his own **individuality**. あの歌手は自分自身の独自性を持っている。
freedom	名 自由	People have the **freedom** to live anywhere they like. 人々には好きなところならどこにでも住む自由がある。
adjust *A*	動 A を調整する[適応させる]	This video shows how to **adjust** your bike seat. この動画はあなたの自転車のシートを調整する方法を示している。
be for/against *A*	熟 A に賛成／反対である	He **was for/against** my opinion. 彼は私の意見に賛成／反対だった。
in favor of *A*	熟 A に賛成して	I stood up **in favor of** his opinion. 私は彼の意見に賛成して立ち上がった。
belong to *A*	熟 A に所属する	Karen **belongs to** the tennis club. カレンはテニス部に所属している。
pick out *A*[*A* out]	熟 A を選ぶ	He **picked out** some books to write a report. 彼はレポートを書くために数冊の本を選んだ。
it is not easy to *do*	熟 ～することは簡単ではない	**It is not easy to** get into the college. その大学へ入ることは簡単ではない。
adjust *A* to *B*	熟 A を B に合わせて調節する	She **adjusted** the time on the clock **to** the correct time. 彼女は時計の時刻を正確な時刻に合わせて調節した。

PART ①　英文を読む前に，初めて習う文法を含んだ文を確認しましょう！→ p.43 ⑥・⑧

◆ポイント　日本の高校生は制服をどう思っているか。

① What do you wear / to school / every day? //
あなたは何を着て行くか / 学校へ / 毎日 //
② Most of you / will probably
あなたたちのほとんどが/ たぶん答える

say, / "My school uniform." //
だろう/「自分の学校の制服」と //
③ In fact, / nearly 90%(percent) of high schools / have
実際 / ほぼ90％の高校には / 制服

uniforms. //
がある //
④ There are many variations / among them / such as / blazers, jackets
さまざまなバリエーションがある / それらの中には/ ～など / ブレザーや

with stiff collars, blouses with sailor collars, suits, and one-piece dresses. //
詰襟ジャケット，セーラー服，スーツ，ワンピース //

⑤ Did you care / about school uniforms / when you chose your high school? //
あなたは関心を持っていたか/ 学校の制服について / 高校を選ぶ時に //

⑥ This question was asked / to about 2,000 high school students / in a survey. //
この質問はたずねられた / 約2,000人の高校生に / ある調査において //

⑦ Around 20% of high school boys and 60% of high school girls said, / "Yes." //
約20％の男子高校生と約60％の女子高校生が答えた / 「はい」と //

⑧ In the same survey, / the students were also asked, / "Do you like your high
同じ調査で / その生徒たちはまたたずねられた / 「あなたの高校の制服が

school uniform?" //
好きか」と //
⑨ Approximately 80% of the students said, / "Yes." //
おおよそ80％の生徒が答えた / 「はい」と //
⑩ Most
// 大部分の

students / feel positive / about their uniforms. //
生徒たちは / 肯定的な印象を持っている / 自分たちの制服について //

✔ 構成&内容チェック　本文を読んで，（　）に合う日本語や数字を書きなさい。

①〜④　本レッスンの導入部分。日本のほとんどの高校には（1.　　　　　　）がある。

⑤〜⑦　（1）に関する調査における1つ目の質問とそれに対する答え。
約20％の男子高校生と約（2.　　　　　）％の女子高校生が，自分の高校を選ぶ時に（1）に関心を持っていた。

⑧〜⑩　（1）に関する調査における2つ目の質問とそれに対する答え。
自分たちの学校の（1）が好きかという質問に約80％の生徒が「（3.　　　　　　）。」と答えた。（1）について大部分の生徒が好感を持っていると言える。

❗教科書Qのヒント　**Q1** What percentage of students cared about school uniforms when they chose their high schools?
（生徒の何パーセントが，高校を選ぶ時に制服に関心を持っていましたか。）→本文⑤〜⑦
Q2 How do most students feel about their uniforms?
（大部分の生徒たちは自分たちの制服についてどのように感じていますか。）→本文⑩

✔ 構成&内容チェック の解答　1. 制服　2. 60　3. はい[好きです]

🔑 読解のカギ

② **Most of you will probably say, ….**
→ most of ~ で「~の大多数[大部分]」という意味を表す。なお，of のあとに普通名詞が続く場合，most of students のように無冠詞の名詞を続けることができない。most of the[these / those / your] students のような形にする。

③ **In fact, nearly 90%(percent) of high schools have uniforms.**
→ in fact は「実際」という意味の副詞句。前述の内容を詳しく述べたり，具体例を使って強調したりするときに使われる。
→ nearly は「ほぼ」という意味の副詞。nearly 90% は「ほぼ 90%」という意味を表し，90%にあと少しで届かないが近い数値であるということを表している。

⑥ **This question** <u>was asked</u> **to about 2,000 high school students in a survey.**
　　　　S　　　　V〈be 動詞＋過去分詞〉
→〈S＋ask＋O(物)〉の第 3 文型の文を受動態にした文。They asked this question ….の O(物)にあたる this question を主語にしている。この they は「(ある場所・組織・店などに属する)不特定多数の人々」を表しており，これが主語になっている文を受動態にした場合，動作主を表す by them はふつう省略する。　文法詳細 p.54

🎵 **Q1.** ＿＿ を埋めなさい。
英語は多くの国で話されている。
English ＿＿＿＿＿ ＿＿＿＿＿ in many countries.

⑦ **Around 20% of high school boys and 60% of high school girls said, "Yes."**
→〈around＋数詞〉は「約[おおよそ]~」という意味を表す。この around は about や approximately と言いかえることもできる。

⑧ **In the same survey,** <u>the students</u> <u>were</u> **also** <u>asked</u>**, ….**
　　　　　　　　　　S　　　　V〈be 動詞＋過去分詞〉
→〈S＋ask＋O(人)＋O(物)〉の第 4 文型の文を受動態にした文。In the same survey, they also asked the students, "Do you like ...?"の O(人)にあたる the students を主語にしている。　文法詳細 p.54

🎵 **Q2.** 並べかえなさい。
その先生は授業中多くの質問をたずねられた。
(was / questions / asked / many / the teacher) in class.
＿＿＿＿＿＿＿＿＿＿＿＿＿＿＿＿＿＿＿＿＿＿＿ in class.

⑩ **Most students feel positive about their uniforms.**
→〈most＋無冠詞の名詞〉で「ほとんどの[大多数の]」という意味を表す。

🔑 読解のカギ Q の解答　**Q1.** is spoken
Q2. The teacher was asked many questions

PART **②**　　英文を読む前に，初めて習う文法を含んだ文を確認しましょう！ → p.45 ⑥

ポイント｜海外の学校ではどのような制服を着ているか。

① Many overseas schools / also have school uniforms. // ② What are uniforms
多くの海外の学校にも　/　また制服がある　//　制服はどのようなもの

like / in other countries? // ③ The uniforms in South Korea / are quite like those in
か　/　ほかの国では　//　韓国の制服は　/　日本の制服にとても似て

Japan. // ④ Many students / wear jackets and ties. // ⑤ The uniforms in Australia /
いる　//　多くの生徒たちは / ジャケットを着てネクタイを締めている // オーストラリアの制服も /

also look much like ours. //
また私たちの制服とよく似ている //

⑥ In some countries, / the traditional costume is adopted / as the school uniform. //
いくつかの国々では　/　伝統衣装が採用されている　/　学校の制服として　//

⑦ For example, / at some high schools in Vietnam, / girls wear the native costume /
たとえば　/　ベトナムのいくつかの高校では　/　女子生徒は民族衣装を着る　/

called "ao dai." // ⑧ In Bhutan, / all schools have adopted / the native costumes /
「アオザイ」と呼ばれる // ブータンでは / すべての学校が採用してきた / 民族衣装を /

called "gho" and "kira" / as uniforms. //
「ゴ」や「キラ」と呼ばれる / 制服として //

⑨ The designs of some uniforms differ / because of the religious backgrounds of the
いくつかの制服のデザインは異なる　/　生徒の宗教的背景により

students. // ⑩ In Malaysia, / girls wear different kinds of uniforms / because of their
//　マレーシアでは /　女子生徒は異なる種類の制服を着る　/　宗教上の理由

religion. // ⑪ Some girls show their hair, / but others cover it / with a head scarf. //
//　髪を見せる女子生徒もいる / しかし髪を覆う女子生徒もいる / 頭のスカーフで //

 構成&内容チェック　本文を読んで，（　）に合う日本語を書きなさい。

①・② (1.　　　　　　　)の学校の制服についての話題を提示している。

↓

③〜⑤ 制服が日本と似ている国をとりあげている。
　韓国と(2.　　　　　　　)の制服は日本の制服ととてもよく似ている。

↕ 対比

⑥〜⑧ 日本の制服とは似ていない(1)の制服についてとりあげている。
　ベトナム，ブータンの制服には(3.　　　　　　)が採用されている。

↓ 異なる事例の追加

⑨〜⑪ マレーシアの学校の制服についてとりあげている。
　異なる種類の女子生徒の制服があるのは，さまざまな(4.　　　　　)な背景があるためだ。

 構成&内容チェック の解答　1. 海外　2. オーストラリア　3. 民族衣装　4. 宗教的

❗教科書 Q のヒント   **Q3** What is adopted as the school uniform in Vietnam and Bhutan?

(ベトナムとブータンでは何が制服として採用されていますか。) →本文⑦・⑧

Q4 Why do girls in Malaysia wear different kinds of uniforms?

(マレーシアの女子生徒たちはなぜ異なる種類の制服を着ているのですか。) →本文⑩

🎵 読解のカギ

③ **The uniforms in South Korea are quite like <u>those</u> in Japan.**
= the uniforms

→ those は代名詞で，既に述べられた〈the ＋名詞の複数形〉(ここでは the uniforms)のくり返しを避けるために使われている。(名詞が単数形の場合は that を用いる。)

🎵 Q1. ＿＿＿ を埋めなさい。

あなたの国の慣習は私の国の慣習とは異なる。

The customs in your country are different from ＿＿＿＿＿ in my country.

⑤ **The uniforms in Australia also look much like ours.**

→ 〈look like ＋名詞〉で「～に似ている」となる。like は前置詞で意味は「～に似た」。

→ much は前置詞句 like ... を修飾する副詞で「非常に，大いに」という意味。ours ＝ the uniforms in Japan

⑥ **... the traditional costume is adopted as the school uniform.**
        S   V 〈be 動詞＋過去分詞〉

→ ... they adopt the traditional costume as the school uniform. を受動態にした文。主語の they は「(ある場所・組織・店などに属する)不特定多数の人々」を表し，受動態の文では... the traditional costume is adopted as the school uniform by them. のように表すことができるが，このように一般の人々や漠然とした人々を表す場合，通常〈by ＋動作主〉は省略される。   文法詳細 p.54 ▶

⑦ **... girls wear the native costume called "ao dai."**
             名詞   過去分詞＋語句(補語)

⑧ **... the native costumes called "gho" and "kira" as uniforms.**
      名詞   過去分詞＋語句(補語)

→ ⑦は過去分詞 called が"ao dai"を伴って the native costume を，⑧は過去分詞 called が"gho" and "kira"を伴って the native costumes を，それぞれ後ろから修飾している。

⑪ **Some girls show their hair, but others cover it with a head scarf.**

→ some ～は others と呼応して「…する～もいれば…する～もいる」という意味を表す。

→ cover A with B は「A を B で覆う」という意味。

🎵 Q2. 日本語にしなさい。

Some students like baseball, and others like soccer.

(   )

🎵 読解のカギ Q の解答   **Q1.** those   **Q2.** 野球が好きな生徒もいればサッカーが好きな生徒もいる。

PART ❸　英文を読む前に，初めて習う文法を含んだ文を確認しましょう！ → p.48 ⑨

ポイント　海外では，どのくらい多くの学校に制服があるか。

① Many schools in Japan have uniforms, / but some do not. //
日本の多くの学校には制服がある / しかし，いくつかの学校にはない //

② Over 10% of Japanese high schools / do not have uniforms. //
10% を超える　日本の高校に / 制服がない //

③ At such schools, / students wear their own clothes. //
そのような学校では / 生徒たちは　自分の服を着る //

④ There are also high schools / that allow both uniforms and plain clothes. //
また，高校もある / 制服と私服の　両方を許可している //

⑤ What about overseas? //
海外はどうか //

⑥ Germany, for example, / has not traditionally required / school uniforms. //
たとえば，ドイツは / 伝統的に必要としてこなかった / 制服を //

⑦ In the past, / the government considered introducing school uniforms, / but many people were against it. //
過去に / 政府が制服の導入を検討した / しかし多くの人々がそれに反対した //

⑧ They worried / that adopting school uniforms / could limit their personal liberty. //
彼らは心配した / 制服を採用することが / 生徒たちの個人の自由を制限するかもしれないと //

⑨ Uniforms are not required / in most schools / in the United States either. //
制服は必要とされていない / ほとんどの学校では / アメリカでも //

⑩ Instead, / many schools have a dress code. //
その代わりに / 多くの学校には服装規定がある //

⑪ It is a set of rules / about clothing and appearance. //
それは一連の規則だ / 衣服と外見に関する //

⑫ However, / there is a recent movement / to adopt uniforms at schools / in that country. //
しかしながら / 最近の動向がある / 学校での制服を採用するという / その国において //

⑬ Some people think / that having school uniforms / might prevent students / from bullying others about fashion. //
ある人は考えている / 制服があることが / 生徒を阻止するかもしれないと / 服装に関して他者をいじめることから //

✓ 構成&内容チェック 本文を読んで，（ ）に合う日本語を書きなさい。

①〜④ Part 3 の導入部分。日本の学校での服装事情について述べられている。
　制服のない学校では，生徒たちは(1.　　　　　　　)を着る。（ 1 ）と制服の両方を許
　可している学校もある。

他の国との比較

⑤〜⑧ ドイツの例について述べている。
　制服は個人の(2.　　　　　　　)を制限するかもしれないという考えから，伝統
　的に制服がない。

⑨〜⑬ アメリカの例について述べている。
　制服の代わりに服装規定のある学校が多いが，最近，制服が服装に関する他者へ
　の(3.　　　　　　　)を防ぐかもしれないという考えから，制服のある学校が増
　えている。

❗教科書Qのヒント **Q5** Why were German people against school uniforms?
（なぜドイツの人々は学校の制服に反対だったのですか。）　→本文⑥〜⑧

Q6 Why is there a recent movement to adopt school uniforms in the United States?
（アメリカで最近, 学校の制服を採用する動向があるのはなぜですか。）　→本文⑨・⑫・⑬

🔑読解のカギ

① **Many schools in Japan have uniforms, but some do not.**
　➡ do not のあとには have uniforms が省略されている。

主格の関係代名詞

④ **There are also high schools that allow both uniforms and plain clothes.**
that で始まる節が先行詞を修飾
　➡ that は関係代名詞節の中で主語の役割をし，名詞(先行詞)の high schools を後ろか
　ら修飾する節を作っている。that 節は人と物の両方を修飾することができる。

🎵 Q1. 日本語にしなさい。
　She is a student that has just started studying at this school.
　(　　　　　　　　　　　　　　　　　　　　　　　　　　　　　　　)

⑥ **Germany, for example, has not traditionally required school uniforms.**
have[has] not ＋過去分詞
　➡ has not required は継続用法の現在完了形〈have[has] ＋過去分詞〉の否定形で，「(こ
　れまでずっと)必要としてこなかった」ということ。not と過去分詞の間に副詞の
　traditionally が入っている。

✓ 構成&内容チェック の解答　1. 自分の服[私服]　2. 自由　3. いじめ

⑦ **... the government considered introducing school uniforms, but many people were against it.**

➡ consider *doing* で「〜することを検討する」という意味。consider のあとに動詞が続く場合，動名詞の形にする。この意味では consider to *do* の形をとることはできない。introducing school uniforms が consider の目的語になっている。

➡ be against *A* で「A に反対して」という意味。

♪ Q2. ＿＿＿ を埋めなさい。

私は海外で勉強することを検討している。

I am ＿＿＿＿＿＿＿ ＿＿＿＿＿＿＿ overseas.

⑧ **They worried [that adopting school uniforms could limit their personal liberty].**
　　　　　　　　　　　　　　　　　　S'　　　　　　　V'　　　　　O'

➡ この文は〈S + worry (that) S' + V' ...〉の形で「S は S'が…だと心配する」という意味を表す。that 節の中では adopting school uniforms という動名詞句が主語，could limit が動詞，their personal liberty が目的語となっている。

➡ could はこの文では過去の意味ではなく，「〜かもしれない」という現在または未来に関する推量を表す。

⑨ **Uniforms are not required in most schools in the United States either.**

➡ are not required は〈be 動詞 + not + 過去分詞〉という受動態の形で，「必要とされ(ていい)ない」という意味を表す。　　　　　　　　　　　　　　　　**文法詳細 p.54 ▶**

➡ either はふつう否定文の文末で用いて，「(〜もまた)…でない」という意味を表す。

⑫ **... there is a recent movement (to adopt uniforms at schools) in that country.**

➡ to adopt は形容詞的用法の不定詞。to adopt 〜 schools が a recent movement を修飾している。

⑬ **Some people think [that having school uniforms might prevent students**
　　　　　　　　　　〈think (that) 〜〉　　　　S'　　　　　　　　V'　　　　　O'

from bullying ...].

➡ この文は〈S + think (that) S' + V'...〉という構造になっている。that 節の中では having school uniforms という動名詞句が主語，might prevent が動詞，students が目的語となっている。

➡ might は文法的には may の過去形だが，ここでは過去の意味ではなく，「〜かもしれない」という現在または未来に関する推量を表す。may よりも確信度が低い。

➡ prevent *A* from *doing* で「A が〜することを防ぐ[妨げる]」という意味を表す。

♪ Q3. 並べかえなさい。

雪が私たちがそこへ行くのを妨げた。

(from / prevented / us / there / the snow / going).

_____.

♪ 読解のカギ Q の解答　**Q1.** 彼女はこの学校で勉強し始めたばかりの生徒だ。
Q2. considering studying
Q3. The snow prevented us from going there(.)

PART ④ 英文を読む前に，初めて習う文法を含んだ文を確認しましょう！ → p.51 ⑪

◆ポイント 高校生たちはどのような理由で制服に賛成か，あるいは反対か。

① Are you / for or against school uniforms? //
あなたは / 学校の制服に賛成か反対か /

② High school students / in
高校生が /

Japan, the United States, the United Kingdom, Australia, South Korea, and China /
日本，アメリカ，イギリス，オーストラリア，韓国，中国の /

answered this question / in a study. //
この質問に答えた / ある調査で //

③ Here are some reasons / in favor of school uniforms. //
いくつかの理由がある / 学校の制服に賛成の //

④ First, / uniforms
第1に / 制服は防ぐ

can prevent / bullying about fashion. //
ことができる / 衣服に関係するいじめを //

⑤ Second, / uniforms can increase /
第2に / 制服は増すことができる

students' sense of belonging to their school. //
生徒たちの学校に対する帰属意識を //

⑥ Third, / uniforms can show / the
第3に / 制服は示すことができる /

wearer's social status / as a student. //
着る人の社会的身分を / 生徒としての //

⑦ Fourth, / uniforms can put students / into
第4に / 制服は生徒を変えられる / 勉強

the mindset of studying. //
するという心的態度に //

⑧ Finally, / some students say / uniforms are good /
最後に / 生徒の中には言う者もいる / 制服はよいと

because they do not need to pick out clothes for school / every day. //
学校に着て行く服を選ぶ必要がないので / 毎日 //

⑨ What are the reasons / against school uniforms? //
理由は何だろうか / 制服に反対の //

⑩ Some students insist /
生徒の中には主張する者もいる/

that they cannot show their individuality or feel free / when they wear a uniform. //
個性を発揮したり自由を感じたりできないと / 制服を着ている時は //

⑪ Others worry / that their freedom may be limited / by a uniform. //
心配する生徒もいる / 自分たちの自由が制限されるかもしれないと / 制服によって //

⑫ Others say / it is not easy to adjust a uniform / to the weather. //
ほかに言う生徒もいる / 制服は適合させにくいと / 天候に //

⑬ What is your opinion? //
あなたの意見はどうか //

✔ **構成&内容チェック** 本文を読んで，（　）に合う日本語を書きなさい。

①・② Part 4 の導入部分。問題提起：制服に賛成か反対か。
　6か国の高校生を対象に，制服に賛成または反対の理由を調査した。

調査の結果

③～⑧（1.　　　　　　　）の理由：主に５つ
　(1)衣服に関する（2.　　　　　　）の防止，(2)学校への帰属意識の向上，(3)社会
　的身分の明示，(4)勉強するという心的態度にできる，(5)毎日学校に着て行く服を
　選ぶ必要がない。

↕ 対比

⑨～⑫（3.　　　　　　　）の理由：主に３つ
　(1)個性を発揮できない，(2)（4.　　　　　　）が制限される，(3)天候に適合させ
　にくい。

⑬ 問いかけ：読者に制服についての意見を求めている。

❶ **教科書Qのヒント** **Q7** Why are some students for school uniforms? Give one
reason. （学校の制服に賛成する生徒がいるのはなぜですか。理由を１つ示しなさい。）　→本文④～⑧
Q8 Why are some students against school uniforms? Give one reason.
（学校の制服に反対する生徒がいるのはなぜですか。理由を１つ示しなさい。）　→本文⑩～⑫

🔑 **読解のカギ**

① **Are you for or against school uniforms?**
　➡ be for A で「A に賛成である」，be against A で「A に反対である」という意味。
　➡ 段落の最初で問題提起をしつつ，Part 4 全体のテーマを示している。

③ **Here are some reasons in favor of school uniforms.**
　➡ in favor of A は「A に賛成して」という意味。ここでは①の for school uniforms に
　　対応している。
　➡ Here is[are] ～ . は「（ここに）～があります」と相手の注意をひくときに使う表現。
　　ここでは，④～⑧の理由の列挙につながっていく。

④ **... uniforms can prevent bullying about fashion.**
　➡ prevent A で「A を予防する[防ぐ]」という意味。A には(代)名詞または動名詞が来
　　る。prevent to do の形をとることはできない。

⑤ **... uniforms can increase students' sense of belonging to their school.**
　➡ belong to A で「A に所属する」という意味。of という前置詞のあとなので動名詞に
　　なっている。

✔ **構成&内容チェック** の解答　1. 賛成　　2. いじめ　　3. 反対　　4. 自由

⑧ Finally, **some students say** [**uniforms are good** 〈**because they do not**
　　　　　　　S　　　　　V　　　　　O

need to pick out clothes for school every day〉].

➡ finally は④〜⑦の first, second, third, fourth と呼応して「最後に」という意味。

➡ 〈S＋say (that) S'＋V' ...〉で「S は S'が…だと言う」という意味。that は省略可。

➡ pick out A[A out]で「A を選ぶ」という意味。

⑩ **Some students insist** [**that they cannot show their individuality or feel**
　　　S　　　　　V　　　　　O

free 〈**when they wear a uniform**〉].

➡ 〈some＋名詞〉は「一部の〜」という意味を表す。ここでは，⑪・⑫の others と呼応
して，「生徒の中には〜する者もいれば，…する者もいる」と，生徒の意見を列挙し
ている。

➡ feel free は〈feel＋形容詞〉「〜に感じる」の形。

❷ Q1. 日本語にしなさい。

Some children like dogs, and others like cats.

（　　　　　　　　　　　　　　　　　　　　　　　　　　　　　　）

⑪ **Others worry** [**that their freedom** **may be limited** **by a uniform**].
　　　　　　　　　　S'　　　　　V'〈助動詞＋be 動詞＋過去分詞〉

➡ may be limited は助動詞を使った受動態で「制限されるかもしれない」という意味。
be 動詞は原形の be を用いる。　　　　　　　　　　　　　　　　　　文法詳細 p.55

➡ 〈S＋worry (that) S'＋V' …〉で「S は S'が…だと心配する」という意味を表す。

❷ Q2. ＿＿＿ を埋めなさい。

もっと多くのボランティアがそのグループによって必要とされるかもしれない。

More volunteers ＿＿＿＿＿＿ ＿＿＿＿＿＿ ＿＿＿＿＿＿ by the group.

⑫ **Others say** [**it is not easy to adjust a uniform to the weather**].
　　　　　　　　S'（形式主語）　　S'（真主語）

➡ 〈S＋say (that) S'＋V' …〉で「S は S'が…だと言う」という意味。that は省略可。

➡ it is not easy to do で「〜することは簡単ではない」という意味を表す。it は形式的
に置かれた主語で，to adjust a uniform to the weather を指す。to adjust 以下を意
味上の主語(真主語)として「〜することは簡単ではない」と訳す。

➡ adjust A to B で「A を B に合わせて調整する」という意味を表す。

❷ Q3. 日本語にしなさい。

It is not easy to read this book.

（　　　　　　　　　　　　　　　　　　　　　　　　　　　　　　）

Fill in the blanks to complete the report on school uniforms.

（下線部に適切な語を入れて，制服に関するレポートを完成させなさい。）

　1 制服がある高校の割合はほぼ＿＿％。(教 p.40, ℓℓ.2~3)

　2 自分の学校の制服が好きな高校生の割合に注目。(教 p.40, ℓℓ.11~13)

　3 制服がない高校の割合に注目。(教 p.44, ℓℓ.2~3)

　4,5 日本の制服とよく似た制服がある国についてよく読む。(教 p.42, ℓℓ.2~5)

　6,7 ベトナムなどの国で制服の基になっているものについて考える。(教 p.42, ℓℓ.7~10)

　8 マレーシアの制服の違いが何に由来しているかについてよく読む。(教 p.42, ℓℓ.12~14)

　9 ドイツでは制服が必要とされていない理由に注目。(教 p.44, ℓ.6~ p.45, ℓ.3)

　10 制服の代わりに服装規定がある国についてよく読む。(教 p.45, ℓℓ.4~6)

　11,12 制服が何を防ぐかについてよく読む。(教 p.45, ℓℓ.8~10 p.46, ℓ.6)

　13 制服が高めてくれるものについてよく読む。(教 p.46, ℓℓ.7~8)

　14 制服が示すものについてよく読む。(教 p.46, ℓℓ.8~9)

　15 制服と学習の関係についてよく読む。(教 p.46, ℓℓ.9~10)

　16 制服を着ていると表せないものについてよく読む。(教 p.46, ℓℓ.14~15)

　17 制服と自由の関係についてよく読む。(教 p.46, ℓℓ.16~17)

　18,19 制服と天気の関係についてよく読む。(教 p.46, ℓℓ.17~18)

More Information ①ヒント

Writing 1

・🕮 p.52 の地図と図を見て，国を1つ選び，その学年度について説明する。🕮 p.53 の Example を参考にしてもよい。

➡ まず，さまざまな国の school year「学年度」が始まる月を示した地図と，6つの国の年間の term/semester「学期」を示した図を見て，国を1つ選ぶ。

➡ 次に，選んだ国の学年度や学期について書く。

・Example

➡ 1文目の school year は「学年度」，toward ～は「～頃[近く]」という意味。そのほか，〈at the beginning[end] of ＋月の名〉「～の上旬[下旬]に」，〈in the middle of ＋月の名〉「～の中旬に」などの表現を使ってもよい。

➡ 2文目の school terms は「学期」という意味。単に terms でも，semesters でもよい。

➡ 2，4文目の They/they は特定の人ではなく，一般的なオーストラリアの学生たちを指す。

➡ 3文目の the fourth term は「4学期」という意味。6つの国の年間の学期を示した図の 1st, 2nd, 3rd, 4th はそれぞれ，first, second, third, fourth を略したもの。the を付けることに注意。

Writing 2

・オーストラリア出身の友達に，あなたの学校の学期や行事について話すつもりで，最初に学期について文章を書き，2番目に行事を1つ選び，それについて書く。

➡ まず，自分の学校の学期について，Writing 1 を参考にして書く。学年度がいつ始まるか，いくつの学期や休みがあるかなどを1～3文程度で書く。

➡ 次に，(school) sports day「体育祭」，school festival「文化祭」，school trip「修学旅行」，(school) excursion「遠足」などの学校行事から1つ選び，それが何学期にあるのかを we have a[an] ～ / there is a[an] ～「～(の行事)がある」，in the ～ term[semester]「～学期に」などの表現を使って書く。

➡ そして，その行事で何をするのか，あるいは自分が何をしたのかを具体的に書く。次のような表現を使ってもよい。compete「競争する」，play「(スポーツ)をする」，take part in A「A に参加する」，race「レース，競争」，in teams「チームで」，perform music[a dance/a play]「音楽[ダンス／劇]を演奏[上演]する」，display A「A を展示する」，open a[an] ～ stand「～店を開く」

➡ 最後に，それについての感想などを書く。次のような表現を使ってもよい。exciting「わくわくさせる」，interesting「興味深い」，fun「楽しい」，enjoy A「A を楽しむ」，have a good[great] experience「よい[すばらしい]体験をする」

📖 Grammar

G-5 受動態① 〈be 動詞＋過去分詞〉

▶受動態とは

・受動態は、「人・ものは(A によって)～される」の意味を表したいときに使う表現で、〈be 動詞＋過去分詞(＋by *A*)〉で表す。

動作主を示さない受動態

・動作主が**一般の人々**を表す場合や**不明な場合**、〈by＋動作主〉は省略される。

Uniforms are required in many schools in Japan.　　　　　　　　　（受動態）
　　　　　　　└── 〈by them[people]〉が省略されている

← They[People] require uniforms in many schools in Japan.　　　　（能動態）
　　　S　　　　　V　　　　　O

（制服は日本の多くの学校で必要とされている。）
←（彼ら[人々]は日本の多くの学校で制服を必要とする。）

能動態と受動態

The design of the uniform is loved by many students in this school.　（受動態）
　　　S　　　　　　V〈be 動詞＋過去分詞〉　　〈by ＋動作主〉

← Many students in this school love the design of the uniform.　　（能動態）
　　　　S　　　　　　　　V　　　　O

（その制服のデザインはこの学校の多くの生徒に愛されている。）
←（この学校の多くの生徒はその制服のデザインを愛している。）

・能動態は「S(主語)が O(目的語)を V(動詞)する」という文。

be 動詞の形 / 疑問文・否定文

・be 動詞は主語や時制によって is, am, are, was, were を使い分ける。
・受動態の疑問文・否定文の作り方は、be 動詞のある能動態の疑問文・否定文の作り方と同じ。

＋α

第4文型の受動態

・give, tell, show, teach, send, lend, sell などの動詞を使った第 4 文型(SVOO)の文は、(人)・(物)それぞれを主語にした 2 通りの受動態がある。
・(物)が主語の受動態では、(人)を表す語の前に to をつけることが多い。

She was given the bike by her parents.　　　　　　（(人)が主語の受動態）
The bike was given (to) her by her parents.　　　　　（(物)が主語の受動態）
← Her parents gave her the bike.　　　　　　　　　　（能動態）
　　　S　　　　V　O(人)　O(物)

（彼女は彼女の両親によってその自転車を与えられた。）
（その自転車は彼女の両親によって彼女に与えられた。）
←（彼女の両親は彼女にその自転車を与えた。）

G-6 受動態② 〈助動詞＋ be 動詞＋過去分詞〉

・〈助動詞＋be 動詞＋過去分詞〉で助動詞を使った受動態を表すことができる。
・be 動詞は必ず原形の be となる。

助動詞を使った受動態の種類と意味

・〈can be＋過去分詞〉「〜されることができる」

Our school address **can be found** on the web.
　　　　　　　　　〈can be ＋過去分詞〉
（私たちの学校の住所はウェブ上で見つけられる。）

・〈may be＋過去分詞〉「〜されるかもしれない」

Schools **may be closed** if it snows heavily tomorrow.
　　　　　〈may be ＋過去分詞〉
（もし明日大雪が降れば, 学校が休校になるかもしれない。）

・〈must be＋過去分詞〉「〜されなければならない」「〜されるに違いない」

The student council **must be held** this month.
　　　　　　　　　〈must be ＋過去分詞〉
（生徒会は今月開かれなければならない[開かれるに違いない]。）
→意味は文脈で判断する。

・〈should be＋過去分詞〉「〜されるべきだ」「〜されるはずだ」

The student council **should be held** this month.
　　　　　　　　　〈should be ＋過去分詞〉
（生徒会は今月開かれるべきだ[開かれるはずだ]。）
→意味は文脈で判断する。

＋α

・〈will be＋過去分詞〉「〜されるでしょう」

The student council **will be held** next week.
　　　　　　　　　〈will be ＋過去分詞〉
（生徒会は来週開かれるだろう。）

疑問文・否定文

・能動態の文と同様に, 受動態の疑問文は主語の前に助動詞を置き, 否定文は助動詞のあとに not を置いて作る。疑問文への答え方も能動態のときと同じ。

Can our school address **be found** on the web?　　　　　　　（疑問文）
〈助動詞＋主語＋ be ＋過去分詞〜 ?〉

― Yes, it **can**. / No, it **can't[cannot]**.
（私たちの学校の住所はウェブ上で見つけられますか。）
―（はい, 見つけられます。/ いいえ, 見つけられません。）

Our school address **can't[cannot]** be found on the web.　　　（否定文）
〈主語＋助動詞＋ not ＋ be ＋過去分詞〜 .〉
（私たちの学校の住所はウェブ上で見つけられません。）

Where can our school address **be found**?　　　（疑問詞を使った疑問文）
〈疑問詞＋助動詞＋主語＋ be ＋過去分詞〜 ?〉
（私たちの学校の住所はどこで見つけられますか。）

定期テスト予想問題　　　　　解答 → p.58

1 日本語の意味に合うように, ＿＿に適切な語を入れなさい。

(1) その事故は私が時間どおりにそこへ到着するのを妨げた。

The accident ＿＿＿＿＿＿＿ me ＿＿＿＿＿＿＿ arriving there on time.

(2) 私たちはこの規則に反対だ。

We are ＿＿＿＿＿＿＿ this rule.

(3) この市場では異なる種類の食べ物を手に入れることができる。

We can get ＿＿＿＿＿＿＿ kinds ＿＿＿＿＿＿＿ food in this market.

(4) あなたは私たちのチームに所属していますか。

Do you ＿＿＿＿＿＿＿ ＿＿＿＿＿＿＿ our team?

2 （　）内の語のうち，適切なほうを選びなさい。

(1) This dress was (making, made) in France.

(2) Mt. Fuji can be (see, seen) from here on a sunny day like this.

(3) When will the shop (be, is) closed?

3 日本語に合うように,（　）内の語句を並べかえなさい。

(1) この絵は有名な画家によって描かれた。

(painted / picture / a / artist / by / famous / this / was).

＿＿＿＿＿＿＿＿＿＿＿＿＿＿＿＿＿＿＿＿＿＿＿＿＿＿＿＿.

(2) 私は誕生日に両親からプレゼントをもらった。

(a / given / parents / present / was / my / I / by) on my birthday.

＿＿＿＿＿＿＿＿＿＿＿＿＿＿＿＿＿＿＿＿＿ on my birthday.

(3) あなたの国では何語が話されていますか。

(language / spoken / your / is / what / country / in)?

＿＿＿＿＿＿＿＿＿＿＿＿＿＿＿＿＿＿＿＿＿＿＿＿＿＿＿?

(4) その教室は生徒たちによって掃除されなければならない。

(cleaned / must / the students / by / the classroom / be).

＿＿＿＿＿＿＿＿＿＿＿＿＿＿＿＿＿＿＿＿＿＿＿＿＿＿＿＿.

4 次の英語を日本語にしなさい。

(1) The cup was broken by my dog.

(　　　　　　　　　　　　　　　　　　　　　　　　　)

(2) The man was asked some questions by a police officer.

(　　　　　　　　　　　　　　　　　　　　　　　　　)

(3) These flowers can be found on mountains in Japan.

(　　　　　　　　　　　　　　　　　　　　　　　　　)

5 次の英文を読んで，あとの問いに答えなさい。

　Many overseas schools also have school uniforms. What are uniforms
(　①　) in other countries? The uniforms in South Korea are quite (　①　)
②those in Japan. Many students wear jackets and ties. The uniforms in Australia
also look much (　①　) ours.

　③In some countries, the traditional costume is adopted as the school
uniform. For example, at some high schools in Vietnam, girls wear the native
costume called "ao dai." In Bhutan, all schools have adopted the native
costumes called "gho" and "kira" as uniforms.

(1)　3つの(　①　)に共通する前置詞を入れなさい。
　　_____

(2)　下線部②が指すものを英語2語で答えなさい。
　　_____ _____

(3)　下線部③の英語を日本語にしなさい。
　　(　　　　　　　　　　　　　　　　　　　　　　　　　　　)

6 次の英文を読んで，あとの問いに答えなさい。

　Here are some reasons in favor of school uniforms. First, uniforms can
prevent bullying about fashion. Second, uniforms can increase students' sense
of belonging to their school. Third, uniforms can show the wearer's social
status as a student. Fourth, uniforms can put students into the mindset of
studying.　Finally, some students say uniforms are good because they do not
need to pick out clothes for school every day.

　What are the reasons against school uniforms? Some students insist that
they cannot show their individuality or feel free when they wear a uniform.
①Others worry that their freedom may be limited by a uniform. ②Others say
(not / to / the weather / adjust / easy / it / a uniform / to / is).

(1)　下線部①の英語を日本語にしなさい。
　　(　　　　　　　　　　　　　　　　　　　　　　　　　　　)
(2)　下線部②が，「制服は天候に適合させにくいと言う生徒もほかにいる」とい
　　う意味になるように，(　)内の語句を並べかえなさい。
　　Others say _____.
(3)　次の質問に英語で答えなさい。
　　What can uniforms put students into?
　　_____

📝 定期テスト予想問題　解答　pp.56~57

1 (1) prevented, from　(2) against　(3) different, of　(4) belong to
2 (1) made　(2) seen　(3) be
3 (1) This picture was painted by a famous artist(.)
　(2) I was given a present by my parents
　(3) What language is spoken in your country(?)
　(4) The classroom must be cleaned by the students(.)
4 (1) そのカップは私のイヌによって壊された。
　(2) その男性は警察官にいくつかの質問をたずねられた。
　(3) これらの花は日本の山で見つけられる。
5 (1) like　(2) the uniforms
　(3) いくつかの国々では，伝統衣装が学校の制服として採用されている。
6 (1) 制服によって，自分たちの自由が制限されるかもしれないと心配する生徒もいる。
　(2) it is not easy to adjust a uniform to the weather
　(3) 例 They can put them[students] into the mindset of studying.

💡 解説

1 (1)「Aが~することを妨げる」は prevent A from doing　(2)「Aに反対である」は be against A。　(3)「異なる種類のA」は different kinds of A。kinds と複数形になることに注意。　(4)「Aに所属する」は belong to A。
2 (2)「富士山はこのような晴れた日にはここから見られる」と考え，過去分詞を選ぶ。see の過去分詞形は seen。　(3) 助動詞 will の疑問文なので，原形の be を選ぶ。「その店はいつ閉められますか」という意味。
3 (1) 〈主語＋be 動詞＋過去分詞＋by＋動作主〉の語順にする。　(2) 第4文型(SVOO)の受動態。主語 I を文頭に置き，〈be 動詞＋過去分詞〉の形と a present を続ける。　(3) 主語 What language を文頭に置く。「（一般の人々によって）話されている」ということなので，〈by＋動作主〉は省略されている。
4 (1) broken は break の過去分詞形。My dog broke the cup. という文の受動態。　(2) A police officer asked the man some questions. という第4文型の文の受動態。　(3) 助動詞を使った受動態の文。found は find の過去分詞形。
5 (1) What is A like? で「Aはどんなものですか」，be like A で「Aのようだ」，look like A で「Aに似ている」。　(2) those は文頭の The uniforms のくり返しを避けるために使われている。　(3) adopt A「Aを採用する」の受動態が使われている。adopt A as B で「AをBとして採用する」という意味。
6 (1) worry は目的語に that 節をとることができる。Others は，ここでは Some students と呼応して，「~する生徒もいる」という意味。　(2) it と to に注目する。it is not easy to do で「~することは簡単ではない」という意味。ここでは「~しにくい」という訳になっている。　(3)「制服は生徒を何（の状態）にできるか」という質問。本文4~5行目参照。

Reading 1 Encyclopedia Brown

単語・熟語チェック

encyclopedia	名 百科事典	My father bought an **encyclopedia** for me. 私の父は私に百科事典を買ってくれた。
sneaker	名 スニーカー	These **sneakers** are very cool. これらのスニーカーはとても格好いい。
crossword	名 クロスワード	This **crossword** puzzle is not difficult. このクロスワードパズルは難しくない。
puzzle	名 パズル	The children are playing **puzzle** games. その子供たちはパズルゲームをして遊んでいる。
chief	名 長官	My uncle is the **chief** of police. 私のおじは警察署長です。
league	名 競技連盟，リーグ	His team is the top one in the soccer **league**. 彼のチームはそのサッカーリーグでトップのものだ。
usual	形 ふつうの	She was not **usual** yesterday. 昨日の彼女はふつうではなかった。
gas	名 ガソリン	My mother put **gas** in her car. 私の母は自分の車にガソリンを入れた。
average	形 平均的な	Nick is not an **average** person. ニックは平均的な人ではない。
crime	名 犯罪	**Crime** was a social problem in the town. その町では，犯罪が社会問題だった。
unusual	形 ふつうでない	His condition was **unusual** on that day. その日，彼の調子はふつうではなかった。
criminal	名 犯罪者	The **criminal** is in that house. 犯人はあの家の中にいる。
escape A	動 A を免れる	He **escaped** death in the accident. 彼はその事故での死を免れた。
arrest	名 逮捕	I was sad to hear of his **arrest**. 私は彼の逮捕を聞いて悲しかった。
partly	副 部分的には	Sam is **partly** wrong. サムは部分的に間違っている。
policeman	名 警察官	My brother became a **policeman**. 私の兄[弟]は警察官になった。
clever	形 賢い	It is **clever** of you to pass the exam. その試験に合格するとは，あなたは賢い。
brave	形 勇敢な	He is a **brave** man. 彼は勇敢な男性だ。
mostly	副 大部分は	The students in the room were **mostly** girls. その部屋にいた生徒たちは大部分が女子だった。
solve A	動 A を解決する	She couldn't **solve** the problem. 彼女はその問題を解決することができなかった。

brick	名 レンガ	The ball hit the **brick** wall. そのボールはレンガの壁に当たった。
avenue	名 大通り	The hotel is on this **avenue**. そのホテルはこの大通りにある。
detective	名 探偵，刑事	The **detective** looked around the room carefully. その探偵は注意深く部屋を見回した。
strike	動 襲う	The typhoon will **strike** at night. 台風は夜中に襲うだろう。
struck	動 strike の過去形・ 過去分詞形	Many misfortunes have **struck**. 多くの不運が襲った。
state	名 州	There are 50 **states** in America now. 現在，アメリカには 50 の州がある。
robber	名 強盗	What did the bank **robber** look like? その銀行強盗はどんな見た目をしていましたか。
holdup	名 強奪，強盗	Many newspapers reported the **holdup**. 多くの新聞がその強盗を報じた。
made-up	形 でっちあげた	Jane often tells **made-up** stories. ジェーンはよくでっちあげた話をする。
mystery	名 謎	The universe is full of **mysteries**. 宇宙は謎に満ちている。
rob A	動 A から金品 を奪う	The group **robbed** the convenience store at midnight. その一味は深夜にコンビニから金品を奪った。
exclaim A	動 A と大声を張 りあげて言う	He **exclaimed** that he knew nothing. 彼は何も知らないと大声を張りあげて言った。
demand A	動 A を（強い調子 で）たずねる	My mother **demanded**, "Have you finished your homework?" 母は，「宿題は終わったの？」と強い調子でたずねた。
blame A	動 A を非難す る	He **blamed** me for that. 彼はそのことで私を非難した。
frown	動 しかめつらを する	He **frowned** at the students with bad manners. 彼はマナーの悪い学生たちにしかめつらをした。
steal A	動 A を盗む	Max says he didn't **steal** anything. マックスは，自分は何も盗まなかったと言っている。
rush	動 急いで行く	Mr. Imai **rushed** into the teachers' room. 今井先生が急いで職員室に入って行った。
dining	名 食事	My father made this **dining** table last Sunday. 私の父はこの前の日曜日にこの食事用のテーブルを作った。
observation	名 観察	My homework is the **observation** of butterflies. 私の宿題は蝶の観察だ。
proudly	副 誇らしげに	She walked **proudly** like a queen. 彼女は女王のように誇らしげに歩いた。
carefully	副 注意深く	You should drive more **carefully**. あなたはもっと注意深く運転すべきだ。
closely	副 細かく注意し て	You should look at the problem more **closely**. あなたはその問題をもっと細かく注意して見るべきだ。
pie	名 パイ	I've never eaten a **pie** made with peach. 私は桃で作ったパイを食べたことがない。

sigh	動 ため息をつく	Becky often **sighs** deeply. ベッキーはしばしば深くため息をつく。
marriage	名 結婚	Let's celebrate his **marriage** to Kimmy. 彼のキミーとの結婚を祝おう。
be filled with A	熟 A でいっぱいである	The bathtub **was filled with** water then. その時，バスタブは水でいっぱいだった。
get away with A	熟 A の罰を逃れる	The boy won't **get away with** lying. その男の子はうそをついた罰を逃れることはないだろう。
hold up A[A up]	熟 A を襲って強奪する	The man **held up** a jewelry shop. その男は宝石店を襲って強奪した。
write down A[A down]	熟 A を書き留める	I **wrote down** his address and telephone number. 私は彼の住所と電話番号を書き留めた。
get ready to do	熟 ～する準備をする	Now **get ready to** go home. もう家に帰る準備をしなさい。
tell A to do	熟 A に～するように言う	My mother **told** me **to** take care of my sister. 母は私に，妹の世話をするように言った。
face to face with A	熟 A と向かい合って	The teacher talked **face to face with** me. 先生は私と向かい合って話した。
turn around	熟 振り向く	Ellen **turned around** and said goodbye. エレンは振り向いてさよならを言った。
be gone	熟 立ち去る	Bob **was gone** when his friend visited him. 友人が訪ねてきた時，ボブはいなかった。
say half to oneself	熟 だれに言うともなく言う	I **said half to myself**, "It's time to leave." 私はだれに言うともなく「出発する時間だ」と言った。
Say	間 そうだ	**Say**, I remember her name! そうだ，彼女の名前を思い出した！
reason＋S＋V	熟 S が V する理由	Do you know the **reason** he is absent from school today? 今日彼が学校を休んでいる理由を知っていますか。
Not quite.	熟 そうでもないよ。	"He is very angry, isn't he?" "**Not quite.**" 「彼はとても怒っているんだろう？」「そうでもないよ。」
want A to do	熟 A に～してほしい	My father **wants** me **to** be a police officer. 父は私に警察官になってほしい。
go on	熟 （話などを）続ける	He **went on** with his story. 彼は自分の話を続けた。
blame A on B	熟 A を B のせいにする	Don't **blame** your failure **on** other people. 自分の失敗を他人のせいにしてはいけない。
pick up A[A up]	熟 A を手に取る	The boy **picked up** the phone. 少年は電話を手に取った。
read to oneself	熟 黙読する	**Read to yourself** for ten minutes. 10分間黙読しなさい。
for a while	熟 しばらくの間	Please wait **for a while**. しばらくお待ちください。
have no way of doing	熟 ～するすべがない	I **had no way of** persuading him. 私には彼を説得するすべがなかった。
grow up	熟 大人になる	The girl **grew up** and became a nurse. その少女は大人になって看護師になった。

教科書 p.56

ポイント 主人公リロイはどんな少年だったのか。

① Mr. and Mrs. Brown had one child. // ② They called him Leroy, / and so did
ブラウン夫妻には子供が1人いた　//　彼らは彼をリロイと呼んだ　/　そして彼の

his teachers. // ③ Everyone else in Idaville / called him Encyclopedia / because his
先生たちもそう呼んだ// アイダビルのほかのみんなは / 彼をエンサイクロペディアと呼んだ /

head was like an encyclopedia. // ④ He learned many facts / from books, / and his
彼の頭脳が百科事典のようだったので // 彼は多くの事実を学んだ / 本から / そして彼の

head was filled with them. // ⑤ He was like a complete library / walking around /
頭はそれらでいっぱいだった　//　彼は完璧な図書館のようだった　/　歩き回る /

in sneakers. //
スニーカーをはいて //

⑥ Old ladies / who did crossword puzzles / were always stopping him / on the
老婦人たちは /　クロスワードパズルをする　/　いつも彼を止めていた　/　道で

street / to ask him questions. // ⑦ However, / his father asked him more questions /
彼に質問をするために　//　しかしながら/　彼の父親は彼に多くの質問をした /

than anyone else. // ⑧ Mr. Brown was the chief / of police in Idaville. //
ほかのだれよりも　//　ブラウン氏は署長だった　/　アイダビル警察署の　//

⑨ The town had / four banks, / three movie theaters, / and a Little League. //
その町にはあった / 銀行が4つ / 映画館が3つ / 少年野球連盟が1つ //

⑩ It had / the usual number of gas stations, / churches, / schools, / stores, / and
そこにはあった/ 通常の数のガソリンスタンド / 教会 / 学校 / 店 / そして

houses. // ⑪ And it had / the average number of crimes / for a town of its size. //
家々が // そしてそこにはあった / 平均的な数の犯罪が / その大きさの町に合った //

✓ **構成&内容チェック** 本文を読んで，（ ）に合う日本語を書きなさい。

①～⑤ 主人公リロイの紹介。彼が(1.　　　　　　　)と呼ばれている理由が述べられている。
リロイが(1)と呼ばれているのは，彼が多くの事実を本から学び，それらでいっぱい
の彼の頭脳が，百科事典のようだったからである。彼はスニーカーで歩き回る完璧な
(2.　　　　　)のようだった。

↓

⑥ アイダビルの町の人のリロイとの関わり方について書かれている。

↓

⑦・⑧ リロイの父親，ブラウン氏の紹介。
ブラウン氏はアイダビルの(3.　　　　　)で，リロイにはだれよりも多くの質問をした。

↓

⑨～⑪ アイダビルの町の紹介。
アイダビルはごく普通の町であり，(4.　　　　　)の数も町の大きさに見合った
平均的な数だった。

✓ **構成&内容チェック** の解答　1. エンサイクロペディア　2. 図書館　3. 警察署長　4. 犯罪

🎵 **読解のカギ**

② **They called him Leroy, and <u>so did</u> his teachers.**
　　　　　　　　　　　　　　　　　　　　V　　S

➡ so が直前の内容を受けて文頭にくる場合は倒置が起こるため, 〈V＋S〉の語順になる。

➡ did は前にある〈動詞＋語句〉の反復を避けるために用いられている。ここでは called him Leroy の意味。

🎵 **Q1. 並べかえなさい。**

私は犬が好きだが, 私の妹も犬が好きだ。

(and / my sister / like / I / so / dogs / does).

_____.

④ **... his head <u>was filled with</u> them.**

➡ be filled with *A* で「*A* でいっぱいである」という意味。

➡ them は many facts を指す。

🎵 **Q2. 日本語にしなさい。**

This bottle is filled with water.　(　　　　　　　　　　　　　　　　)

⑤ **He was like a complete library (<u>walking</u> around in sneakers).**
　　　　　　　　　　　　　名詞　　　　　　　現在分詞

➡ walking は現在分詞で, walking around in sneakers が a complete library を後ろから修飾している。

🎵 **Q3. ＿＿＿ を埋めなさい。**

あなたは私の母と話しているあの女の子を知っていますか。

Do you know that girl _____ _____ my mother?

⑥ **Old ladies [who did crossword puzzles] were always stopping him on the**
　　S　　　　　　　関係代名詞　　　　　　　　　　　　　　V

street to ask him questions.
　　　to ＋動詞の原形

➡ who は Old ladies を先行詞とする主格の関係代名詞。who 以降 puzzles までが Old ladies を修飾している。

➡ always が過去進行形とともに用いられると「いつも～(ばかり)していた」という意味になる。

➡ to ask は「～するために」という目的を表す副詞的用法の不定詞。

⑦ **However, his father asked him <u>more questions than</u> anyone else.**

➡ however は「しかしながら」という意味の副詞で, 前に述べられたことと対比的な内容を述べるときに使われる。⑥の「老婦人たちがリロイにいつも質問していた」という文と,「彼の父親はだれよりも多くの質問をした」という文を対比している。

➡ more は many の比較級で, more ～ than ... で「…よりも多くの～」という意味。

🎵 **読解のカギ** Q の解答　**Q1.** I like dogs and so does my sister(.)　　**Q2.** このボトルは水でいっぱいである。
Q3. talking[speaking] with[to]

教科書 p.57, ℓℓ.1〜11

ポイント　アイダビルの町の治安には何が関わっていたのか。

① Idaville, / however, / only *looked* like the usual American town. //
アイダビルは / しかしながら / ふつうのアメリカの町のように見えただけだった //
② It was,
それは

really, most *un*usual. //
実際には最もふつうではなかった //

③ For a whole year / no criminal escaped arrest / and no boy or girl / got away
丸1年間 / 逮捕を免れた犯罪者は1人もいなかった / そして少年少女は1人もいなかった /

with breaking a single law / in Idaville. //
たった1つの法律でさえも破った罰を逃れた / アイダビルで //

④ This was partly because / the town's policemen were clever and brave. //
この理由の一部だった / 町の警官が賢くて勇敢だったということが　//

⑤ But / mostly it was because / Chief Brown was Encyclopedia's father. //
しかし / その理由の大部分だった / ブラウン署長がエンサイクロペディアの父親ということが //

⑥ His hardest cases / were solved / by Encyclopedia / during dinner / in the
彼の最も難解な事件が / 解決された / エンサイクロペディアによって / 夕食の間に /

Browns' red brick house / on Rover Avenue. //
ブラウン一家の赤レンガの家で / ローバー街の　//

⑦ Of course, / nobody knew / a boy was helping the town's police. //
もちろん / だれも知らなかった / 1人の少年が町の警察を手伝っていることを //

⑧ You wouldn't guess it / by looking at Encyclopedia. //
そう思わないだろう / エンサイクロペディアを見て　//
⑨ He looked like a
彼は平凡な5年生の

common fifth-grade boy / and acted like one, too. //
少年のように見えた / そしてそのように振る舞ってもいた //

✓ 構成&内容チェック　本文を読んで，（　）に合う日本語を書きなさい。

① アイダビルという町について説明している。
　アイダビルはごく（1.　　　　　　）のアメリカの町のように見えただけだった。

　　　　対比 ↕

② アイダビルという町が実際にはどんな町だったかについて説明している。
　アイダビルは，実際には最も（2.　　　　　　）町だった。
↓

③ アイダビルの治安の良さについて説明している。
　・丸1年間，逮捕を免れた（3.　　　　　　）は1人もいなかった。
　・法律を犯して罰を逃れた少年少女は1人もいなかった。
↓

④・⑤ ③の理由について説明している。
　・町の警官が賢くて勇敢だったから。
　・警察署長が（4.　　　　　　）と呼ばれるリロイの父親だったから。
↓

✓ 構成&内容チェック の解答　1. ふつう　2. ふつうではない　3. 犯罪者　4. エンサイクロペディア

⑥～⑨（4）について詳しく説明している。

・家での夕食中に最も難解な事件を解決した少年。

・見た目には平凡な5年生の少年。

🎵 読解のカギ

② It was, really, most *unusual*.

➡ most unusual は最上級で「最もふつうでない」という意味を表す。このように形容詞のあとに名詞が続かない場合，最上級でも the が省略されることがある。

🎵 Q1. 日本語にしなさい。

The singer is most popular in Japan.

(   )

③ ... no criminal escaped arrest and no boy or girl got away with breaking a single law in Idaville.

➡ no は形容詞で，名詞の前に置いて「全く～ない，1人も～ない」のように強い否定を表す。

➡ get away with A で「A の罰を逃れる」。

🎵 Q2. 並べかえなさい。

その問題に答えた生徒は1人もいなかった。(the / no / question / answered / student).

_____

⑤ ... mostly it was because Chief Brown was Encyclopedia's father.

➡ 本来は④の This was partly because 同様，it was mostly because という語順になるが，mostly を it の前に置くことで，④は理由の一部であり，主だった理由はこうだということを強調している。

⑥ His hardest cases were solved by Encyclopedia ....

➡ were solved は受動態。後ろに by があるので「～によって解決された」となる。

┌── that が省略されている

⑦ ... nobody knew [a boy was helping the town's police].
　　　　　　　S　　V　　　　　　　　　　　O

➡ nobody は「だれも～ない」という否定表現。knew のあとに that が省略されている。

⑧ You wouldn't guess it by looking at Encyclopedia.
　　　　　　　　　　　　副詞句(if 節に相当)= if you looked at Encyclopedia

➡ You は特定の相手ではなく，一般の人々を表す。

➡ この文には if 節はないが，by looking ～の副詞句が if 節に相当して仮定を表し，「～を見たらそう思わないだろう」という意味になる。

➡ it は⑦の a boy was helping the town's police を指している。

⑨ He looked like a common fifth-grade boy and acted like one, too.

➡ one は and の前の a common fifth-grade boy の言いかえとなる代名詞。

_____

🎵 読解のカギ Q の解答　**Q1.** その歌手は日本で最も人気がある。
Q2. No student answered the question(.)

教科書 p.57, ℓℓ.12〜21

ポイント　リロイはどんないきさつで町の警察を手伝うようになったのか。

① Mr. Brown never said a word / about the advice / his son gave him. // ② Who
ブラウン氏は決して一言も言わなかった / 助言について / 彼の息子が彼にくれる //

would believe / that his best detective was only ten years old? //
だれが信じるだろうか/ 彼の最優秀の探偵がまだ10歳だったということを //

③ It began like this: /
それはこのように始まった /

④ One evening / at dinner, / Mr. Brown said, / "Natty Nat has struck again. //
ある夕方 / 夕食時に / ブラウン氏が言った / 「ナティ・ナットがまた襲った //

⑤ He has held up / another store / — and right here / in Idaville!" //
彼は襲って強奪した/ もう1つの店を / しかもちょうどここで / アイダビルの」//

⑥ "What store, / Dad?" / asked Encyclopedia. //
「何の店か / お父さん」/ エンサイクロペディアはたずねた //

⑦ "The Men's Shop, / owned by Mr. Dillon and Mr. Jones," / answered Mr. Brown. //
「メンズショップだ / ディロン氏とジョーンズ氏が所有している」/ ブラウン氏は答えた //

⑧ "So now / Natty Nat has held up six stores / in the state / this month." //
「だからこれで/ ナティ・ナットは6店舗を襲って強奪した / この州で / 今月」 //

⑨ "Are you sure / the robber was Natty Nat?" / asked Encyclopedia. //
「確かか / 強盗がナティ・ナットだったのは」/ エンサイクロペディアはたずねた //

⑩ "Mr. Dillon himself said / it was Natty Nat," / replied Mr. Brown. //
「ディロン氏自身が言った / それはナティ・ナットだと」/ ブラウン氏は答えた //

構成&内容チェック　本文を読んで，（　）に合う日本語や数字を書きなさい。

①・② ブラウン氏とリロイの関係について説明している。

③〜⑩ ある事件についてのブラウン氏とリロイの夕食時のやり取り。

③〜⑤ ブラウン氏の発言内容。
ナティ・ナットがもう1つの店に(1.　　　　　)に入った。

⑥ リロイの発言内容。
何の店が襲われたのかたずねている。

⑦・⑧ ブラウン氏の発言内容。
(2.　　　　)氏とジョーンズ氏の所有するメンズショップが襲われた。これでナティ・ナットは今月，この州で(3.　　　)店舗襲ったことになる。

⑨ リロイの発言内容。
父の発言内容が確かなものか確認している。

⑩ ブラウン氏の発言内容。
(2)氏自身が(1)はナティ・ナットだと言っている。

構成&内容チェック　の解答　1. 強盗　2. ディロン　3. 6

🎵 **読解のカギ**

関係代名詞 which[that]が省略されている──┐

① **Mr. Brown never said a word about the advice** [his son gave him].

　　　　　　　　　　　　　　　　先行詞 └────┘ 先行詞を後ろから修飾

➡ never は「決して〜ない，一度も〜ない」という強い否定の意味を表す。

➡ give は〈give＋O（人）＋O（物）〉の形で第4文型に用いることができる動詞。Mr. Brown ... the advice. と His son gave him the advice. の2つの文を関係代名詞を用いて1文にしたと考える。

🎵 **Q1. 並べかえなさい。**

これは父が買ってくれた自転車だ。(me / this / my / bought / father / is / bike / the).

_____.

② **Who would believe** [that his best detective was only ten years old]?

　　S　　　V　　　　　　　　　　　　　O

➡ ここでの would は「〜だろう」と弱い推量を表している。Who would believe 〜?「〜をだれが信じるだろうか」には Nobody would believe 〜.「〜をだれも信じないだろう」の意味が含まれる。

➡ that 節以下が believe の目的語になっている。

③ **It began like this:**

➡ コロン(:)は以下に具体例などを挙げるときに用いられる。10歳の子供が探偵の役割をするようになったいきさつについて，④の文以降で詳しく述べている。

④ **... "Natty Nat has struck again.**

　　　　　　　　　 has ＋過去分詞

➡ has struck は完了を表す現在完了形。struck の原形は strike。

⑤ **He has held up another store ....**

　　 has ＋過去分詞

➡ has held は完了を表す現在完了形。held の原形は hold。

➡ hold up A[A up]は「A を襲って強奪する」という意味。

🎵 **Q2. ＿＿＿ を埋めなさい。**

リサはもう宿題を終えてしまった。

Lisa _____ already _____ her homework.

⑦ **"The Men's Shop, (owned by Mr. Dillon and Mr. Jones)," ....**

　　　　　└────────────┘ 過去分詞

➡ owned は過去分詞で「所有されている」という意味を表す。owned ... Mr. Jones が The Men's Shop を後ろから修飾している。

┌──── that が省略されている

⑨ **"Are you sure** [the robber was Natty Nat]?" ....

➡ be sure (that) 〜は「〜（ということ）を確信している」という意味。

🎵 **読解のカギ** Q の解答　**Q1.** This is the bike my father bought me(.)

Q2. has, finished[done]

教科書 p.58, ℓℓ.1～11

① He pulled a notebook / from his pocket / and put it beside his plate. //
彼はノートを取り出した　/　彼のポケットから　/　そしてそれを皿のそばに置いた　//

② "I wrote down everything / Mr. Dillon told me / about the holdup. //
「私はすべてを書き留めた / ディロン氏が私に話した/　強盗について　//

③ I'll read it to you." //
私は君にそれを読もう」//

④ Encyclopedia closed his eyes. //
エンサイクロペディアは目を閉じた //

⑤ He always closed his eyes / when he was getting ready / to think hard. //
彼はいつも目を閉じた　/　彼が準備をしている時は / 一生懸命考える //

⑥ His father began to read / Mr. Dillon's speech / about the holdup:
彼の父は読み始めた　/　ディロン氏の話を　/　強盗についての　/

⑦ *I was alone / in the store.* //
私は1人だった /　店で　//

⑧ *I did not know / anyone had come in.* //
私は知らなかった / だれかが中に入ってきたことを //

⑨ *Suddenly a man's voice told me / to raise my hands.* //
突然，男性の声が私に言った　/　両手を上げるように　//

⑩ *I looked up then.* //
その時，私は見上げた　//

⑪ *I was face to face with the man / the newspapers call Natty Nat.* //
私はその男性と向かい合っていた / 新聞がナティ・ナットと呼んでいる //

⑫ *He wore a gray coat / with a belt in the back, / just as the newspapers said.* //
彼はグレーのコートを着ていた / 後ろにベルトが付いた　/　まさに新聞に書いてあるように　//

⑬ *He told me / to turn and face the wall.* //
彼は私に言った/ 向きを変えて 壁のほうを向くように //

⑭ *Since he had a gun, / I did as he said.* //
彼は銃を持っていたので / 私は彼の言うとおりにした //

⑮ *When I turned around again, / he was gone / — with all the money.* //
私が再び振り向いた時/彼は立ち去っていた/すべてのお金を持って //

✓ ┌構成&内容チェック┐ **本文を読んで，（　）に合う日本語を書きなさい。**

①～③ リロイの質問に対して，ブラウン氏のとった行動について説明している。
　ブラウン氏は，(1.　　　　　　　)に書き留めている話をリロイに聞かせようとした。

↓

④・⑤ ブラウン氏の話を聞く時のリロイの様子について説明している。
　リロイは，一生懸命考える準備をしている時は，(2.　　　　　　　)を閉じる。

↓

⑥ ブラウン氏が話し始める。

↓

⑦～⑮ ディロン氏の証言。

↓

　⑦・⑧ 店でのディロン氏の様子。

✓ ┌構成&内容チェック┐ **の解答** 1. ノート　　2. 目　　3. ベルト

⑨〜⑭ 強盗とディロン氏のやり取りと，強盗の様子。

→ 強盗が突然，店に押し入った。強盗は新聞に書いてあるとおり，後ろに
(3.   )が付いたグレーのコートを着ていた。

→ ⑮ 振り向いた時にはすでに強盗はいなかった。

🔑 読解のカギ

┌── 関係代名詞 that が省略されている

② **I wrote down everything** ↑ [**Mr. Dillon told me about the holdup**].
　　　　　　　　　　先行詞 └─────┘ 　先行詞を後ろから修飾

➡ 先行詞 everything の後ろに目的格の関係代名詞 that が省略されている。先行詞が
everything のときは関係代名詞は that が好まれる。

⑤ **He always closed his eyes** [**when he was getting ready to think hard**].
➡ get ready to *do* は「〜する準備をする」という意味。when 節の時制は過去進行形。

🔑 Q1. 並べかえなさい。

私は出かける準備をしている。(am / ready / out / to / I / go / getting).

_____.

┌──that が省略されている

⑧ **I did not know** ↑ [**anyone had come in**].
　S　　V　　　　　O　　　had ＋過去分詞

➡ had come は過去完了形。〈had＋過去分詞〉の形で，I did not know という過去のあ
る時点よりも前に起こった出来事を表している。

⑨ **Suddenly a man's voice told me to raise my hands.**
　　　　　　　　　　　　　　tell ＋ O ＋ 不定詞

➡ 〈tell＋O＋to 不定詞〉で，「O に〜するように言う」という意味。
➡ raise *one's* hands で「(〜の)両手を上げる」という意味。

┌── 関係代名詞 whom[who, that]が省略されている

⑪ **I was face to face with the man** [**the newspapers call Natty Nat**].
　　　　　　　　　　　　先行詞 └─────┘先行詞を後ろから修飾

➡ face to face with *A* は「A と向かい合って」という意味。
➡ the newspapers call Natty Nat が the man を修飾している。

⑫ **He wore a gray coat with a belt in the back, just as the newspapers said.**
→ with は「〜が付いている[備わっている]」という意味を表す前置詞。
→ just は「まさに, ちょうど」という意味の副詞で, as 以下を強調している。as は「(〜する)ように」という意味の接続詞。just as 〜で「まさに(〜する)ように」という意味を表す。
→ say は「〜を述べる」の意味。newspaper「新聞」, TV「テレビ」, sign「標識」などが主語になるときは,「〜と書いてある, 〜と伝えている」という意味になる。
Q2. 並べかえなさい。
あなたはあの髪の毛の長い女の子を知っていますか。
(know / with / you / that girl / hair / do / long) ?
_____?

⑬ **He told me to turn and face the wall.**
tell + O + to 不定詞　——to が省略
→〈tell + O + to 不定詞〉で,「O に〜するように言う」という意味。
→ and が to turn と (to) face をつないでいる。
→ turn は「向きを変える, 振り返る」, face は「〜(のほう)を向く」という意味。

⑭ **Since he had a gun, I did as he said.**
→ since は, ここでは「〜なので, 〜だから」という意味の接続詞。
→ did は前にある〈動詞＋語句〉の繰り返しを避けるために用いられている。ここでは⑬の turn and face the wall を受け, turned and faced the wall ということ。
→ as は, ここでは「(〜する)ように」という意味の接続詞。
Q3. 日本語にしなさい。
Since we were late, we missed the bus.
(　　　　　　　　　　　　　　　　　　　　　)

⑮ **When I turned around again, he was gone — with all the money.**
→ be gone で「立ち去る」という意味。

教科書 p.58, ℓℓ.12〜19

> ◆ポイント　ブラウン氏がノートを読んだあと，リロイは何に着目したのか。

① Chief Brown finished reading / and closed his notebook. //
　ブラウン署長は読み終えた　/　そして彼のノートを閉じた　//

② Encyclopedia asked only one question: / ③ "Did the newspapers ever print / a
　エンサイクロペディアは1つだけ質問をした　/　「新聞はこれまでに印刷したか　/

picture of Natty Nat?" //
ナティ・ナットの写真を」//

④ "No," / answered his father. // ⑤ "He never stands still / long enough / for
　「いや」/　彼の父は答えた　//　「彼は決してじっと立ってはいない /　十分長く　/

a picture to be taken. ⑥ Remember, / he's never been caught. // ⑦ But / every
　写真を撮られるのに　//　　思い出して　/　彼は捕まったことがない　//　しかし /

policeman in the state knows / he always wears that gray coat / with the belt in the
　州の全警官が知っている　　/　彼はいつもあのグレーのコートを着ていると /　後ろにベルトが

back." //
付いた」//

⑧ "Nobody even knows / his real name," / said Encyclopedia, half to himself. //
　「だれも知りさえしない / 彼の本当の名前を」/ エンサイクロペディアはだれに言うともなく言った //

⑨ "Natty Nat is just a made-up name / in the newspapers." //
　「ナティ・ナットはただのでっちあげられた名前だ　/　　新聞で」　//

✓ 構成&内容チェック　本文を読んで，(　)に合う日本語を書きなさい。

① ブラウン氏がノートの内容を読み終えたことを述べている。

②〜⑨ ブラウン氏とリロイのやり取り。

　②・③ リロイからブラウン氏への質問。
　新聞がこれまでに(1.　　　　　　)の(2.　　　　　　)を載せたことがある
　か。

　④〜⑦ ブラウン氏による(1)の説明。
　(1)は一度も捕まったことがなく，(2)もない。いつも，後ろにベルトの付いた
　(3.　　　　　　)のコートを着ている。

　⑧・⑨ リロイが(1)はただのでっちあげられた名前だということに気付いた。

🎵 **読解のカギ**

① **Chief Brown finished reading and closed his notebook.**
　　　S　　　　V₁　　　O₁(動名詞)　　　V₂　　　　O₂

➡ finish は不定詞ではなく動名詞を目的語にとる動詞で，finish reading で「読み終える」。

🎵 **Q1.** ＿＿＿ **を埋めなさい。**

あなたはいつレポートを書き終えましたか。

When did you ＿＿＿＿＿＿ ＿＿＿＿＿＿ the report?

④ **"No," answered his father.**
　　　　　V　　　　　S

➡ answered his father は動詞が主語の前にきた形。会話文をつなぐ場合はこのような倒置がよく見られる。

⑤ **He never stands still long enough for a picture to be taken.**
　　　　　　　　　　　　　　　 | 不定詞の意味上の主語 |　to + be ＋過去分詞

➡ never は強い否定の意味を表す副詞なので，doesn't や didn't などと異なり，主語が3人称単数で現在時制のときは動詞に -s[-es]を付ける。

➡ ～ enough（for ―）to do で「(―が)…するのに十分～」の意味。for ― は不定詞の意味上の主語を表している。

➡ to be taken は受動態の形をした副詞的用法の不定詞で，long enough を修飾している。

🎵 **Q2. 並べかえなさい。**

このトマトは食べるのに十分赤くならなかった。

(red / this tomato / to eat / become / didn't / enough).

_____.

　　　　　he has の短縮形

⑥ **... he's never been caught.**
　　　　has + never + been ＋過去分詞

➡ he's は he has の短縮形。経験を表す現在完了の受動態の文になっている。

🎵 **Q3. 日本語にしなさい。**

She's never been told such a thing.

(　　　　　　　　　　　　　　　　　　　　　　　　　　　　　　)

⑧ **"Nobody even knows his real name," said Encyclopedia, half to himself.**
　　　S　　　　　　　V

➡ nobody は否定語で「だれも～ない」。3人称単数扱いなのでknowに-sが付いている。

➡ say half to *oneself* は「だれに言うともなく言う」という意味。

🎵 **読解のカギ** Q の解答　**Q1.** finish writing　　**Q2.** This tomato didn't become red enough to eat(.)
Q3. 彼女はそのようなことを言われたことは今まで一度もない。

教科書 p.58, ℓ.20〜 p.59, ℓ.6

◆ポイント　リロイは，事件について何に気付いたのか。

① Suddenly / he opened his eyes. // ② "Say, / the only reason / Mr. Dillon
　突然　　/　彼は目を開けた　　//　「そうだ　　唯一の理由は　/　ディロン氏が

thought / it was Natty Nat / was because of that gray coat!" / he said. // ③ "The case
思った　/　それはナティ・ナットだと　/あのグレーのコートのためだった」/彼は言った// 「事件は

is solved!" //
解決されている」//

④ "There is nothing / to solve," / objected Chief Brown. // ⑤ "There is no
　「ものは何もない　/　解決するべき」/ ブラウン署長は異論を唱えた // 　　　　「謎は

mystery. // ⑥ Mr. Dillon was robbed. ⑦ The holdup man was the same one / who has
何もない　//　ディロン氏は金品を奪われた //　　強盗をした男は同じ男だった　/

robbed other stores / in the state." //
ほかの店から金品を奪った / この州の」 //

⑧ "Not quite," / said Encyclopedia. // ⑨ "There was no holdup / at The Men's
「そうてもない」/ エンサイクロペディアは言った// 「強盗はなかった　/メンズショップで」

Shop." //
　　　　//

⑩ "What do you mean?" / exclaimed Mr. Brown. //
「どういう意味だ」　/ ブラウン氏は大声で言った //

✔ **構成&内容チェック** 本文を読んで，（ ）に合う日本語を書きなさい。

①〜⑩ ブラウン氏とリロイの，事件についてのやり取り。

①〜③ 事件に関するリロイの発言。
　リロイは，事件は(1.　　　　　　　)と言った。

④〜⑦ リロイの発言に対するブラウン氏の反論。
　強盗はほかの店から金品を奪った男と(2.　　　　　　)であり，不可解なこと
は何もない。

⑧・⑨ リロイの反論。
　実際にはメンズショップで強盗はなかった。

⑩ リロイの発言を疑問に思うブラウン氏。

✔ **構成&内容チェック** の解答　1. 解決されている　　2. 同じ（男）

🎵 読解のカギ

① Suddenly he opened his eyes.

➡ この suddenly は「突然」という意味の副詞。動詞を修飾する副詞は文頭に置かれる
　 こともある。

② "Say, the only reason [Mr. Dillon thought ⟨it was Natty Nat⟩] was
　　　　　　　　　　　　　　　　　　　　　　　接続詞 that が省略
　　　　　　　　S　　　　　　　　　 S'　　V'　　　　O'　　　　　　V

because of that gray coat!" he said.
　　　　　　　　　C

➡ この発言内の文の主語 S は⟨reason＋S'＋V'⟩の形で，Mr. Dillon thought it was Natty
　 Nat が the only reason を修飾している。「S'が V'する理由」という意味を表す。
➡ thought の目的語が it was Natty Nat で，thought のあとに that が省略されている。
　 it はメンズショップに強盗に入った男のことを指している。
➡ because of ～は「～のために」という意味。原因・理由を導く群前置詞。
➡ Say は間投詞で，「そうだ」と何かを思い付いたときに使う言葉。

🎵 Q1. 日本語にしなさい。
The reason I like this bag is because of its color.
(　　　　　　　　　　　　　　　　　　　　　　　　　　　　　　　　　　　　)

④ "There is nothing to solve," objected Chief Brown.
　　　　　　　　　　　　　　　　　　to ＋動詞の原形　 V　　　　　S

➡ to solve は形容詞的用法の不定詞で，nothing を修飾している。
➡ objected Chief Brown は⟨V＋S⟩の語順。動詞が主語の前にきた形。会話文をつなぐ
　 場合はこのような倒置がよく見られる。

🎵 Q2. 並べかえなさい。
私たちは今日，やるべきことがたくさんある。
(do / we / things / to / have / many) today.
_____ today.

⑦ The holdup man was the same one [who has robbed other stores in the
　　　　　　　　　　　　　　　　　　　　　　　　　　関係代名詞 who 以下が先行詞を後ろから修飾
　　　　　　　　　　　　　　先行詞　　　　　has ＋過去分詞

state].
➡ 関係代名詞 who 以下が the same one を修飾している。
➡ has robbed は完了・結果を表す現在完了形。
➡ the same one の one は，直前の (holdup) man「(強盗をした)男」を指している。

───

🎵 読解のカギ Q の解答　**Q1.** 私がこのかばんが好きな理由はその色のためだ。
Q2. We have many things to do

教科書 p.59, ℓℓ.7〜14

> **ポイント**　リロイはだれの行動をおかしいと思ったのか。

① "I mean / Mr. Dillon wasn't robbed, / Dad. // ② He lied / from beginning to
「ぼくは意味している / ディロン氏は強盗に入られていなかった / お父さん // 彼はうそをついた / 最初から最後まで」

end," / answered Encyclopedia. //
　　/ エンサイクロペディアは答えた //

③ "Why should Mr. Dillon lie?" / demanded his father. //
　「いったいなぜディロン氏はうそをつくのか」/ 彼の父は強い調子でたずねた //

④ "I guess / he spent the money. // ⑤ He didn't want his partner, Mr. Jones,
「ぼくは推測する / 　彼はお金を使ったと　 // 　　彼は共同経営者のジョーンズ氏に知ってほしく

to know / it was missing," / said Encyclopedia. // ⑥ "So Mr. Dillon said / he was
なかった/ それがなくなっていることを」/エンサイクロペディアは言った //「だからディロン氏は言った / 彼は

robbed." //
強盗に入られたと」//

⑦ "Leroy," / said his mother, / "please explain / what you are saying." //
　「リロイ」 / 　彼の母は言った　 /　「説明してちょうだい / あなたが何を言っているのかを」//

✓ **構成&内容チェック**　本文を読んで，（　）に合う日本語を書きなさい。

①〜⑥ ブラウン氏とリロイの，事件についてのやり取り。

①・② 事件に関するリロイの発言。
リロイは，ディロン氏が(1.　　　　　　　)をついていることに気付いた。

③ 理解できないブラウン氏。

④〜⑥ 事件についてのリロイの推測。
ディロン氏は(2.　　　　　　　)を使ってしまい，そのことをジョーンズ氏に知
られたくなかったため，(3.　　　　　　　)に入られたと(1)をついた。

⑦ リロイの母，ブラウン夫人がリロイに説明するよう促す。

✓ **構成&内容チェック** の解答　1. うそ　　2. 金　　3. 強盗

🎵 読解のカギ

┌──── that が省略されている
① **I mean** ↓ **[Mr. Dillon wasn't robbed], Dad.**
　　S　　V　　　O　　　　　be 動詞＋ not ＋過去分詞
➡ mean (that) ～ は「～ということを意味する」という意味。

② **He lied from beginning to end, ...**
➡ from beginning to end は「最初から最後まで」という意味。
🎵 Q1. ＿＿ を埋めなさい。
私は最初から最後までこの仕事をやるつもりだ。
I will do this job from ＿＿＿＿＿ to ＿＿＿＿＿.

③ **"Why should Mr. Dillon lie?" ....**
➡ should は疑問詞節で用いられると「(驚き・不可解を表して)いったい～」という意味を表す。「いったいなぜディロン氏はうそをつくのか」という意味になり，「ディロン氏にうそをつく理由などない」という意味が含まれている。

┌──── that が省略されている
④ **I guess** ↓ **[he spent the money].**
　　S　　V　　　　　　O
➡ guess (that) ～ で「～だと推測する」という意味。あとに続く内容はリロイの推測である。
➡ money に定冠詞 the が付いているのは，一般的な金ではなく，特定の金，つまり店の金のことを指しているからである。

⑤ **He didn't want his partner, Mr. Jones, to know [it was missing], ...**
　　　　　　　　　　└─── 同格 ───┘　　to 不定詞　└──that が省略されている
➡ 〈want＋O＋to 不定詞〉は「O に～してほしい」という意味。
➡ his partner と Mr. Jones の間のコンマは同格を表すコンマで，言いかえている。
➡ it は④の文に出てきた the money，つまり「店の金」を指している。
🎵 Q2. 日本語にしなさい。
I wanted you to come to my party. （　　　　　　　　　　　　　　　　　　）

⑦ **... "please explain [what you are saying]."**
　　　　　　　　　　疑問詞　S'　　V'
➡ what は間接疑問を導く疑問詞で，what の後ろは〈S'＋V'〉の語順になる。
🎵 Q3. 並べかえなさい。
あなたが何について話しているのか，私にはわかりません。
(don't / talking / you / are / I / what / understand) about.
＿＿＿＿＿＿＿＿＿＿＿＿＿＿＿＿＿＿＿＿＿＿＿＿＿ about.

🎵 読解のカギ Q の解答　**Q1.** beginning, end　　**Q2.** 私はあなたに私のパーティーに来てほしかった。
Q3. I don't understand what you are talking

教科書 p.59, ℓℓ.15〜23

◆ポイント   強盗は本当にナティ・ナットか。

① "It's simple, / Mom," / said Encyclopedia. // ② "Mr. Dillon read / all about
「それは単純だ / お母さん」/エンサイクロペディアは言った //ディロン氏は読んで知った /ナティ・

Natty Nat / in the newspapers. // ③ So / he knew / Natty Nat always wore / a
ナットについてすべてを / 新聞で // だから / 彼は知っていた / ナティ・ナットがいつも着ていると /

gray coat / with a belt / in the back / when he held up stores." //
グレーのコートを / ベルトの付いた / 後ろに / 彼が店を襲って強奪する時」 //

④ "Go on, / Leroy," / said Mr. Brown. //
「続けなさい/ リロイ」/ ブラウン氏は言った //

⑤ "Mr. Dillon wanted to blame his holdup on someone / people have read
「ディロン氏は自分の強盗をだれかのせいにしたかった   / 人々が読んだことがある」

about," / said Encyclopedia. // ⑥ "He said / he knew / it was Natty Nat / because
/エンサイクロペディアは言った// 「彼は言った /彼は知っていると /それはナティ・ナットだと /

of the coat / he wore —" //
コートのために / 彼が着ていた —」//

✔ 構成＆内容チェック   本文を読んで，（ ）に合う日本語を書きなさい。

①〜⑥ リロイが事件について両親に説明している。

①〜③ 事件についてのリロイの説明。
ディロン氏は, 強盗(1.   )について(2.   )で知っていた。

④ ブラウン氏がリロイにさらなる説明を促している。

⑤・⑥ 事件についてのリロイの説明。
自分がした強盗をだれかのせいにしたかったディロン氏は，（ 2 ）で人々に特徴が
知られていた(1)が強盗だと言った。

🗝 **読解のカギ**

② **Mr. Dillon read all about Natty Nat in the newspapers.**

➡ read about A で「A について読んで知る」という意味。ここでは後ろに in the newspapers が続くため,「A について新聞で読んで知る」という意味。この read は 3 人称単数現在の -s が付いていないので過去形だとわかる。

🔈 **Q1. 日本語にしなさい。**

She read about the big star in this magazine.

(　　　　　　　　　　　　　　　　　　　　　　　　　　　　　)

③ **So he knew [Natty Nat always wore a gray coat with a belt in the back**
　　　S　V　└──that が省略されている　　　　　　O

〈when he held up stores〉].
　　　　= Natty Nat

➡ 文頭の so は接続詞で,「だから」という意味。前に述べた内容の結果を説明しようとしている。

➡ Natty Nat から held up stores までが knew の目的語になっている。

➡ 文の主語の he は Mr. Dillon を指し,when のあとの he は Natty Nat を指す。

④ **"Go on, Leroy," ....**

➡ go on は自動詞の働きをする群動詞で,「(話などを)続ける」という意味。

　　　　　　　　　　　whom[who, that]が省略されている──┐
⑤ **"Mr. Dillon wanted to blame his holdup on someone [people have read**
　　　　　　　　　　　　　先行詞└───┘先行詞を後ろから修飾

about]," ....

➡ blame A on B で「A を B のせいにする」という意味。

➡ someone が先行詞で,その後ろに関係代名詞 whom[who, that]が省略され,people have read about が someone を修飾している。

🔈 **Q2. 並べかえなさい。**

自分の過ちを他人のせいにしてはいけない。

(must / not / others / your faults / blame / you / on).

_____.

　　　　　　　　　which[that]が省略されている──┐
⑥ **"He said [he knew 〈it was Natty Nat〉 because of the coat 《he wore ─》]"**
　　S　V└───┴──that が省略されている　　先行詞└───┘

➡ said 直後の he から wore ─ までが said の目的語になっている。

➡ it から Nat までが knew の目的語になっている。it は強盗を指している。

➡ coat の後ろに関係代名詞 which[that]が省略され,he wore ─ が the coat を修飾している。

➡ 1 つ目の He と 2 つ目の he は Mr. Dillon を指し,最後の he は Natty Nat を指す。

🗝 **読解のカギ** Q の解答　**Q1.** 彼女はこの雑誌でその大スターについて読んで知った。
Q2. You must not blame your faults on others(.)

教科書 p.60, ℓℓ.1〜12

ポイント　リロイはブラウン署長のメモからどんな矛盾点を見つけたか。

① "That could be true," / Chief Brown said. //
「それは真実だろう」 / ブラウン署長は言った //

② "That *couldn't* be true," / said Encyclopedia. //
「それは真実のはずがない」 / エンサイクロペディアは言った //

③ "Mr. Dillon never saw / the back of the man / who held him up. // ④ He said so
「ディロン氏は決して見ていなかった / その男の背中を / 彼を襲って強奪した // 彼はそう

himself. // ⑤ Remember?" //
自分で言った// 覚えているか」//

⑥ Chief Brown frowned. // ⑦ He picked up / his notebook / again. // ⑧ He read
ブラウン署長は顔をしかめた // 彼は手に取った / 自分のノートを / 再び // 彼はそれを

it to himself / for a while. //
黙読した / しばらくの間 //

⑨ Then he shouted, / "Leroy, / I believe / you are right!" //
そして彼は叫んだ / 「リロイ / 私は思う / おまえは正しいと」//

⑩ Encyclopedia said, / "Mr. Dillon only saw / the *front* / of the holdup man. //
エンサイクロペディアは言った / 「ディロン氏は見ただけだった / 正面を / 強盗をした男の //

⑪ He had no way of knowing / that the man's coat had a belt / *in the back*!!" //
彼は知るすべがなかった / その男のコートにベルトがあったことを / 後ろに」 //

⑫ "He stole money / from his own store / and from his partner too," / cried Chief
「彼は金を盗んだ / 彼自身の店から / そして彼の共同経営者からも」/ ブラウン署長

Brown. // ⑬ "And / he nearly got away with it!" //
は叫んだ // 「そして / 彼はもう少しでその罰を逃れるところだった」//

⑭ He rushed / from the dining room. //
彼は急いで行った / 食堂から //

✔ **構成＆内容チェック** 本文を読んで，（ ）に合う日本語を書きなさい。

①〜⑧ ブラウン氏とリロイの，事件についてのやり取り。
強盗はナティ・ナットだと信じるブラウン氏に，リロイが，ディロン氏は強盗の
（1.　　　　　　）を見ていないということを説明する。

↓

⑨〜⑭ 真相に気付くブラウン氏。

⑨〜⑪ ブラウン氏はリロイの発言から，ディロン氏が強盗の（2.　　　　　）
しか見ていないことから，コートの後ろのベルトは見ていないということに気付いた。

↓

⑫〜⑭ ブラウン氏はディロン氏自身が金を盗み，（3.　　　　　）の証言をし
たことに気付いた。

✔ **構成＆内容チェック** **の解答** 1. 背中　2. 正面　3. うそ

🎵 **読解のカギ**

① **"That could be true,"** Chief Brown said.

② **"That** *couldn't* **be true,"** said Encyclopedia.

➡ ①の could は可能性を表す助動詞で「～でありうる」という意味を表す。②の couldn't は否定文で「～であるはずがない」という可能性についての否定的な確信を表す。

➡ 2つの That は「強盗はナティ・ナットだということ」を指している。

③ **Mr. Dillon never saw the back of the man [who held him up].**

　　　　　　　　　　　　　　　　　先行詞 |_____| 関係代名詞の who

➡ hold up A[A up]は「A を襲って強奪する」という意味。who held him up が the man を修飾している。

⑧ **He read it to himself for a while.**

➡ read to *oneself* で「自分自身に読む」，つまり「黙読する」という意味。read に 3 人称単数現在の -s が付いていないことから，この read は過去形だとわかる。

➡ for a while は「しばらくの間」という意味。

🎵 **Q1. ___ を埋めなさい。**

私はしばらくの間, 彼を待った。　　　　I waited for him _____ a _____.

⑪ **He had no way of knowing [that the man's coat had a belt in the back]!!**
　　S　 V　　O　　　　　　　　　　　know(ing)の目的語

➡ have no way of *do*ing の形で「～するすべがない」という意味。had no way of knowing that ～ で，「(that 以下のこと)を知るすべがなかった」という意味になる。

🎵 **Q2. 並べかえなさい。**

私には彼の住所を知るすべがなかった。

(I / his address / way / had / knowing / no / of).

_____.

⑫ **"He stole money** from his own store (and) from **his partner too,"** cried Chief Brown.

➡ and は from で始まる 2 つの前置詞句を結ぶ等位接続詞。

⑬ **And he nearly got away with it!**

➡ nearly は「もう少しで」という意味で，あとに動詞が続く場合，その動作が完了していないことを表す。

🎵 **Q3. 日本語にしなさい。**

I nearly forgot to do my homework.

(　　　　　　　　　　　　　　　　　　　　　　　　　　　　　　)

🎵 **読解のカギ** Q の解答　**Q1.** for, while　　**Q2.** I had no way of knowing his address(.)
Q3. 私はもう少しで宿題をするのを忘れるところだった。

ポイント　リロイとブラウン夫人はどんな会話をしたか。

① "Leroy," / said Mrs. Brown, / "did you get this idea / from a TV program?" //
「リロイ」 / ブラウン夫人は言った / 「この考えを得たか / テレビ番組から」 //

② "No," / said Encyclopedia. // ③ "I got it / from a book / I read / about a great
「いいえ」/エンサイクロペディアは言った//「ぼくはそれを得た / 本から / ぼくが読んだ/ 名探偵と

detective and his ways of observation." //
彼の観察方法について」 //

④ "Well," / said his mother proudly, / "this proves / how important it is / to
「では」 / 彼の母は誇らしげに言った /「このことは立証する/ いかに大切か /

listen carefully / and watch closely, / to train your memory. // ⑤ Perhaps / you will
注意深く聞くこと /そして念入りに見ることは / あなたの記憶力を鍛えるために // ひょっとすると / あなたは

be a detective / when you grow up." //
探偵になるでしょう/ 大人になった時」 //

⑥ "Mom," / said Encyclopedia, / "can I have another piece of pie?" //
「お母さん」/ エンサイクロペディアは言った/ 「パイをもう一きれ食べていい」 //

⑦ Mrs. Brown sighed. // ⑧ She was an English teacher / in the Idaville High
ブラウン夫人はため息をついた // 彼女は英語の先生だった / アイダビル高校の

School / before her marriage. // ⑨ "You *may* have another piece of pie," / she said. //
/ 彼女の結婚前は // 「パイをもう一きれ食べてもよろしい」 /彼女は言った//

✓ 構成＆内容チェック 本文を読んで，（ ）に合う日本語を書きなさい。

①〜③ リロイはブラウン夫人と事件解決のきっかけについて話をしている。
リロイはテレビ番組ではなく，(1.　　　　)から考えを得ていた。

④・⑤ ブラウン夫人の考え。
記憶力を鍛えるために，物事を注意深く (2.　　　　) こと，念入りに
(3.　　　　) ことが大切である。

⑥〜⑨ リロイとブラウン夫人の会話。
ブラウン夫人は，リロイは大人になったら探偵になるだろうと誇らしげに言ったが，
リロイの言葉遣いが適切ではなかったため，あきれて正している。

読解のカギ

① ... "**did you get this idea from a TV program?**"
➡ this idea とは，今回の事件を解決に導いた，リロイの推理の基となった考えを指している。

③ **I got it from a book** [**I read (about a great detective (and) his ways**
先行詞 ┗━━━━━┛ a book を修飾
関係代名詞 which[that]が省略されている
of observation)].
➡ I read ... observation が先行詞 a book を修飾している。
➡ it は①の this idea を指している。
➡ a great detective と his ways of observation の 2 つの語句を等位接続詞 and がつないでいる。

④ ... **this proves** [**how important it is to listen carefully (and) watch closely,**
　　　S　V　O　　　　　形式主語　　真主語　　to が省略
(**to train your memory**)].
➡ this は今回の強盗事件の解決を指している。
➡ how から memory までが proves の目的語になっている。
➡ it は形式主語で，and でつながれた名詞的用法の不定詞句 to listen carefully と (to) watch closely が真の主語。
➡ to train は副詞的用法の不定詞で，「～を鍛えるために」と目的を表している。

Q1. 並べかえなさい。
よく食べ，よく寝ることが大切だ。(to eat well / is / important / and / sleep well / it).
_____.

⑤ **Perhaps you will be a detective** [**when you grow up**].
➡ grow up は「大人になる」という意味。主節に will があり未来の文だが，when や if で導かれる時や条件を表す副詞節の中では未来のことでも現在形で表す。

Q2. ＿＿＿ を埋めなさい。
もし明日雨なら，私は家で DVD を見るつもりだ。
I will watch some DVDs if _____ _____ tomorrow.

⑥ ... "**can I have another piece of pie?**"
➡ can I ～は「～してもいいですか」と許可を求める表現。ややくだけた表現なので目上の人には使わないことが多い。

⑨ "**You may have another piece of pie,**" ....
➡ may は can と同様，許可を表すが，can よりも堅い表現で，目上の者が目下の者に許可を与えたり，目下の者が目上の者に許可を求めたりするときに使うことが多い。

読解のカギ Q の解答　**Q1.** It is important to eat well and sleep well(.)　**Q2.** it rains[it's rainy]

😕 **Comprehension** ①ヒント

Choose one sentence that matches the contents of the text.

（本文の内容と合う文を１つ選びなさい。）

1　リロイ・ブラウンがエンサイクロペディアと呼ばれたのは,
　　a. 彼の頭が本から学んだ事実でいっぱいだったから。
　　b. 彼が百科事典を見て謎を解決したから。
　　c. 彼が毎日スニーカーをはいて図書館に歩いて行ったから。
　　（教 p.56, ℓℓ.2~4）

2　アイダビルで犯罪者は１人も犯罪の罰から逃れることができなかった。この理由の
　　大部分は,
　　a. その町の警察官が賢くて勇敢だったことだった。
　　b. 警察署長がリロイの父親だったことだった。
　　c. すべての事件がエンサイクロペディアによって解決されたことだった。
　　（教 p.57, ℓℓ.5~6）

3　最も難解な事件はいつどこでエンサイクロペディアによって解決されたか。
　　a. 夕方, ブラウン氏の家で。
　　b. 午後, 通りで。
　　c. 昼間, アイダビルの警察署で。
　　（教 p.57, ℓℓ.7~8）

4　エンサイクロペディアが強盗の事件を解決したのは,
　　a. ２人の所有者の１人がナティ・ナットとして知られる強盗の仕業だと言ったから。
　　b. ブラウン署長がナティ・ナットが犯人だと思ったから。
　　c. 彼が２人の所有者の１人が犯人だと気付いたから。
　　　　→ two owners とは Mr. Jones と, 強盗に入られたと証言した Mr. Dillon を指す。
　　（教 p.58, ℓ.20~p.59）

5　その少年が事件を解決することができるのは,
　　a. 彼がたくさん読書をし, 注意深く聞き, 念入りに見るから。
　　b. 彼がみんなにたくさんの質問をするから。
　　c. 彼が探偵についてのテレビ番組から多くの考えを得るから。
　　（教 p.60, ℓℓ.14~17）

📑 **定期テスト予想問題**　　　解答 → **p.86**

1 日本語の意味に合うように，＿＿に適切な語を入れなさい。
(1) 自分の罪をだれかのせいにしてはいけない。
　　You must not ＿＿＿＿＿＿＿＿ your crime ＿＿＿＿＿＿＿＿ somebody.
(2) 私はしばらくの間，そこで彼女と話した。
　　I talked with her ＿＿＿＿＿＿＿＿ a ＿＿＿＿＿＿＿＿ there.
(3) 彼はギターを手に取り，演奏し始めた。
　　He ＿＿＿＿＿＿＿＿ ＿＿＿＿＿＿＿＿ the guitar and started to play it.
(4) 大人になったら何になりたいですか。
　　What do you want to be when you ＿＿＿＿＿＿＿＿ ＿＿＿＿＿＿＿＿?

2 次の文の＿＿に，（　）内の語を適切な形に変えて入れなさい。
(1) They have ＿＿＿＿＿＿＿＿ up five stores in Tokyo this month. (hold)
(2) Did you finish ＿＿＿＿＿＿＿＿ that book? (read)
(3) We are ＿＿＿＿＿＿＿＿ ready to go to school. (get)
(4) When I went to the park, he was ＿＿＿＿＿＿＿＿. (go)
(5) I know that the boy is ＿＿＿＿＿＿＿＿. (lie)

3 日本語に合うように，（　）内の語句を並べかえなさい。
(1) このクラスのどの生徒もこの難問を解くことはできなかった。
　　(solve / in / this hard question / no / this class / could / student).
　　＿＿＿＿＿＿＿＿＿＿＿＿＿＿＿＿＿＿＿＿＿＿＿＿＿＿＿＿＿＿＿＿.
(2) あなたは運転免許を取るのに十分な年齢だ。
　　(old / to / are / a driver's license / get / you / enough).
　　＿＿＿＿＿＿＿＿＿＿＿＿＿＿＿＿＿＿＿＿＿＿＿＿＿＿＿＿＿＿＿＿.
(3) あなたは私に，夕食に何を作ってほしいですか。
　　(do / cook / for / me / to / want / what / you / dinner)?
　　＿＿＿＿＿＿＿＿＿＿＿＿＿＿＿＿＿＿＿＿＿＿＿＿＿＿＿＿＿＿＿＿?

4 次の英語を日本語にしなさい。
(1) Write down your ideas in your notebook.
　　(　　　　　　　　　　　　　　　　　　　　　　　　　　　)
(2) There is another reason I like winter the best.
　　(　　　　　　　　　　　　　　　　　　　　　　　　　　　)
(3) We have no way of knowing the right answer.
　　(　　　　　　　　　　　　　　　　　　　　　　　　　　　)

5 次の英文を読んで，あとの問いに答えなさい。

Mr. and Mrs. Brown had one child. They called him Leroy, and ①(　　)(　　) his teachers. Everyone else in Idaville called him Encyclopedia because his head was like an encyclopedia. He learned many facts from books, and his head was filled with ②them. He was like a complete library ③(walk) around in sneakers.

Old ladies who did crossword puzzles were always ④(stop) him on the street to ask him questions. However, his father asked him more questions than anyone else. Mr. Brown was the chief of police in Idaville.

(1) 下線部①が，「彼の先生たちもそう呼んだ」という意味になるように，（　）に適切な語を入れなさい。

　　＿＿＿＿＿＿＿＿＿ ＿＿＿＿＿＿＿＿＿

(2) 下線部②が指すものを日本語で答えなさい。

　　（　　　　　　　　　　　　　　　　　　　　　　）

(3) 下線部③と④の（　）内の語を，それぞれ適切な形に変えなさい。

　　③ ＿＿＿＿＿＿＿＿　　④ ＿＿＿＿＿＿＿＿

6 次の英文を読んで，あとの問いに答えなさい。

"Leroy," said Mrs. Brown, "did you get this idea from a TV program?"

"No," said Encyclopedia. "I (　①　) it from a book I read about a great detective and his ways of observation."

"Well," said his mother proudly, "this proves how important ②it is to listen carefully and watch closely, to train your memory. Perhaps you will be a detective when you grow up."

(1) （　①　）に適切な語を入れなさい。

　　＿＿＿＿＿＿＿＿

(2) 下線部②が指す内容を日本語で答えなさい。

　　（　　　　　　　　　　　　　　　　　　　　　　）

(3) 次の質問に5語以上の英語で答えなさい。

　　What does Mrs. Brown think Leroy will perhaps be when he grows up?

　　＿＿＿＿＿＿＿＿＿＿＿＿＿＿＿＿＿＿＿＿＿＿＿

┌───┐
│　📝 定期テスト予想問題　解答　　pp.84~85 │
└───┘

1 (1) blame, on　(2) for, while　(3) picked up　(4) grow up
2 (1) held　(2) reading　(3) getting　(4) gone　(5) lying
3 (1) No student in this class could solve this hard question(.)
　(2) You are old enough to get a driver's license(.)
　(3) What do you want me to cook for dinner(?)
4 (1) ノートにあなたの考えを書き留めなさい。
　(2) 私が冬がいちばん好きな理由はもう1つある。
　(3) 私たちには正しい答えを知るすべがない。
5 (1) so did　(2)(本から学んだ)たくさんの事実　(3) ③ walking　④ stopping
6 (1) got　(2) 注意深く聞き，念入りに見ること。
　(3) 例 She thinks he will be a detective.

💡 **解説**

1 (1) blame A on Bで「AをBのせいにする」。　(2) for a while で「しばらくの間」。　(3) pick up A[A up]で「Aを手に取る」。　(4) grow upで「大人になる」。
2 (1)〈have＋過去分詞〉の現在完了の文。hold up A[A up]で「Aを襲って強奪する」。hold の過去分詞形は held。　(2) finish は不定詞ではなく動名詞を目的語にとる動詞。　(3) get ready to do で「〜する準備をする」。are に続くので現在進行形。　(4) be gone で「立ち去る」。　(5) is に続くので現在進行形。lie「うそをつく」の -ing 形は lying。
3 (1)「どの〜も…ない」という否定の意味を〈no＋名詞〉で表す。　(2)「十分〜」を表すときは enough の前に形容詞[副詞]を置く。「するのに」は〈to＋動詞の原形〉で表して enough のあとに置く。　(3)〈want＋O＋to 不定詞〉で「Oに〜してほしい」。
4 (1) write down A[A down]で「Aを書き留める」。　(2)〈reason＋S＋V〉で「SがVする理由」。　(3) have no way of doing で「〜するすべがない」。
5 (1)〈so＋(助)動詞＋主語〉で「〜もまた…」という意味を表す。so did his teachers ＝ his teachers also called him Leroy となる。　(2) 直前の many facts (from books)を指している。　(3) ③ around in sneakers を伴って，直前の a complete library を修飾する分詞にする。「歩き回る」という意味なので，現在分詞にする。④ were があるので stopping にして過去進行形を作る。
6 (1) ブラウン夫人の "did you get 〜?" の問いかけに答えているので，動詞 get の過去形の got が入る。　(2) it は形式主語で，あとの真の主語 to listen 〜と，(to) watch 〜を指す。　(3)「ブラウン夫人は，リロイは大人になったらおそらく何になると思っていますか」という質問。最終文参照。

Lesson 4 Eco-Tour on Yakushima

単語・熟語チェック

PART ❶

語句	品詞・意味	例文
eco-tour	名 エコツアー	We're going to join an **eco-tour** during the trip. その旅行のあいだに，私たちはエコツアーに参加する予定だ。
orientation	名 説明会, オリエンテーション	They started to walk after a short **orientation**. 彼らは短い説明会のあと，歩き始めた。
responsible	形 責任がある	He is **responsible** for his own actions. 彼は自分の行動に責任を持っている。
register A	動 A を登録する	Yuki was **registered** as a member of our tennis team. ユキは私たちのテニスのチームのメンバーとして登録された。
heritage	名 遺産	We're studying about the **heritage** of the island. 私たちはその島の遺産について学んでいる。
fragile	形 もろい, 脆弱な	Glassware is **fragile**, so don't touch it. ガラス製品はもろいので，触らないで。
path	名 小道	Don't step off the **path**. 小道から外れて歩かないで。
first of all	熟 まず第一に	**First of all**, you must think about the reason. まず第一に，あなたはその理由について考えなければならない。
be responsible for A	熟 A の責任がある	She **is responsible for** the accident. 彼女にその事故の責任がある。
in other words	熟 言いかえれば	**In other words**, we have ten minutes to get a goal. 言いかえれば，私たちがゴールを決めるための時間が10分ある。
step on A	熟 A を踏みつける	A big cat **stepped on** my foot. 大きな猫が私の足を踏みつけた。
would like A to do	熟 A に～してほしい	I **would like** you to come with me. あなたに私と一緒に来てもらいたい。

PART ❷

語句	品詞・意味	例文
feature	名 特徴	He explained the natural **features** of the district. 彼はその地方の自然の特徴を説明した。
climate	名 気候	The **climate** this year is unusual. 今年の気候は異常だ。
humid	形 湿気の多い	This is a **humid** area. ここは湿気の多い地域だ。
throughout A	前 A じゅう, A の間ずっと	We kept walking **throughout** the night. 私たちは夜の間ずっと歩き続けた。
average	形 平均の 名 平均(値)	The **average** age of the team is very low. そのチームの平均年齢はとても低い。
Celsius	名 摂氏	Water freezes at zero degrees **Celsius**. 水は摂氏0度で凍る。
coastal	形 沿岸の	Hakodate is a **coastal** city in Hokkaido. 函館は北海道の沿岸の都市だ。
central	形 中央の	Look at the **central** picture on the wall. 壁の中央の写真を見てください。

mountaintop	形 山頂の	It was very cold in the **mountaintop** areas. 山頂の地域はとても寒かった。
annual	形 年間の，毎年の	What was your **annual** income last year? 昨年の年間所得はおいくらでしたか。
rainfall	名 降水量	Do you have the **rainfall** data of this region? あなたはこの地方の降水量のデータを持っていますか。
millimeter	名 ミリメートル	This small insect is about one **millimeter** long. この小さな虫の体長は約1ミリメートルだ。
low-lying	形 低地の	These flowers grow in **low-lying** areas. これらの花は低地部で育つ。
humidity	名 湿度	How high is the **humidity** in this room? この部屋の湿度はどれくらい高いのですか。
unique	形 独特な，特有の	There are **unique** cultures in any country. どんな国にも独特な文化が存在する。
ecosystem	名 生態系	The island has a unique **ecosystem**. その島は独自の生態系を持っている。
be covered with A	熟 Aで覆われ（てい）る	This area **is covered with** snow every winter. 毎年冬になると，この地域は雪に覆われる。
compare A with B	熟 AをBと比べる	He **compared** the new computer **with** his old one. 彼はその新しいコンピュータを自分の古いものと比べた。
more than A	熟 Aより多い，Aを超える	There were **more than** 100 children there. そこには100人を超える子供たちがいた。
it is said that ~	熟 ~と言われている	**It is said that** a famous musician lives in this city. 有名な音楽家がこの市に住んでいると言われている。
on (an[the]) average	熟 平均して	His test scores are about 70 **on average**. 彼のテストでの得点は平均して約70点だ。
ravine	名 山峡，峡谷	There is a deep **ravine** in the mountain. その山には深い峡谷がある。
dense	形 密集した	He went into the **dense** crowd. 彼はその密集した人込みの中に入っていった。
carpet	名 じゅうたん	The actress walked on the beautiful **carpet**. その女優はその美しいじゅうたんの上を歩いた。
moss	名 コケ	The green color of the **moss** is very beautiful. そのコケの緑色はとても美しい。
animated	形 アニメ[動画]の	That **animated** film is popular around the world. そのアニメ映画は世界中で人気だ。
director	名 監督	The **director** is making a new movie. その監督は新しい映画を作っている。
strongly	副 強く	I was **strongly** influenced by the song. 私はその歌に強く影響を受けた。
inspire A	動 Aの気持ちを動かす	The poem **inspired** me. その詩は私の気持ちを動かした。
mysterious	形 神秘的な	I'm interested in this **mysterious** painting. 私はこの神秘的な絵に興味がある。
stump	名 切り株	Let's rest beside that **stump**. あの切り株の脇で休憩しよう。

PART ③

diameter	名 直径	This is a tree with a **diameter** of about 4 meters. これは直径が約4メートルある木だ。
botanist	名 植物学者	The famous **botanist** is from Canada. その有名な植物学者はカナダ出身である。
flow	動 流れる	No water **flows** out from here anymore. もはやここからは水は流れ出ない。
the first A to do	熟 ～した最初の A	Kenji was **the first** friend **to** talk to me at high school. ケンジは高校で私に話しかけた最初の友達だ。
cut down A[A down]	熟 A を切り倒す	He is going to **cut down** that tree. 彼はあの木を切り倒そうとしている。
by order of A	熟 A の命令で	She wrote the report **by order of** the president. 彼女は社長の命令でその報告書を書いた。
go into A	熟 A に入っていく	I **went into** the house quietly. 私は静かにその家に入っていった。
cedar	名 杉	Our town is famous for its **cedar** forest. 私たちの町は杉の森で有名だ。
according	副 〈～ to A〉A に準じて[従って]	Everything went **according** to our plan. すべてが私たちの計画に従って進んだ。
height	名 高さ	That tall tree is more than 50 meters in **height**. その高い木は、高さが50メートルを超えている。
crop	名 収穫高	We expect a good rice **crop** this year. 私たちは今年、米のよい収穫高を期待している。
offer A	動 A を提供する[差し出す]	The hotel **offers** first-class service. そのホテルは一流のサービスを提供している。
tax	名 税, 税金	The **tax** is added to the price. その税金は値段に足されている。
suitable	形 適している	What do you think is a **suitable** job for you? あなたは自分に適している仕事は何だと思いますか。
including A	前 A を含めて, A 込みで	I love all of my family **including** my dog. 私は飼い犬を含めて家族みんなを愛している。
sadly	副 悲しそうに, 残念なことに	**Sadly**, there was a lot of trash on the beach. 残念なことに、浜辺にはたくさんのゴミがあった。
root	名 根	We sat down at the **root** of a big tree. 私たちは大きな木の根元に座った。
scenery	名 風景, 景色	You can see beautiful **scenery** in this park. この公園では美しい景色を見ることができる。
according to A	熟 A によると	**According to** the news, it will rain tomorrow. ニュースによると、明日は雨が降るだろう。
be suitable for A	熟 A に適している	This area **is suitable for** producing rice. この地域は米の生産に適している。
get close to A	熟 A に近づく	You shouldn't **get close to** that place. あの場所に近づくべきではない。
from a distance	熟 遠くから	Many fans came to his concert **from a distance**. 多くのファンが遠くから彼のコンサートに来た。

PART 4

PART ①

> **ポイント**　屋久島への観光客が増えたことで，どのような問題が起きているか。

① Welcome to Yakushima! // ② Thank you / for joining our eco-tour. // ③ I am
屋久島へようこそ　　　//　　ありがとう　/　私たちのエコツアーに参加してくれて //

Suzuki Kenta, / your tour guide. // ④ I am going to give you / a short orientation /
私は鈴木ケンタで / みなさんのツアーガイドだ // みなさんに行う予定だ / 短時間のオリエンテーションを /

before we start the tour. // ⑤ We will return to this office / tomorrow evening. //
ツアーを始める前に　　//　　私たちはこの事務所へ戻ってくる /　　明日の夕方　　//

⑥ First of all, / do you know / what an "eco-tour" is? // ⑦ On eco-tours, /
まず第一に　/　知っているか　/　「エコツアー」とは何か　//　　エコツアーでは /

people need to be more responsible / for the environment. // ⑧ In other words, /
人々はより多くの責任を負う必要がある　/　　自然環境に対して　　//　　言いかえれば　/

we need to be more careful / not to damage the environment / during the tour. //
私たちはもっと気を付ける必要がある / 自然環境を傷つけないように / ツアー中に　//

⑨ Yakushima was registered / as Japan's first Natural World Heritage Site /
屋久島は登録された　　　/　　　日本初の世界自然遺産に　　　　/

in 1993. // ⑩ Since then, / the number of tourists / has increased. // ⑪ We are
1993 年に //　そのとき以来 /　　観光客の数は　　/　　増加した　//私たちはとても

very happy / to have so many tourists, / but this / has caused some problems. //
うれしい / これほど多くの観光客がいて /しかしこのことは/ いくつかの問題を引き起こしている//

⑫ For example, / some tourists have stepped / on fragile plants / along the
たとえば　/　一部の観光客が踏みつけてしまった　/　脆弱な植物を　/　山道沿いの

mountain paths. // ⑬ For this reason, / I would like you to understand / the
　　//　このような理由から /　みなさんに理解してほしい　/

meaning of "eco-tour." //
「エコツアー」の意義を　//

✓ **構成&内容チェック** 本文を読んで，（　）に合う日本語を書きなさい。

①〜⑤ 本レッスンの導入部分。鈴木さんのあいさつと(1.　　　　　　　)の行程を説明している。

　短時間のオリエンテーションのあとにツアーを始め，明日の夕方この事務所に戻ってくる予定。

⬇

⑥〜⑧ （1）について説明している。

　（1）では，人々は(2.　　　　　　　)に対してもっと責任を持つ必要がある。

⬇

⑨〜⑪ 屋久島が抱える問題について述べている。

　屋久島が 1993 年に(3.　　　　　　　)に登録されてから観光客が増加したが，そのことで問題が起きている。

　┃ 例示
　┗➤ ⑫ 植物の被害を挙げている。
　　　山道沿いの植物を踏みつけてしまった観光客がいる。

⬇

⑬ （1）の参加者に対する鈴木さんの希望を述べている。

　（1）の(4.　　　　　　　)を理解してほしい。

❗**教科書Qのヒント** **Q1** What should we not do during an eco-tour?
（エコツアー中は何をすべきではありませんか。）→本文⑧

🔑 **読解のカギ**

⑥ First of all, do you know [what an "eco-tour" is]?
　　　　　　　　S　V　　　　　O(疑問詞節)

➡ first of all で「まず第一に」という意味を表す。

➡ what で始まる疑問詞節が名詞の働きをし，know の目的語になっている(間接疑問)。疑問詞節が名詞の働きをするときは，疑問詞のあとの語順は平叙文と同じになる。

✐ **Q1. 並べかえなさい。**

私はこの箱に何が入っているか知りません。

(is / in / don't / what / I / know) this box.

_____ this box.

⑧ In other words, we need to be more careful not to damage the environment ....
　　　　　　　　　　　　　　　　　　　　　　　not to ＋動詞の原形

➡ in other words で「言いかえれば」という意味を表す。

➡ to damage は副詞的用法の不定詞。not はその不定詞を否定している。not to damage the environmentで「自然環境を傷つけないように」となる。

✓ **構成&内容チェック** の解答　1. エコツアー　2. 自然環境　3. 世界自然遺産　4. 意義

Q2. 並べかえなさい。

彼は学校に遅れないように早起きした。

(early / he / school / to / up / not / got / late / be / for).

_____.

⑩ **Since then, <u>the number</u> of tourists <u>has increased</u>.**
　　　　　　　　S　　3人称単数　　　　　　　　have ではなく has ＋過去分詞

→ number（数）に冠詞の the が付いて，the number of A の形になっているときは，「A の数」という意味を表し，これが主語のときは number を句の中心となる語と考えて 3 人称単数として扱う。したがって，文の動詞は have ではなく has を使った現在完了形になっている。

Q3. ＿＿＿ を埋めなさい。

この学校の生徒の数は，約 800 人です。

The number of students in this school _____ about 800.

⑪ **We are very <u>happy to have</u> so many tourists, but this <u>has caused</u>**
　　　　　　　感情を表す語＋ to ＋動詞の原形　　　　　　　　　　　現在完了形

some problems.

→ to have は副詞的用法の不定詞。感情を表す語の後ろに置かれると，「～して，～できて」という意味で，その感情の原因や理由を表す。

→ has caused は完了・結果を表す現在完了形。

Q4. 日本語にしなさい。

I was so sad to hear about the accident.

(　　　　　　　　　　　　　　　　　　　　　　　　　　　　)

⑫ **For example, some tourists <u>have stepped</u> on fragile plants along the**
　　　　　　　　　　　　　　　have ＋過去分詞

mountain paths.

→ have stepped は完了・結果を表す現在完了形で，「踏んで［踏みつけて］しまった」という意味を表す。

→ step on A で「A を踏みつける」という意味を表す。step の過去形・過去分詞形は stepped と p を重ねる。

⑬ **For this reason, I <u>would like you to understand</u> the meaning of "eco-tour."**

→ would like A to do で「A に～してほしい」という意味を表す。want A to do よりも丁寧な表現。

Q5. 日本語にしなさい。

Would you like me to help you with your homework?

(　　　　　　　　　　　　　　　　　　　　　　　　　　　　)

読解のカギ） Q の解答　Q1. I don't know what is in
Q2. He got up early not to be late for school(.)　　**Q3.** is
Q4. 私はその事故について聞いてとても悲しかった。　　**Q5.** 私に宿題を手伝ってほしいですか。

PART ❷　英文を読む前に，初めて習う文法を含んだ文を確認しましょう！ → p.95 ⑤

ポイント　屋久島はなぜ，「海のアルプス」と呼ばれているか。

① Let's look / at the land features of Yakushima. // ② It is a round island, /
見ていこう / 屋久島の土地の特徴を // それは円形の島だ /

about 500 km² (square kilometers) in size, / and covered with green forest. //
約 500km²(平方キロメートル)の広さで / 緑の森で覆われている //

③ If you compare Yakushima / with Tokyo or Osaka, / you can understand its size. //
屋久島を比較すると / 東京や大阪と / その広さがわかる //

④ The island has over 40 mountains / that are more than 1,000 m (meters) high. //
島には 40 を超える山がある / 1,000m(メートル)を超える高さの //

⑤ That is / why Yakushima is called "the Alps of the Sea." //
それが / 屋久島が「海のアルプス」と呼ばれている理由だ //

⑥ The climate of Yakushima / is warm and humid / throughout the year. //
屋久島の気候は / 温暖多湿だ / 1 年を通して //

⑦ The average temperature is / 20℃ (degrees Celsius) in the coastal areas / and
平均気温は / 沿岸部で(摂氏)20 度 /

15℃ in the central areas. // ⑧ However, / in winter / the temperature in the
中央部で 15 度だ // しかしながら / 冬には / 山頂部の気温は

mountaintop areas / can fall below zero, / and these areas become covered / with
/ 氷点下に下がることもあり / これらの地域は覆われる /

snow. //
雪で //

⑨ Yakushima has a lot of rain / and it is said / that "it rains 35 days a month"! //
屋久島は雨が多く / 言われている / 「1 か月に 35 日雨が降る」と //

⑩ The annual rainfall / is about 4,500 mm (millimeters) / in the low-lying areas. //
年間降水量は / 約 4,500mm(ミリメートル)だ / 低地部で //

⑪ In the mountain areas, / it is about 8,000 to 10,000 mm. // ⑫ That is / why the
山間部では / 約 8,000 から 10,000mm だ // それが / 湿度が

humidity is high / – about 73 to 75% on average. // ⑬ This climate has created / a
高い理由だ / 平均して約 73 から 75%である // この気候が作り出した /

unique ecosystem / on Yakushima. //
独自の生態系を / 屋久島に //

✓ **構成＆内容チェック**　本文を読んで，（　）に合う日本語を書きなさい。

①～⑤ 屋久島の土地の特徴について説明している。

屋久島は緑の森に覆われた(1.　　　　　　　　)の島で，面積は約 500 km² に及ぶ。屋久島では 1,000 m を超える高さの山々の数が 40 を超えるため，「海の(2.　　　　　　　)」とも呼ばれている。

↓

⑥～⑫ 屋久島の気候について説明している。

屋久島の気候は，1 年を通して温暖多湿である。しかし，冬の山頂部は気温が氷点下になることがあり，(3.　　　　　　　)に覆われる。「1 か月に 35 日雨が降る」と言われるほど雨が多く，湿度が高い。

↓

⑬ 屋久島の気候によって生まれたものを述べている。

このような気候が，屋久島に独自の(4.　　　　　　)を作り出した。

⚠ **教科書 Q のヒント**　**Q2** What are the land features of Yakushima?
（屋久島の土地の特徴は何ですか。）　→本文②

Q3 What is the climate like on Yakushima?　（屋久島はどのような気候ですか。）　→本文⑥

🔑 **読解のカギ**

② **It** <u>is</u> **a round island, about ... in size,** (and) <u>covered</u> **with green forest.**
　　be 動詞　　　　　　　　　　　　　　　　等位接続詞　過去分詞

➡ 等位接続詞の and は，It is の補語である a round island と about ... in size，過去分詞の covered をつないでいる。be covered with *A* は「A で覆われ(てい)る」という意味を表す。

③ **If you compare Yakushima with Tokyo or Osaka, ...**

➡ if は接続詞で，「もし～すれば」という条件の意味を表す副詞節を作っている。

➡ compare *A* with *B* で「A を B と比べる」という意味を表す。

🖊 **Q1.　＿＿ を埋めなさい。**

父は自分の身長と私の身長を比べた。

My father ＿＿＿＿＿＿ his height ＿＿＿＿＿＿ mine.

④ **The island has** <u>over 40 mountains</u> **that** <u>are</u> **more than 1,000 m**
　　　　　　　　　　　　先行詞　　↑＿＿＿＿＿　関係代名詞節

(meters) high.

➡ that は over 40 mountains を先行詞とする主格の関係代名詞。

➡ more は many の比較級。more than で「～より多い」という意味になる。

➡ 形容詞 high は数を表す語の後ろに置かれると，「高さが～の」という意味になる。

✓ **構成＆内容チェック** の解答　1. 円形　2. アルプス　3. 雪　4. 生態系

⑤ **That is <u>why</u> Yakushima is called "the Alps of the Sea."**

➡ That は④の内容を指す。

➡ That is why ~で，「それがなぜ~かである理由だ」という意味で，「そういうわけで~」などとも訳される。 文法詳細 p.105

➡ S is called C は，call O C「O を C と呼ぶ」の O を主語にした受動態で，「S は C と呼ばれ(てい)る」という意味を表す。 文法詳細 p.104

Q2. 並べかえなさい。

そういうわけで，私は海外留学する決心をした。

(is / abroad / I / to / why / study / decided / that).

_____

⑧ **However, in winter the temperature in the mountaintop areas can fall below zero, and these areas become covered with snow.**

➡ However はこれまでとは異なることを述べるときに使われる，「しかしながら」という意味の副詞。

➡ can は「~することもある」という「可能性」を表す。

➡ become covered with A は「A で覆われる」という意味を表す。

Q3. ＿＿ を埋めなさい。

私の自転車は雪で覆われました。

My bike became _____ _____ snow.

⑨ **Yakushima has a lot of rain and it is said [that "it rains 35 days a month"!]**
形式主語 └_____↑ 真主語

➡ it ~ that ... の形の形式主語構文。it は形式主語で，that 節の内容を指している。

➡ say that " ~ "は「『~』と言う」という意味を表すので，it is said that " ~ "は，「『~』と言われている」と表すことができる。

Q4. 日本語にしなさい。

It is said that "the American actor is the most popular in the world."

( )

⑬ **This climate <u>has created</u> a unique ecosystem on Yakushima.**
has ＋過去分詞

➡ has created は完了・結果を表す現在完了形で，「~を作り出した」という意味。

📖 **読解のカギ** Q の解答　**Q1.** compared, with
Q2. That is why I decided to study abroad(.)　　**Q3.** covered with
Q4.「そのアメリカ人の俳優は世界で最も人気がある」と言われている。

PART ③　英文を読む前に，初めて習う文法を含んだ文を確認しましょう！ → p.97 ①, p.98 ⑦

ポイント　白谷雲水峡には，どのような自然があるか。

① Now I will show you some pictures of the sites / where we are going. //
　　では，場所の写真をみなさんにお見せしよう　/　私たちが行こうとしている //

② The first one is Shiratani Unsuikyo Ravine. // ③ It has a dense forest / with a thick
　　最初の場所は白谷雲水峡だ　　//　　そこには深い森がある　/　厚いコケの

carpet of moss. // ④ Have you seen the animated movie, / *Princess Mononoke*? //
じゅうたんが敷かれた //　　アニメ映画を見たことがあるか　/　『もののけ姫』という　//

⑤ When the director, Miyazaki Hayao, was making this movie, / he was strongly
　　監督である宮崎駿はこの映画を作っていた時　　/　　強く気持ちを

inspired / by this mysterious forest. //
動かされた / この神秘的な森によって　//

⑥ The next one is Wilson's Stump, / a great tree stump / with a diameter of
　　次の場所はウィルソン株　/　大きな切り株である　/　直径 4.39m の

4.39 m. // ⑦ Does anyone know the reason / why it is named "Wilson's Stump"? //
切り倒されたと //　だれか理由を知っているか　/　その切り株が「ウィルソン株」と名づけられている //

⑧ The name / came from Dr. Ernest Wilson, / a famous botanist. // ⑨ He was the
その名前は / アーネスト・ウィルソン博士からとられた / 有名な植物学者の　//　　彼は最初の

first person / to introduce the stump / to the world. // ⑩ It is said / that this tree
人物だった　/　その切り株を紹介した　/　世界に　//　言われている /　この木は

was cut down / in 1586 / by order of Toyotomi Hideyoshi / to build Hoko-ji Temple. //
切り倒されたと / 1586 年に /　豊臣秀吉の命令で　　/　方広寺の建立のために　//

⑪ The inside of the stump is empty, / and you can go into it. // ⑫ Water flows /
　　その切り株の内部は空洞で　/　中に入ることができる　// 水が湧き出ている /

out of the ground / there. //
地面から　/ そこでは //

✓ **構成&内容チェック**　本文を読んで，（　）に合う日本語を書きなさい。

① エコツアーで訪れる場所の写真を提示することを伝えている。

②〜⑤ 白谷雲水峡の紹介と説明をしている。

白谷雲水峡は，厚いコケのじゅうたんが敷かれた深い森である。アニメ映画『もののけ姫』の(1.　　　　　　)である宮崎駿は，その映画を作っている時に，この森に強く気持ちを動かされた。

⑥〜⑫ ウィルソン株の紹介と説明をしている。

ウィルソン株は，直径 4.39 mの大きな切り株で，その呼び名はこの切り株を世界に初めて紹介した(2.　　　　　　)のウィルソン博士からとられた。この木は 1586 年に切り倒されたと言われている。切り株の内部は空洞で，地面から(3.　　　　　　)が湧き出ている。

📖 教科書 Q のヒント　**Q4** What does Shiratani Unsuikyo Ravine have?
（白谷雲水峡には何がありますか。）　→本文②・③

Q5 How big is Wilson's Stump?　（ウィルソン株はどれくらいの大きさですか。）　→本文⑥

🔑 読解のカギ

① **Now I will show you some pictures of the sites [where we are going]**.
　　　　　　　　　　　　　　　　　　　　先行詞 ↑_____ 関係副詞節

➡ where は関係副詞。関係副詞の where は，先行詞が the sites のような場所を表す語(句)の場合に使われ，「その場所で[に]」という意味で副詞の働きをしている。関係副詞で始まる節が先行詞 the sites を後ろから修飾している。　　**文法詳細 p.105**

🔑 Q1. 並べかえなさい。
北海道は，私たちが行こうとしている場所の 1 つだ。
(where / is / going / of / places / we / one / are / the / Hokkaido).
_____.

④ **Have you seen the animated movie, *Princess Mononoke*?**
Have ＋主語＋過去分詞　　　　　　　同格のコンマ

➡ 経験を表す現在完了形を使った疑問文。Have you seen 〜 ? は「〜を見たことがあるか」という意味を表している。

➡ コンマは同格を表し，the animated movie を *Princess Mononoke* が補足的に説明している。「『もののけ姫』というアニメ映画」という意味になる。

🔑 Q2. 日本語にしなさい。
Have you been to London?　（　　　　　　　　　　　　　　　　　）

---

⑦ **Does anyone know the reason [why it is named "Wilson's Stump"]?**

先行詞 └──────┘ 関係副詞節

➡ 関係副詞の why は，the reason など理由を表す語を先行詞にし，the reason why ～ の形になった場合は，「～する理由」という意味になる。   文法詳細 p.105 ▶

✐ Q3. 並べかえなさい。

私には，アンディーが家に早く帰ってしまった理由がわからない。

(why / Andy / know / home / don't / the / I / went / early / reason).

_____.

⑨ **He was the first person (to introduce the stump to the world).**

└─────────────┘ 形容詞的用法の不定詞

➡ 形容詞的用法の不定詞が the first person を後ろから修飾し，「～した最初の人」という意味を表している。

➡ the first A to do で「～した最初の A」という意味。

⑩ **It is said [that this tree was cut down ... to build Hoko-ji Temple].**

形式主語   真主語

➡ It は形式主語で，that 節の内容を指している。

➡ it is said that ～で「～と言われている」という意味を表す。

✐ Q4. 日本語にしなさい。

It is said that Kyoto is a beautiful city.

(_____)

⑫ **Water flows out of the ground there.**

➡ flow out of A で，「A から湧き出る」という意味。

✐ 読解のカギ Q の解答 Q1. Hokkaido is one of the places where we are going (.)
Q2. あなた (たち) はロンドンに行ったことがありますか。
Q3. I don't know the reason why Andy went home early (.)
Q4. 京都は美しい都市だと言われている。

PART ④　英文を読む前に，初めて習う文法を含んだ文を確認しましょう！ → p.101 ⑦

ポイント　旅行者は，縄文杉をどのように楽しむことができるか。

① The last picture is of the Jomon Cedar. //
最後の写真は縄文杉のものだ　　//

② It is one of the oldest and largest
それは最も古くて大きな杉の1つだ

cedars / on Yakushima. //
／　屋久島で　//

③ According to research, / it is about 2,000 to 7,200
調査によれば　／　それは樹齢2,000年から

years old, / and it is 25.3 m in height / and 5.2 m in diameter. //
7,200年で　／　高さは25.3m　／　直径は5.2mある　//

④ In the Edo period, / people on Yakushima had less land / to grow rice / and
江戸時代に　／ 屋久島の人々は今ほど土地を持っていなかった／ 米を栽培するための／

often had a poor rice crop. //
そしてしばしば米の収穫高が低かった //

⑤ So, / they began to cut down cedars / to offer the
だから／ 彼らは杉の木を切り倒し始めた　／ 板を提供する

boards / as land tax, or *nengu* / instead. //
ために／ 土地税，つまり年貢として／ 代わりに //

⑥ Lucky for us, / some old cedars / were
幸運なことに／ 古い杉の中には／ 切り倒され

not cut down / because they were not suitable / for making boards. //
なかったものもあった ／ 適さなかったので　／ 板作りに //

⑦ That is
そういう

why / we can still see / cedars over 1,000 years old / including the Jomon Cedar. //
わけで／ 私たちはまだ見ることができる／ 樹齢1,000年以上の杉を／ 縄文杉を含めて //

⑧ Sadly, / we must not get close to or touch the Jomon Cedar / because we
残念なことに／ 縄文杉に近づいたり触れたりしてはいけない ／ 根を傷つける

might damage the roots. //
かもしれないので　//

⑨ We can only look at the tree / from a distance. //
木を見ることしかできない／ 遠くから //

⑩ This is a chance / to think about the purpose of eco-tours. //
これは機会だ　／ エコツアーの目的を考える //

⑪ That's all for the orientation. //
これでオリエンテーションは終わりだ //

⑫ Follow me / and let's enjoy / the beautiful
私について来て／ 楽しみましょう／ 屋久島の

scenery on Yakushima! //
美しい景色を　//

✓ 構成＆内容チェック　本文を読んで，（　）に合う日本語を書きなさい。

①～③　縄文杉の特徴を説明している。
縄文杉は屋久島で最も古くて大きな杉の１つである。樹齢は 2,000 ～ 7,200 年と考えられ，高さは 25.3 m，直径は 5.2 m である。

④～⑦　屋久島と杉の歴史を説明している。
（1.　　　　　　　）時代に，（2.　　　　　　　）として差し出すために屋久島で杉の伐採が始まったが，板作りに適さなかったものは残された。

⑧・⑨　縄文杉についての注意事項を述べている。
残念ながら，縄文杉に近づいたり触ったりすることはできず，遠くから見ることしかできない。これは，杉の（3.　　　　　　　）を傷つけるかもしれないからである。

⑩　⑧・⑨の内容を受けて，エコツアーへの理解を促している。

⑪・⑫　エコツアーのオリエンテーションを終えている。

！教科書Ｑのヒント　**Q6** Why were some old cedars not cut?
（なぜ切られなかった古い杉があったのですか。）　→本文⑥

Q7 Why can't people get close to or touch the Jomon Cedar?
（なぜ人々は縄文杉に近づいたり触れたりすることができないのですか。）　→本文⑧

読解のカギ

① The **last picture is of the Jomon Cedar.**
　　　　　　くり返しの省略┘
➡ of の前の the picture が省略されている。

② **It is one of the** oledst (and) largest cedars **on Yakushima.**
　　　　　　　　　最上級　　　　　最上級　名詞の複数形
➡〈one of the ＋最上級＋名詞の複数形〉は「最も～なものの１つ」という意味。ここでは２つの形容詞の最上級が，and で等位接続されている。

③ **According to research, it is ..., and it is 25.3 m in height and 5.2 m in diameter.**
➡ according to *A* で「*A* によると」という意味を表す。
➡ in height で「高さで」，in diameter で「直径で」という意味。

④ **... people on Yakushima had <u>less land</u> (to grow rice) ....**

　　　　　　　　　　　　　　　　　↑_____|　形容詞的用法の不定詞

➡ less は little の比較級で「より少ない」という意味を表す。

➡ to grow rice は形容詞的用法の不定詞で less land を後ろから修飾している。

🎵 Q1. 日本語にしなさい。

Families have less time together than before.

（　　　　　　　　　　　　　　　　　　　　　　　　　　）

⑤ **... they began to cut down cedars to offer the boards as land tax, or** *nengu* **instead.**

➡ *A*, or *B* は「A，すなわち B」と言いかえる表現。

🎵 Q2. 日本語にしなさい。

They study IT, or information technology at school.

（　　　　　　　　　　　　　　　　　　　　　　　　　　）

⑥ **... some old cedars <u>were not cut down</u> because they <u>were not</u> suitable**

　　　　　　　　　　be 動詞＋ not ＋過去分詞

for <u>making</u> boards.

➡ cut は過去形も過去分詞形も cut。〈be 動詞＋ not ＋過去分詞〉で受動態の否定形になっている。cut down *A*[*A* down]で「A を切り倒す」という意味。

➡ be suitable for *A* で「A に適している」という意味を表す。前置詞 for に続くので，making と動名詞になっている。

🎵 Q3. ___ を埋めなさい。

その水は飲用には適していません。

The water isn't _____ _____ drinking.

⑦ **That is why we can still see cedars over 1,000 years old including the Jomon Cedar.**

➡ That is why 〜は「そういうわけで〜」という意味を表す。　　文法詳細 p.105

➡ including は「〜を含めて」という意味の前置詞。

⑧ **... we must not <u>get close to</u> or <u>touch</u> the Jomon Cedar because we might damage the roots.**

➡ we must not のあとに get close to (the Jomon Cedar)と touch (the Jomon Cedar)が or で等位接続されている。

➡ 否定文で「〜も…も—ない」と表すときは and ではなく or を使う。

➡ might は「〜かもしれない」という意味の推量の助動詞。may の過去形で，may よりも可能性や確信度が低いことを表す。

🎵 読解のカギ Q の解答　Q1. 家族は以前より一緒にいる時間が少ない。
Q2. 彼らは IT，すなわち情報技術を学校で勉強する。　　**Q3.** suitable[good] for

😊 **Comprehension** ❶ヒント

Fill in the blanks to complete the poster about Yakushima.

（下線部に適切な語を入れて，屋久島についてのポスターを完成させなさい。）

　1　屋久島は日本で最初の何であるか。（教 p.64, ℓℓ.9~10）

　2　屋久島は広さが約 500 km² あるどんな形の島か。（教 p.66, ℓℓ.1~3）

　3　屋久島には 40 を超える数の何があるか。（教 p.66, ℓℓ.5~8）

　4　屋久島は 1 年を通してどんな気候か。（教 p.67, ℓℓ.1~3）

　5,6　20 度と 15 度はそれぞれどこの何を表しているか。（教 p.67, ℓℓ.3~6）

　7　低地部で約 4,500 mm とは何を表しているか。（教 p.67, ℓℓ.11~12）

　8　約 73 から 75% とは何を表しているか。（教 p.67, ℓℓ.14~15）

　9　白谷雲水峡の深い森には何のじゅうたんが敷かれているか。（教 p.68, ℓℓ.3~4）

　10　ウィルソン株の何が 4.39 m あるか。（教 p.68, ℓℓ.8~9）

　11　ウィルソン株の木は何によって切り倒されたか。（教 p.68, ℓℓ.13~15）

　12　ウィルソン博士は世界に向けて何をしたか。（教 p.68, ℓℓ.10~12）

　13　縄文杉とは何か。（教 p.70, ℓℓ.1~2）

　14　縄文杉の大きさはどれくらいか。（教 p.70, ℓℓ.2~4）

ℹ More Information ❶ヒント

Writing 1

・観光情報センターのボランティア員として, 外国からの観光客向けのウェブページ上で, あなたのいちばん好きな日本の世界遺産を勧めるつもりで, 教 p.77 の表中の質問に対する答えを書く。

・What is your favorite site?
　➡ 教 p.76 の地図を参考にして, 自分のいちばん好きな世界遺産を挙げる。

・Why?
　➡ その世界遺産の好きなところ, 他の世界遺産とは異なるところを挙げ, 「(他の世界遺産ではなく,)なぜその世界遺産がいちばん好きなのか」を書く。

・What can tourists do there?
　➡ そこで観光客ができることを 2 つ以上挙げる。

Writing 2

・Writing 1 の答えを使って, 文章を書く。

・I recommend you visit 〜 .
　➡ まず, 〜に自分のいちばん好きな世界遺産の名前を入れて, 「私はあなたに〜を訪れることを勧める」という意味の文にする。

・I recommend it because 〜 .
　➡ 次に, because 以下にその理由を入れて, 「〜なので, 私はそれを勧める」と, その世界遺産を勧める理由を書く。because のあとには主語・動詞を続ける。〈because I think (that) it is the + 最上級〉「それがいちばん…だと思うから」や because I want you to ... there「そこであなたに…してほしいから」などの表現を使ってもよい。
　➡ 自分の経験したことを使って説明してもよい。経験したことを述べる場合は, 過去形または現在完了の経験用法を用いる。

・You can 〜 .

・You can also 〜 .
　➡ そして, You can (also) 〜に続けて, その世界遺産を訪れてできることを各文で最低 1 つずつ書く。experience A「A を経験する」, eat A「A を食べる」, see A「A を見る」, learn A「A を学ぶ」, enjoy doing「〜するのを楽しむ」などの表現を使ってもよい。
　➡ 季節ごとのイベントについて伝えたり, 訪れる季節を限定して勧めたりする場合は, 文末に〈in + 季節〉を入れるとよい。

📖 Grammar

G-7 SVOC の受動態〈be 動詞＋過去分詞＋補語 (C)〉

・S call O C「S は O を C と呼ぶ」，S name O C「S は O を C と名づける」など，「目的語(O)＝補語(C)」が成り立つ文型を第 5 文型(SVOC の文)という。受動態では，動詞以下が〈be called[named]＋ C （＋by …)〉の形になり，「(…によって)～と呼ばれる[名づけられる]」という意味になる。

The cedars	are called	Yakusugi.	（その杉は屋久杉と呼ばれる。）
S	V〈be 動詞＋過去分詞〉	C	

← They　call　the cedars　Yakusugi.　　　（彼らはその杉を屋久杉と呼ぶ。）
　　S　　V　　　O　　　　C

The island　was named　Yakushima.　　　（その島は屋久島と名づけられた。）
　S　　V〈be 動詞＋過去分詞〉　C

← People named the island Yakushima.　　（人々はその島を屋久島と名づけた。）
　　S　　　V　　　O　　　　C

➡ SVOC の文を受動態にするには，目的語(O)を受動態の主語(S)にして，〈主語(S)＋be 動詞＋過去分詞＋補語(C)〉の形で表す。

➡ SVO の受動態の文と同じく，be 動詞は主語と時制によって使い分ける。

➡ 受動態の文の動作主「～によって」は by ～で表すが，一般の人々や不明な場合は省略される。

➡ 補語(C)を主語にした受動態を作ることはできない。

＋α

助動詞を使った SVOC の受動態

・助動詞のあとの動詞は原形になるので，〈主語(S)＋助動詞＋be＋過去分詞＋補語(C)〉という形で表される。

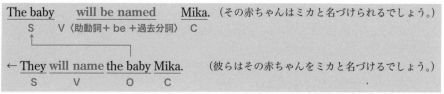

The baby　will be named　Mika.　（その赤ちゃんはミカと名づけられるでしょう。）
　S　　V〈助動詞＋ be ＋過去分詞〉　C

← They will name the baby Mika.　　（彼らはその赤ちゃんをミカと名づけるでしょう。）
　　S　　V　　　O　　C

G-8 関係副詞〈名詞＋関係副詞＋ S ＋ V〉

▶**関係副詞の働き**

・**関係副詞**は，名詞（先行詞）を後ろから説明（限定）する節を導く。
・関係副詞は関係副詞で始まる節の中で**副詞の働き**をする。

when

I remember *the day* [**when** I went to Yakushima].
　先行詞(時)　　　　　　when は関係副詞で始まる節の中で副詞になっている

（私は，屋久島に行った日のことを覚えている。）

　➡ **時**を表す語（句）が先行詞の場合は，**「その時」**という意味の **when** を使う。

where

The hotel [**where** we stayed] was wonderful.
先行詞(場所)　　　whereは関係副詞で始まる節の中で副詞になっている
cf. The hotel *in[at] which* we stayed was wonderful.
　　　　　関係代名詞 which が前置詞 in[at] の目的語になっている

（私たちが滞在したホテルはすばらしかった。）

　➡ **場所**を表す語（句）が先行詞の場合，**「その場所で[に]」**という意味の **where** を使う。
　➡ 関係副詞は〈前置詞＋関係代名詞〉に置きかえることができる。

why

There is a waterfall nearby.　　**That is why** it is cool here.
　　　　　　　　　　　　　　　前文の内容を指す

（近くに滝がある。そういうわけでここは涼しい。）

Do you know (*the reason*) [**why** it rains a lot in this area]?
　　　　　先行詞(理由)

（なぜこの地域で雨がたくさん降るか（理由を）知っていますか。）

　➡ **That[This] is why ～** は「そういう[こういう]わけで～」という意味でよく使われ
　　る表現。
　➡ **a[the] reason** などの**理由**を表す語（句）が先行詞の場合は，**「～する理由」**という
　　意味の **why** を使う。why または a[the] reason のいずれかが省略されることもある。

how

This is [**how** I learned about the eco-tour].
　　　　　先行詞(方法)は how が含んでいるので必要としない

（このようにして，私はエコツアーについて知った。）

　➡ **This[That] is how ～** は「このようにして[そのようにして]～」という意味でよく
　　使われる表現。

📋 定期テスト予想問題　　　　解答 ➡ p.108

1 日本語の意味に合うように，＿＿に適切な語を入れなさい。

(1) 朝，空は雲で覆われていた。

The sky was ＿＿＿＿＿＿ ＿＿＿＿＿＿ clouds in the morning.

(2) その川に近づいてはいけません。

Don't get ＿＿＿＿＿＿ ＿＿＿＿＿＿ the river.

(3) 私には遠くから音が聞こえた。

I heard sounds ＿＿＿＿＿＿ a ＿＿＿＿＿＿.

(4) この木は樹齢約 5,000 年だと言われている。

＿＿＿＿＿＿ is said ＿＿＿＿＿＿ this tree is about 5,000 years old.

2 次の英文を，ほぼ同じ意味を表す英文に書きかえるとき，＿＿に適切な語を入れなさい。

(1) Emi's classmates call her Emi-chan.

→ Emi ＿＿＿＿＿＿ ＿＿＿＿＿＿ Emi-chan by her classmates.

(2) They named the clock tower Elizabeth Tower.

→ The clock tower ＿＿＿＿＿＿ ＿＿＿＿＿＿ Elizabeth Tower.

3 日本語に合うように，（ ）内の語句を並べかえなさい。

(1) そういうわけで，その休暇はシルバーウィークと呼ばれている。

(is / are / called / why / the holidays / that / Silver Week).

＿＿＿＿＿＿＿＿＿＿＿＿＿＿＿＿＿＿＿＿＿＿＿＿＿＿＿＿＿＿．

(2) このようにして私は 3 か国語を習得した。

(three / is / I / languages / how / this / mastered).

＿＿＿＿＿＿＿＿＿＿＿＿＿＿＿＿＿＿＿＿＿＿＿＿＿＿＿＿＿＿．

(3) 日曜日は，父が朝食を作ってくれる日だ。

(when / is / our breakfast / makes / the day / my father / Sunday).

＿＿＿＿＿＿＿＿＿＿＿＿＿＿＿＿＿＿＿＿＿＿＿＿＿＿＿＿＿＿．

4 次の文の＿＿に，適切な関係副詞を入れ，全文を日本語にしなさい。

(1) I don't know the reason ＿＿＿＿＿＿ he hasn't sent me an e-mail yet.

(　　　　　　　　　　　　　　　　　　　　　　　　　　　)

(2) This is the building ＿＿＿＿＿＿ Adam works.

(　　　　　　　　　　　　　　　　　　　　　　　　　　　)

(3) This is ＿＿＿＿＿＿ he solved the problem.

(　　　　　　　　　　　　　　　　　　　　　　　　　　　)

5　次の英文を読んで，あとの問いに答えなさい。

First of all, do you know what an "eco-tour" is? On eco-tours, people need to be more responsible for the environment. In other words, ①(more / not / need / the environment / be / damage / careful / to / we / to) during the tour.

Yakushima was registered as Japan's first Natural World Heritage Site in 1993. Since then, the number of tourists has increased. We are very happy to have so many tourists, but this has caused some problems. For example, some tourists have stepped on fragile plants along the mountain paths. For this reason, ②I would like you to understand the meaning of "eco-tour."

(1) 下線部①が，「私たちは自然環境を傷つけないようにもっと気を付ける必要がある」という意味になるように，（　）内の語句を並べかえなさい。

_____

(2) 下線部②の英語を日本語にしなさい。
（　　　　　　　　　　　　　　　　　　　　　　　　）

(3) 次の質問に英語で答えなさい。
What problems have been caused by some tourists? Give one example.

_____

6　次の英文を読んで，あとの問いに答えなさい。

The next one is Wilson's Stump, a great tree stump with a diameter of 4.39 m. ①(anyone / why / it / know / the reason / named / "Wilson's Stump" / does / is)? ②The name came from Dr. Ernest Wilson, a famous botanist. He was the first person to introduce the stump to the world. It is said that this tree was cut down in 1586 by order of Toyotomi Hideyoshi to build Hoko-ji Temple. The inside of the stump is empty, and you can go into it. Water flows out of the ground there.

(1) 下線部①が，「それがウィルソン株と名づけられている理由をだれか知っていますか」という意味になるように，（　）内の語句を並べかえなさい。

_____?

(2) 下線部②の英語を日本語にしなさい。
（　　　　　　　　　　　　　　　　　　　　　　　　）

(3) 次の質問に英語で答えなさい。
Why did Toyotomi Hideyoshi order people to cut down the tree?

_____

📝 定期テスト予想問題　解答　　pp.106~107

1 (1) covered with　　(2) close to　　(3) from, distance　　(4) It, that

2 (1) is called　　(2) was named

3 (1) That is why the holidays are called Silver Week(.)
(2) This is how I mastered three languages(.)
(3) Sunday is the day when my father makes our breakfast(.)

4 (1) why, 私には, 彼がまだ私にメールを送ってこない理由がわからない。
(2) where, これはアダムが働いているビルだ。
(3) how, このようにして, 彼はその問題を解決した。

5 (1) we need to be more careful not to damage the environment
(2) 私はあなた(たち)に, 「エコツアー」の意義を理解してほしい。
(3) 例 Some tourists have stepped on fragile plants along the mountain paths.

6 (1) Does anyone know the reason why it is named "Wilson's Stump"(?)
(2) その名前は有名な植物学者であるアーネスト・ウィルソン博士からとられた。
(3) 例 To build Hoko-ji Temple.

💡 解説

1 (1) be covered with *A* で「Aで覆われ(てい)る」という意味。　(4) 形式主語
の it を使う。

2 call[name] O C「O を C と呼ぶ[名づける]」の受動態は O を主語にして,〈主
語＋be 動詞＋called[named] C〉という形にする。

3 (1)「そういうわけで〜」は That is why 〜 で表し,「〜と呼ばれている」は
are called 〜で表す。　(2) This is how 〜 の形で「これが〜する方法だ」という
意味を表す関係副詞の文にする。　(3) the day を先行詞とする関係副詞の
when を使った文にする。

4 (1) the reason why 〜 で「〜する理由」という意味を表す。　(2) the building
を先行詞とする関係副詞は where。　(3)「問題を解決した方法」を言っている。

5 (1) 不定詞を否定するときは, not を to の前に置く。　(2) would like *A* to *do*
で「A に〜してほしい」という意味を表す。　(3)「どんな問題が観光客たちによ
って引き起こされてきたのですか。例を1つ挙げなさい」

6 (1) 関係副詞 why を使った the reason why 〜 の表現を含む文を作る。
(2) come from *A* で「A からとられる, A に由来する」という意味。　(3)「豊臣
秀吉が人々にその木を切り倒すように命じたのはなぜですか」という質問。

Lesson 5　Bailey the Facility Dog

NHK スペシャル「ベイリーとゆいちゃん」2019 年 1 月 27 日放送

単語・熟語チェック

PART 1

medical	形 医療の	The Red Cross is sending **medical** supplies to them. 赤十字社は彼らに医療品を送っている。
center	名（施設としての）センター	She founded a cancer **center** at her own expense. 彼女は私財を投じてがんセンターを設立した。
staff	名 スタッフ，職員，社員	We're planning to hold a **staff** meeting next week. 来週，スタッフの会合を開く予定だ。
accompany A	動 Aと一緒に行く，Aについて行く	I'd love to **accompany** you. ぜひあなたと一緒に行きたい。
operating	形 手術（用）の	The **operating** room is available. 手術室は利用可能だ。
calm A	動 Aを落ち着かせる	The man soon **calmed** the horse. その男はすぐにその馬を落ち着かせた。
blood	名 血液	What's your **blood** type? 血液型は何ですか。
sample	名 サンプル，（検査の）試料	Can I see some **samples** of your works? あなたの作品のサンプルをいくつか見られますか。
therapy	名 治療，療法	I used this **therapy** on the patient. 私はこの治療をその患者に利用した。
handler	名 ハンドラー，調教師	He is the **handler** who trained these dogs. 彼はこの犬たちを調教したハンドラーです。
supervise A	動 Aを監督する	He has to **supervise** the project. 彼はその計画を監督しなければならない。
full-time	副 常勤で 形 常勤の	I don't want to work **full-time**. 私は常勤で働きたくない。
facility	名 施設	Nearly 500 **facilities** took part in this campaign. 500 近くの施設がこのキャンペーンに参加した。
in order to do	熟 ～するために	He stood up **in order to** reach a book on the shelf. 彼は棚の本を取るために立ち上がった。
help A (to) do	熟 Aが～するのを手伝う	She **helped** me (to) clean the room. 彼女は私が部屋を片づけるのを手伝ってくれた。
take care of A	熟 Aの世話をする	He'll be glad to **take care of** your dog. 彼はよろこんであなたの犬の世話をしてくれるだろう。

PART 2

brain	名 脳	This is close to a chimpanzee's **brain**. これはチンパンジーの脳に近い。
disorder	名 不調，障害	A sleep **disorder** may make you sleepy all the time. 睡眠障害で常に眠くなるかもしれない。
infection	名 感染症	These areas are experiencing outbreaks of serious **infections**. これらの地域では深刻な感染症が発生している。
hygiene	名 衛生	The disease can result from poor **hygiene**. その病気は劣悪な衛生によって起きることがある。
concern	名 懸念	I can also understand your **concerns**. 私はあなたの懸念も理解できる。
appropriate	形 適切な	I gave an **appropriate** answer to that question. 私はその問題に対して適切な答えを出した。
management	名 管理	He's not good at time **management**. 彼は時間管理が上手ではない。
proper	形 適切な	Do it in the **proper** way. 適切な方法でやりなさい。

vaccination	名 予防[ワクチン]接種	Have you got a flu **vaccination** yet? もうインフルエンザの予防接種を受けましたか。
ease *A*	動 *A*を和らげる	This medicine will **ease** the pain in your stomach. この薬は胃の痛みを和らげるでしょう。
trial	形 試験的な	The **trial** flight resulted in failure. 試験飛行は失敗に終わった。
basis	名 基本原理，基準	Local taxes are collected on the **basis** of the previous year's income. 地方税は前年の収入を基準にして徴収される。
doubt	名 疑い	There's not the slightest **doubt** about it. それには少しの疑いもない。
usefulness	名 役に立つこと，有用性	The **usefulness** of the medicine was examined. その薬の有用性が調べられた。
repeated	形 繰り返される，度重なる	They are getting tired of **repeated** disasters. 彼らは度重なる災害にうんざりしている。
surgery	名 (外科)手術	He felt little pain after the **surgery**. 彼は手術後，ほとんど痛みを感じなかった。
tumor	名 腫瘍	The doctor told me I had a **tumor**. 医者は私に，私に腫瘍があると言った。
provide *A*	動 *A*を提供する	They **provided** food and drink to us. 彼らは私たちに飲食物を提供してくれた。
evidence	名 証拠，根拠	There's no **evidence** that he is guilty. 彼が有罪だという証拠は何もない。
effect	名 効果	The plan had no **effect**. その計画には何の効果もなかった。
experiment	名 実験	We're pleased with the results of this **experiment**. 私たちはこの実験の結果に満足している。
conduct *A*	動 *A*を実施する	The investigation was **conducted** in secret. その調査は秘密裏に行われた。
Hungary	名 ハンガリー	The capital of **Hungary** is Budapest. ハンガリーの首都はブダペストです。
manage *A*	動 *A*を何とかやり遂げる	I **managed** the job by myself. 私はその仕事を自分で何とかやり遂げた。
emotion	名 感情	He is afraid of showing **emotion**. 彼は感情を表すことを恐れている。
owner	名 飼い主，持ち主	We are looking for the **owner** of this dog. 私たちはこの犬の飼い主を探している。
intently	副 熱心に	I listened to him **intently**. 私は彼の話を熱心に聞いた。
hormone	名 ホルモン	**Hormones** influence the body and the mind. ホルモンは身体と心に影響を及ぼす。
oxytocin	名 オキシトシン	**Oxytocin** helps reduce stress. オキシトシンはストレスを軽減する役に立つ。
substance	名 物質	Diamond is the hardest natural **substance**. ダイヤモンドは最も硬い自然の物質だ。
anxiety	名 不安	Her words eased my **anxiety**. 彼女の言葉は私の不安を和らげた。
relieved	形 ほっとした	She looked **relieved**. 彼女はほっとした様子だった。
operation	名 手術	My father will have an **operation** next week. 父は来週，手術を受けます。
scared	形 おびえた	I was **scared** and my hands were shaking. 私はおびえて，手が震えていた。
mental	形 精神の	She had a **mental** problem. 彼女は精神的な問題を抱えていた。

PART ❸

state	图 状態	The painting is in a good **state** of preservation. その絵は保存状態がよい。
particular	形 特別の，特定の	I have nothing **particular** to do today. 私は今日，特別なやるべきことは何もない。
treatment	图 治療	He is still under **treatment**. 彼はまだ治療中だ。
medication	图 薬剤, 投薬(治療)	**Medication** can be both helpful and harmful. 投薬(治療)は有効であることも害になることも両方ありうる。
enhance A	動 A(価値など)を高める	DHA **enhances** brain function. DHA は脳の働きを高める。
manage to do	熟 どうにか～する	They **managed** to solve the problem. 彼らはどうにかその問題を解決した。
in the same way (as A do)	熟 (A が～するのと)同様に	Please send it **in the same way as** you did last time. 前回と同様にそれを送ってください。
look into one's eyes	熟 ～の目を見つめる	I **looked into** his **eyes**. 私は彼の目を見つめた。
want A to do	熟 A に～してほしい	I **want** you **to** get out of here. 私はあなたにここから出て行ってほしい。
be scared of A	熟 A を恐れる	He **is scared of** snakes. 彼はヘビを恐れている。
not only A but (also) B	熟 A だけでなく B も(また)	She can speak **not only** English **but (also)** French. 彼女は英語だけでなくフランス語も(また)話すことができる。
retire	動 引退する	He **retired** from professional baseball last year. 彼は昨年，プロ野球から引退した。
retirement	图 引退	She starred in many movies until her **retirement**. 彼女は引退まで，多くの映画で主演した。
appreciation	图 感謝	I wish to express my **appreciation** for your kindness. ご親切に感謝を申し上げます。
uneasy	形 不安な，落ち着かない	I looked at his face and felt **uneasy**. 私は彼の顔を見て不安になった。
female	形 雌の	The **female** chimpanzee had a baby. その雌のチンパンジーは赤ちゃんを産んだ。
senior	图 先輩,年長者,年配の人	He is my **senior** by two years at college. 彼は大学の 2 年先輩だ。
calmly	副 落ち着いて	Please speak a little more **calmly**. もう少し落ち着いて話してください。
engaged	形 従事している,没頭している	The students were interested and **engaged**. 生徒たちは興味を持って没頭していた。
major	形 主要な	The news was reported by the **major** TV networks. そのニュースは主要なテレビ放送網で報じられた。
per	前 ～につき	The rocket rose at 100 meters **per** second. そのロケットは 1 秒につき 100 メートルの速さで上昇した。
fulfill A	動 A(夢・目的など)を果たす	Finally, I **fulfilled** my promise to you. ようやく，私はあなたとの約束を果たした。
duty	图 務め	It's my **duty** to help students. 生徒たちを手助けするのが私の務めだ。
solution	图 解決(策)	Is there a **solution** to global warming? 地球温暖化の解決策はあるのだろうか。
hand over A [A over] (to B)	熟 A を(Bに)引き渡す[譲り渡す]	We **handed over** that research **to** him. 私たちは彼にその研究を引き渡した。
be engaged in A	熟 A に従事している,[没頭している]	He **was engaged in** medical research. 彼は医学の研究に従事していた。
it costs ＋費用＋ (for A) to do	熟 (Aが)～するのに(費用)がかかる	**It costs** a lot of money **to** raise children. 子供を育てるのにたくさんのお金がかかる。

PART ❹

PART ① 英文を読む前に，初めて習う文法を含んだ文を確認しましょう！ →p.114 ⑧

ポイント　神奈川県立こども医療センターにいた１匹の犬の正体は何か。

① There was a dog / that worked / in Kanagawa Children's Medical Center. //
ある１匹の犬がいた / 働く / 神奈川県立こども医療センターで //

② Do you know / why he was there? //
あなたはわかるだろうか / なぜ彼がそこにいたのか //

③ Surprisingly, / this dog, / Bailey, / was a medical staff member / at the
驚くことに / この犬は / ベイリーという / 医療スタッフだった / その

hospital. // ④ He visited children / in the hospital / and sat close to them / in
病院の // 彼は子供たちのもとを訪れた / 入院している / そして彼らの近くに座った /

order to help them relax. // ⑤ He also accompanied them / to the operating room, /
彼らがリラックスする手助けをするために // 彼はまた彼らに付き添った / 手術室まで /

showed them / how to take medicine, / helped calm them / when a nurse took a
彼らに示した / 薬の飲み方を / 彼らを落ち着かせるのを助けた / 看護師が採血

blood sample, / and joined them / in walking training and exercise therapy. //
するときに / そして彼らと取り組んだ / 歩行訓練と運動療法に //

⑥ During working hours, / Morita Yuko was always at his side. // ⑦ She was a
勤務時間中 / 森田優子さんがいつも彼のそばにいた // 彼女は

handler / whose work was to supervise and take care of him. //
ハンドラーだった / ハンドラーの仕事は彼を監督して世話をすることだった //

⑧ Bailey had worked full-time / at this hospital / since 2012. // ⑨ Such a dog is
ベイリーは常勤で働いていた / この病院で / 2012年から // そのような犬は呼ば

called / a "facility dog." // ⑩ Bailey was the first facility dog / to work at a
れている/ 「ファシリティドッグ」と // ベイリーは最初のファシリティドッグだった / 病院で

hospital / in Japan. //
働く / 日本において //

✓ **構成&内容チェック** 本文を読んで，（ ）に合う日本語を書きなさい。

①〜⑤ 本レッスンの導入部分。ベイリーという名の犬は，神奈川県立こども医療センターの(1.　　　　　　　)だった。

ベイリーの役割は，子供たちをリラックスさせる手助けをすること，手術室まで子供たちに付き添うこと，子供たちに薬の飲み方を示すこと，採血時に子供たちを落ち着かせる手助けをすること，子供たちと歩行訓練や運動療法に取り組むことだった。

↓

⑥・⑦ ベイリーの傍らにいた1人の女性，森田優子さんを紹介している。

森田優子さんは，ベイリーの監督や世話をする(2.　　　　　　　)だった。

↓

⑧〜⑩ ベイリーについてのさらなる情報を提示している。

ベイリーは日本の病院で働く最初の(3.　　　　　　　)として，2012年からこの病院で働いていた。

❗教科書Qのヒント **Q1** What did Bailey do at the hospital? Give an example.
（ベイリーは病院で何をしていましたか。一例を挙げなさい。）　→本文④・⑤

Q2 What did Morita Yuko do at the hospital?
（森田優子さんは病院で何をしていましたか。）　→本文⑦

🔑 読解のカギ

① **There was a dog that worked in Kanagawa Children's Medical Center.**
　　　　　　先行詞┗━━┛関係代名詞(主格)

➡ that は a dog を先行詞とする主格の関係代名詞。

🔑 **Q1. 並べかえなさい。**

これは私を感動させた歌です。

(is / me / that / a song / this / moved).

_____.

② **Do you know [why he was there]?**
　　 S　V　　　O(疑問詞節)

➡ why で始まる疑問詞節が名詞の働きをし，know の目的語になっている間接疑問文。疑問詞節が名詞の働きをするときは，疑問詞のあとの語順は〈主語＋動詞〜〉の順番になる。

➡ there は①の in Kanagawa Children's Medical Center を指している。

③ **Surprisingly, this dog, Bailey, was a medical staff member at the hospital.**

    （this dog ＝ Bailey）

➡ this dog と Bailey は同格の関係にある。

➡ the hospital は①の Kanagawa Children's Medical Center を指している。

④ **He visited children in the hospital and sat close to them in order to help them relax.**

➡ sit close to A は「A のすぐそばに座る」という意味。

➡ 目的を表す副詞的用法の不定詞であることを明示するために，in order to *do* の形を用いて「〜するために」という意味を表す。

➡ help A (to) *do* は「A が〜するのを手伝う」という意味。

⑤ **He also accompanied them to the operating room, showed them**
  S V_1 V_2

  how to take medicine, helped calm them ⟨when a nurse took a blood
  how to *do*「〜の仕方」 V_3

  sample,⟩ and joined them in walking training and exercise therapy.
              V_4

➡ 動詞が accompanied ..., showed ..., helped ..., joined ...と 4 つある構文。

➡ how to take medicine は「薬の飲み方」という意味。

➡ help (to) *do* で「〜するのに役に立つ，〜する手助けをする」という意味を表す。

➡ join A in B は「A とともに B をする」という意味。

⑦ **She was a handler whose work was to supervise and take care of him.**
    先行詞 └────────┘ 関係代名詞（所有格）

➡ whose は a handler を先行詞とする所有格の関係代名詞。

⑧ **Bailey had worked full-time at this hospital since 2012.**
      ⟨had ＋過去分詞⟩   「2012 年から」

➡ had worked は過去の時点での継続を表す過去完了形で，「（ずっと）働いていた」という意味。　　　　　　　　　　　　　　　　　　　　文法詳細 p.126

🖊 **Q2. 日本語にしなさい。**

I had lived in Osaka for eight years before I moved to Yokohama.

（　　　　　　　　　　　　　　　　　　　　　　　　　　　　　）

⑩ **Bailey was the first facility dog to work at a hospital in Japan.**
        名詞 └────────────┘ 形容詞的用法の不定詞

➡ to work は形容詞的用法の不定詞。不定詞句が名詞 the first facility dog を後ろから修飾している。

───────────────────────────────

🎵 **読解のカギ Q の解答　Q1.** This is a song that moved me(.)
Q2. 私は横浜に引っ越す前は，大阪に 8 年間住んでいた。

PART **2**　　英文を読む前に，初めて習う文法を含んだ文を確認しましょう！ →p.117 ⑥・⑪

ポイント　ベイリーはどのような経緯でファシリティドッグになったか。

① How did Bailey become a facility dog / at a hospital? // ② As a first step, /
ベイリーはどのようにしてファシリティドッグになったのだろうか / 病院での // 最初のステップとして /

he received various types of training / with his handler, Yuko. // ③ For example, /
彼はさまざまな類型の訓練を受けた / ハンドラーと一緒に / 優子さんという // たとえば /

they learned / how to act around people / with brain disorders. // ④ They also
彼らは学んだ / 人々の近くでどのように振る舞うべきかを / 脳に障害がある // 彼らはまた

learned / how to prevent infections. // ⑤ The hygiene problems / that dogs could
学んだ / 感染症を防ぐ方法を // 衛生問題が / 犬が引き起こし

cause / for hospital patients / were a concern / in the beginning. // ⑥ However, /
うる / 入院患者に / 懸念事項だった / 当初の // しかしながら /

appropriate management and proper vaccinations / helped ease this concern / and
適切な管理や適切なワクチン接種が / この懸念を和らげるのを助けた / そして

allowed them / to focus on their work. //
彼らができるようにした / 仕事に集中することを //

⑦ For the second step, / Bailey worked on a trial basis / at Shizuoka Children's
2つ目のステップとして / ベイリーは試験的に働いた / 静岡県立こども病院で

Hospital. // ⑧ After this trial period, / he started his full-time work / at this
// この試験期間のあと / 彼は常勤の仕事を始めた / この

hospital. // ⑨ At that time, / there were some doubts / about his usefulness. //
病院で // 当時 / 疑いがあった / 彼の有用性についての //

⑩ However, / believe it or not, / he easily did things / that humans could not do. //
しかしながら / 信じられないかもしれないが / 彼はことを簡単にやってのけた / 人間ができない //

⑪ For example, / he helped a boy / who had repeated surgery / for a brain tumor /
たとえば / 彼は少年を支えた / 度重なる手術を受けていた / 脳腫瘍のために /

and made him smile again. // ⑫ Another boy / who could not talk or move his body /
そして彼を再び笑顔にした // もう一人の少年は / 話すことも体を動かすこともできなかった /

was able to open his eyes / for Bailey. //
目を開けることができた / ベイリーのために //

✔ **構成&内容チェック** 本文を読んで，（　）に合う日本語を書きなさい。

① ベイリーがファシリティドッグになるまでの経緯を問いかけている。

↓ ファシリティドッグになるまでのステップ1

②～⑥ ファシリティドッグになるための最初のステップを紹介している。
ベイリーはハンドラーの森田優子さんと一緒に，脳に障害のある人々の近くでの振る舞い方や（1.　　　　　　）を防ぐ方法などを学んだ。犬が入院患者に引き起こしうる衛生問題が当初懸念されたが，適切な管理や適切な（2.　　　　　　）が問題解決の一助となった。

↓ ファシリティドッグになるまでのステップ2とその後

⑦～⑫ ファシリティドッグになるための2つ目のステップとその後のベイリーの様子を紹介している。
ベイリーは静岡県立こども病院で試験的に働き，試験期間のあと，常勤で働くようになった。当時，ファシリティドッグの（3.　　　　　　）に対する疑念があったが，実際に2人の少年の病状の回復に貢献し，その疑念を払拭した。

🔔 **教科書Qのヒント**　**Q3** What did Bailey and Yuko learn?
（ベイリーと優子さんは何を学びましたか。）　→本文③・④

Q4 What was the concern about a facility dog in the beginning?
（当初, ファシリティドッグについての懸念事項は何でしたか。）　→本文⑤

🔑 **読解のカギ**

③ **For example, they learned how to act around people with brain disorders.**
　　　　　　　　　V　　　how to do「～の仕方」　　　O
→ how to act around people with brain disorders は「脳に障害がある人の近くでどのように振る舞うべきか」という意味。

④ **They also learned how to prevent infections.**
　　　　　　　V　　　how to do「～の仕方」　　O
→ how to prevent infections は「感染症を防ぐ方法」という意味。

⑤ **The hygiene problems that dogs could cause for hospital patients were**
　　先行詞┗━━━━━━━━━━━┛関係代名詞（目的格）

　a concern ....
→ that は目的格の関係代名詞で，... patients までが先行詞の The hygiene problems を修飾している。
→ could は，「～できた」という意味ではなく，「～することがありえた」という意味を表している。

⑥ However, appropriate management and proper vaccinations <u>helped</u>
　　　　　　　　　　　　　　　　　　　　　　　　　　　　　　　V₁

　<u>ease this concern</u> and <u>allowed</u> them to focus on their work.
　　　　　　　　　　　　V₂　「彼らに許した」→「仕事に集中することを」

➡ 動詞が helped ... と allowed ... の2つある構文。

➡ help (to) *do* で「〜するのに役に立つ，〜する手助けをする」という意味を表す。ここでは to が省略されている。

➡ 〈allow＋O＋to *do*〉は「O が〜するのを許す」という意味を表す。　　文法詳細 p.126

Q1. 並べかえなさい。

私の両親は私が留学することを許してくれた。

(parents / to / allowed / my / abroad / me / study).

_____.

⑩ However, believe it or not, he easily did things <u>that</u> humans could not do.
　　　　　　　　　　　　　　　　　先行詞└──┘関係代名詞（目的格）

➡ believe it or not は「信じられないかもしれないが」という意味を表す。

➡ that は things を先行詞とする目的格の関係代名詞。

⑪ For example, he helped <u>a boy</u> <u>who</u> had repeated surgery for a brain
　　　　　　　　　　　　　　先行詞└──┘関係代名詞（主格）

　<u>tumor</u> and <u>made</u> him <u>smile</u> again.
　　　　　　　　　「彼を笑顔にした」

➡ who は a boy を先行詞とする主格の関係代名詞。who ... tumor までが a boy を修飾している。

➡ repeated は「繰り返される，度重なる」という意味の形容詞。

➡ 〈make＋O＋*do*〉は「O に〜させる」という意味を表す。　　文法詳細 p.127

Q2. ＿＿ を埋めなさい。

彼は私を夜遅くまで働かせました。

He _____ me _____ until late at night.

⑫ Another boy <u>who</u> could not talk or move his body was able to open
　先行詞└──┘関係代名詞（主格）

　his eyes for Bailey.

➡ who は Another boy を先行詞とする主格の関係代名詞。

➡ be able to *do* は「〜することができる」という意味。can の過去形の could「〜できた」は「継続的にできた」，「能力があった」という意味を表すときに使う。「一時的にできた」という意味を表すときは was[were] able to *do*「〜できた」を使う。

読解のカギ Q の解答　**Q1.** My parents allowed me to study abroad(.)　　**Q2.** made, work

PART ❸　英文を読む前に，初めて習う文法を含んだ文を確認しましょう！ → p.120 ⑧・⑪

ポイント　ファシリティドッグの前向きの効果を裏付けるものがあるか。

① Research provides some interesting evidence / to support the positive effects /
研究は興味深い証拠を提供している　　　　／　　前向きの効果を裏付ける　　　／

of facility dogs. // ② In an experiment / conducted in Hungary, / dogs managed to
ファシリティドッグの　//　　ある実験で　／　ハンガリーで実施された　／　　犬はどうにか人の

read human emotions / in the same way / as humans do. // ③ Another study in
感情を読み取ることができた /　同じように　／　人間がするのと　//　　日本での別の研究は

Japan / also found a surprising fact. // ④ When a dog and its owner looked
　/　またある驚くべき事実も発見した　//　　犬とその飼い主がじっと見つめ合うと

intently / at each other, / a hormone called oxytocin / was produced / in the
　/　お互いに　／　オキシトシンと呼ばれるホルモンが　/　　分泌された　／

owner's body. // ⑤ This is the substance / that helps reduce pain and anxiety. //
飼い主の体内で　//　　これは物質である　／　　痛みや不安を和らげるのを助ける　//

⑥ This may be one of the reasons / why patients feel relieved / when they look
　これは理由の１つかもしれない　／　　患者が安心する　／　彼らが犬の目を

into dogs' eyes. //
見つめたときに　//

⑦ There is a story / that shows / how Bailey helped children. // ⑧ Many children /
　話がある　／　示す　／　ベイリーがいかに子供たちを支えたかを　//　多くの子供たちが /

who had operations / wanted Bailey / to go to the operating room / with them. //
手術を受ける　／　ベイリーに望んだ　／　手術室まで行くことを　／　自分たちと一緒に //

⑨ They were scared of the surgery, / but with Bailey, / they felt calm / and relaxed. //
彼らは手術を恐れていた /　しかしベイリーと一緒なら /　彼らは落ち着いた /　そしてリラックスした //

⑩ This mental state was important / for children / receiving a particular treatment /
　この精神の状態は重要だった　/　子供たちにとって　／　特定の治療を受けている　／

because it reduced the amount of medication / they needed. // ⑪ Bailey not only
　なぜならそれは投薬量を減らすからだ　／　彼らが必要とする//　　ベイリーは子供

made children feel relaxed, / but also enhanced the effects / of their treatment. //
たちをリラックスさせただけでなく　／　効果も高めた　／　彼らの治療の　//

✓ **構成＆内容チェック** 本文を読んで，（ ）に合う日本語を書きなさい。

① ファシリティドッグの前向きの効果を裏付ける研究があることを説明している。

↓ 研究の具体例 1

② ハンガリーで行われた実験の結果を紹介している。

犬は人間と同じように（1.　　　　　　　　）を読み取ることができる。

↓ 研究の具体例 2

③～⑥ 日本で行われた研究の結果を紹介している。

犬と飼い主が見つめ合うことで，人の体内で，痛みや不安を和らげる物質であるオキシトシンと呼ばれる（2.　　　　　　　　）が分泌される。これが犬の目を見つめたときに患者が安心する理由の１つかもしれない。

↓ ベイリーの例

⑦～⑪ ベイリーが子供たちに与えた効果を紹介している。

ベイリーが（3.　　　　　　　　）まで子供に付き添うことで治療の効果を高めた。

❗**教科書Qのヒント** **Q5** What is oxytocin? （オキシトシンとは何ですか。） →本文④・⑤
Q6 Why did many children want Bailey to go to the operating room with them?
（なぜ多くの子供たちはベイリーに一緒に手術室に行ってほしいと思ったのですか。） →本文⑨

🔑 **読解のカギ**

① **Research provides some interesting evidence to support the positive**
　　　　　　　　　　　　　名詞└──────┘形容詞的用法の不定詞

　effects of facility dogs.

➡ to support は形容詞的用法の不定詞。some interesting evidence を後ろから修飾している。

② **In an experiment conducted in Hungary, dogs managed to read human**
　　　名詞└──────┘〈過去分詞＋語句〉

　emotions in the same way as humans do.
　　　　　　　　　　　　　　　　　A　　do

➡ 過去分詞 conducted で始まる語句が名詞 an experiment を後ろから修飾している。
➡ manage to *do* は「どうにか～する」という意味。
➡ in the same way as (*A do*) は「(A が～するのと) 同様に」という意味。do は read human emotions の繰り返しを避けるために使われている代動詞。

④ **... a hormone called oxytocin was produced in the owner's body.**
　　　　名詞└──────┘〈過去分詞＋語句〉

➡ 過去分詞 called で始まる語句が名詞 a hormone を後ろから修飾している。

✓ **構成＆内容チェック** の解答　1. (人の)感情　2. ホルモン　3. 手術室

⑤ **This is the substance that helps reduce pain and anxiety.**
　　　　　　先行詞└─────┘関係代名詞（主格）

➡ that は the substance を先行詞とする主格の関係代名詞。

➡ help (to) *do* は「〜するのに役に立つ，〜する手助けをする」という意味。

⑥ **This may be one of the reasons why patients feel relieved when they**
　　　　　　　　　　先行詞└─────┘関係副詞

look into dogs' eyes.

➡ why は先行詞 the reasons を後ろから修飾する節を導く関係副詞。

➡ look into *one's* eyes は「〜の目を見つめる」という意味。

♪ Q1. 並べかえなさい。

私には彼女がそう言った理由がわからない。

I (don't / why / she / that / know / said / the reason).

I _____.
　　　　　　　　V'　　　　　　　　O'（疑問詞節）

⑦ **There is a story that shows [how Bailey helped children].**
　　　　　　先行詞└─────┘関係代名詞（主格）

➡ that は a story を先行詞とする主格の関係代名詞。

➡ how で始まる疑問詞節が，shows の目的語になっている間接疑問文。

⑧ **Many children who had operations wanted Bailey to go to the operating**
　　　　　先行詞└─────┘関係代名詞（主格）　「ベイリーに望んだ」→「行くことを」

room with them.

➡ who は Many children を先行詞とする主格の関係代名詞。

➡ 〈want＋O＋to *do*〉は「O に〜してほしい」という意味を表す。　[文法詳細 p.126]

♪ Q2. 日本語にしなさい。

I want you to come to my party.

(　　　　　　　　　　　　　　　　　　　　　　　)

⑩ **This mental state was important for children receiving a particular**
　　　　　　　　　　　　　　　　　名詞└─────┘〈現在分詞＋語句〉

treatment because it reduced the amount of medication they needed.
　　　　　　　　　　　　　　　　　　名詞└─────┘S'　V'

➡ 現在分詞 receiving で始まる語句が，名詞 children を後ろから修飾している。

➡ the amount of medication を they needed が後ろから修飾している。

⑪ **Bailey not only made children feel relaxed, but also enhanced the**
　　　　　　　　　〈make＋O＋*do*〉〈feel＋形容詞〉

effects of their treatment.

➡ not only A but (also) B は「A だけでなく B も（また）」という意味を表す。

➡ 〈make＋O＋*do*〉で「O に〜させる」という意味。　[文法詳細 p.127]

➡ 〈feel＋形容詞〉で「〜と感じる」という意味。

♪ 読解のカギ Q の解答　Q1. don't know the reason why she said that
Q2. 私はあなたに私のパーティーに来てほしい。

PART ④　　英文を読む前に，初めて習う文法を含んだ文を確認しましょう！ → p.123 ⑮

ポイント　日本の病院には十分な数のファシリティドッグがいるか。

① In his eight years of service / at hospitals, / Bailey supported nearly 3,000
8年間の勤務の中で　　　　　病院での　　　ベイリーは3,000人近くの子供たちを

children. // ② On October 16th, / 2018, / he retired as a hospital facility dog. //
支えた　　//　　　　10月16日　/ 2018年/ 彼は病院でのファシリティドッグを引退した //

③ Many children gathered / at his retirement ceremony. // ④ At the ceremony, /
たくさんの子供たちが集まった/ 彼の引退セレモニーに　//　　そのセレモニーで　/

Yasuda Yui, / an elementary school student, / expressed her deep appreciation /
安田結さんが　/　　小学生の　　　/　　深い感謝の気持ちを伝えた　　/

for Bailey: //
ベイリーへの //

⑤ "Bailey is my friend. // ⑥ He supported me / and slept with me / in my bed /
「ベイリーは私の友達だ // 彼は私を支えてくれた / そして私と一緒に眠ってくれた /ベッドの中で/

whenever I felt uneasy and was in pain. // ⑦ Thank you, / Bailey. // ⑧ Thank
私が不安を感じたり痛がったりするときはいつでも // 　　ありがとう　/ ベイリー // 　ありがとう

you / for all of your hard work. // ⑨ Enjoy your life. // ⑩ Eat well / and
/ あなたの一生懸命な働きすべてに //あなたの人生を楽しみなさい// よく食べなさい /そして

stay healthy." //
元気でいなさい」 //

⑪ Bailey's job has now been handed over / to Annie, / Japan's first female
今ではベイリーの仕事は引き渡された　　　/ アニーに /日本初の雌のファシリティ

facility dog. // ⑫ She is learning a lot / from her senior, Bailey, / and is calmly
ドッグである　// 彼女はたくさんのことを学んでいる / 先輩であるベイリーから / そして落ちついて

engaged / in her job. //
従事している / 彼女の仕事に //

⑬ We can find facility dogs / in only a few hospitals / in Japan. // ⑭ The major
私たちはファシリティドッグを目にすることができる /少数の病院だけで/ 日本では // 　　主要な

reason is the cost. // ⑮ It costs almost ten million yen / per year / for one facility
理由はその費用だ　　//　　　　約1,000万円かかる　　/ 1年につき / 1頭のファシリティ

dog / to fulfill its duties. // ⑯ However, / facility dogs are important health care
ドッグが / その役目を果たすのに // しかしながら/ 　　ファシリティドッグは重要な医療

workers / for patients and their families. // ⑰ What can we do / to find a solution? //
従事者だ / 　患者やその家族にとって　 // 私たちは何ができるだろうか / 解決策を見つけるために//

✔ 構成&内容チェック 本文を読んで，（　）に合う日本語や数字を書きなさい。

①〜⑩ 引退セレモニーを迎えたベイリーの様子を紹介している。

ベイリーは8年間病院に勤務し，2018年10月16日にファシリティドッグを引退した。その間にベイリーが支えた子供たちは約(1.　　　　　　)人。ベイリーの引退セレモニーにはたくさんの子供たちが集まり，安田結さんが感謝の気持ちを伝えた。

⑪・⑫ ベイリーの後継となるファシリティドッグを紹介している。

ベイリーの後継となるアニーは日本初の(2.　　　　　　)ファシリティドッグで，ベイリーからたくさんのことを学び，仕事に従事している。

問題提起

⑬ 日本のファシリティドッグに関する問題点を指摘している。

日本では少数の病院にしかファシリティドッグがいない。

原因と解決に向けて

⑭〜⑰ 問題点の原因を挙げ，その解決策を考えることを促している。

1頭のファシリティドッグに年間約(3.　　　　　　)万円という高額な費用がかかるのがファシリティドッグの普及を妨げている主要因である。問題解決のために何ができるだろうか。

📕 教科書Qのヒント **Q7** When did Bailey retire as a facility dog?
（ベイリーはいつファシリティドッグを引退しましたか。）　→本文②

Q8 How much does it cost per year for one facility dog to fulfill its duties?
（1頭のファシリティドッグがその役目を果たすのに，年間どれだけの費用がかかりますか。）　→本文⑮

🔑 読解のカギ

⑥ **He supported me and slept with me in my bed** whenever I felt uneasy
〈whenever + S' + V'〉（副詞節）

and was in pain.

→ 複合関係副詞 whenever は「〜するときはいつでも」「いつ〜しようとも」の意味を表し，副詞節を導く。ここでは前者の意味で用いられている。

🔑 **Q1.** ＿＿ を埋めなさい。

彼は出かけるときはいつでも犬を連れて行く。

He takes his dog with him ＿＿＿＿＿＿ he goes out.

⑩ **Eat well and** <u>stay healthy</u>**.**

➡ stay healthy で「健康（な状態のまま）でいる」という意味。〈stay＋形容詞〉で「〜の（状態の）ままでいる」という意味になり，第2文型で使われる。

⑪ **Bailey's job** <u>has</u> **now** <u>been handed</u> **over to** <u>Annie, Japan's first female</u>
　　　　　　〈have[has] been ＋過去分詞〉　　　　　└─ ＝ ─┘

facility dog.

➡ has been handed は「（すでに）引き渡された」という意味で，完了を表す現在完了形の受動態。現在完了形の受動態は〈have[has] been＋過去分詞〉の形となる。

➡ hand over A [A over](to B)は「Aを(Bに)引き渡す[譲り渡す]」という意味を表す。ここでは，A にあたる Bailey's job が主語の受動態の文になっている。

➡ Annie と Japan's first female facility dog は同格の関係にある。

⑫ **She is learning a lot from** <u>her senior</u>**,** <u>Bailey</u>**, and is calmly engaged in her job.**
　　　　　　　　　　　　　　　　└─ ＝ ─┘

➡ her senior と Bailey は同格の関係にある。senior は *one's* senior で「〜の先輩[年長者]」という意味で，所有格がつかないと「年配の人」という意味。

➡ be engaged in A は「A に従事している[没頭している]」という意味を表し，副詞の calmly が engaged を修飾している。

⑭ **The major reason is the cost.**

➡ The major reason と is の間に，why we can find facility dogs in only a few hospitals in Japan を補って考える。

⑮ **It costs almost ten million yen per year** <u>for one facility dog</u> **to fulfill its**
　　　　　　　　　　　　　　　　　　　　　〈for ＋名詞・代名詞〉

duties.

➡ 〈it costs＋費用＋(for A)to *do*〉は「(A が)〜するのに(費用)がかかる」という意味。it は to 以下の内容を指す。不定詞の意味上の主語を明示する場合は，〈for＋名詞・代名詞〉を to の直前に置く。　　　　文法詳細 p.127

Q2. 並べかえなさい。

家を修理するにはたくさんのお金がかかる。

(to / it / costs / of / the house / money / repair / a lot).

_____.

⑰ **What can we do** <u>to find</u> **a solution?**
　　　　　　　　　副詞的用法の不定詞

➡ to find は副詞的用法の不定詞で，目的を表している。

読解のカギ Q の解答　**Q1.** whenever　　**Q2.** It costs a lot of money to repair the house(.)

🎯 Comprehension ❶ヒント

Fill in the blanks to complete the profile and responses to the interview about Bailey.
（下線部に適切な語を入れて，ベイリーについてのプロフィールとインタビューに対する回答を完成させなさい。）

1　2012 年に神奈川県立こども医療センターで働き始めた時のベイリーの役割は何だったか。(教 p.80, ℓℓ.15~16)

2　2018 年にベイリーは仕事をどうしたか。(教 p.86, ℓℓ.2~3)

3　ベイリーはファシリティドッグになるために，森田優子さんとどのような訓練を受けたか。(教 p.82, ℓℓ.2~3)

4　ベイリーと森田優子さんは，脳に障害のある人々の近くでどうする方法を学んだか。
(教 p.82, ℓℓ.3~4)

5,6　ベイリーはなぜ入院している子供たちの近くに座ったのか。(教 p.80, ℓℓ.5~7)

7　ベイリーは手術室まで子供たちに対して何をしたか。(教 p.80, ℓℓ.7~8)

8　人々が犬をじっと見たとき，オキシトシンと呼ばれるホルモンがどうなったか。
(教 p.84, ℓℓ.6~8)

9,10　手術を恐れている子供たちはベイリーと一緒にいるとどうなったか。
(教 p.84, ℓℓ.13~15)

11　1 頭のファシリティドッグが何をするのに年間約 1,000 万円の費用がかかるか。
(教 p.86, ℓℓ.15~17)

i More Information **❶ヒント**

Question

・あなたがリラックスしていると感じるときの例を3つ挙げる。

➡ I feel relaxed when ....「私は…のときリラックスしていると感じる」の形で，自分がリラックスしていると感じるときを3つ書く。

➡ 教 p.92 の第2段落に五感を使った活動について，第3段落に友達や犬との交流について書かれている。その中から選んで書いてもよい。

Writing

・もしあなたの友達が落ちこんでいるように見えたら，あなたはその友達にどんな活動をするように勧めるかを答える。

・Activity

➡ 落ちこんでいる友達に勧めることを書く。Question で書いたことや 教 p.92 を参考にしてもよい。

➡ 友達に話しかける前提で，Why don't you ～?「～したらどうか」や You should ～.「～したほうがよい」などの文で書いてもよい。

・Reason

➡ Activity で書いたことを勧める理由を書く。

➡ Activity で書いた活動を動名詞で表して文の主語にしたり，to 不定詞で表して〈It is ～ + to 不定詞〉の構文にあてはめたりすると書きやすい。動名詞を主語にする場合，3人称単数扱いとなることに注意する。

➡ そのほか，次のような構文を使ってもよい。〈makes you + 原形不定詞〉「あなたに～させる」，〈makes you + 形容詞〉「あなたを～にする」，〈allows you + to 不定詞〉「あなたが～するのを許す」，〈helps you (to) + 動詞の原形〉「あなたが～するのに役立つ」，〈feel + 形容詞〉「～と感じる」，〈It is a good way for you + to 不定詞〉「～することはあなたにとってよい方法だ」

➡ さらに，教 p.92 に出てくる表現を参考にして，オキシトシンやストレスなどに触れて2文目を加えられるとよい。

🔊 Grammar

G-9 過去完了形

▶**過去完了形とは**

・**過去完了形**は，過去のある時点とそれより以前に起こった出来事を結びつけて言いたいときに使う表現で，〈had＋過去分詞〉の形で表す。

過去完了形の意味

① 完了・結果

My grandmother **had** already **been** to the hospital when I came home.
(私が帰宅した時には，祖母はすでに病院に行って戻ってきていた。)

・「過去のある時点」までの動作の完了・結果を表し，「(その時には)～して(しまって)いた」という意味になる。この文では，「私が帰宅した」時点が基準になっている。

② 経験

I **had** never **heard** of a facility dog before I learned about it in class.
(授業で習う前は，私はファシリティドッグについて一度も聞いたことがなかった。)

・「過去のある時点」までの経験を表し，「(その時までに)～したことがあった」という意味になる。この文では，「ファシリティドッグについて授業で習った」時点が基準になっている。

③ 継続

The dog **had stayed** in the animal shelter for two weeks when I visited.
(私が訪れた時，その犬は2週間アニマルシェルターに滞在していた。)

・「過去のある時点」までの(状態の)継続を表し，「(その時まで)ずっと～であった」という意味になる。この文では，「アニマルシェルターを訪れた」時点が基準になっている。

G-10 SVO + to 不定詞

・動詞の目的語に to 不定詞を続ける〈SVO＋to 不定詞〉の形で，主語が目的語に何かをすることを求めたり，何かをさせたりすることを表す。この形の文では，**目的語が to 不定詞の意味上の主語**になる。

〈SVO + to 不定詞〉の形をとる動詞

① want O to *do*

I want <u>you</u> **to** go with me to the hospital.　(あなたに私と一緒に病院へ行ってほしい。)

・want O to *do* で「O に～してほしい」という意味を表す。この文では，you が to go ～ の意味上の主語になっている。

② allow O to *do*

Enough sleep **allowed** <u>us</u> **to** stay healthy.
(十分な睡眠をとれば健康でいられた。←十分な睡眠は私たちが健康でいることを許した。)

・allow O to *do* で「O が～するのを許す」という意味を表す。この文では，us が to stay ～の意味上の主語になっている。

③ force O to *do*

A heart disease **forced** <u>him</u> **to** retire early.
（心臓病のために彼は早期退職をしなければならなかった。←心臓病は彼に早期退職をさせた。）

・force O to *do* で「O に～させる」という意味を表す。この文では，him が to retire ～
の意味上の主語になっている。

④ tell O to *do*

My mother **told** <u>me</u> **to** eat more vegetables.
（母は私にもっと野菜を食べるように言った。）

・tell O to *do* で「O に～するように言う」という意味を表す。この文では，me が to eat
～の意味上の主語になっている。

G-11 使役動詞＋O＋原形不定詞

▶**使役動詞とは**

・人に何かを強制したり依頼したりする動詞を**使役動詞**という。使役動詞には make,
have, let などがあり，〈使役動詞＋O＋原形不定詞〉の形で使うことができる。この形
の文では，目的語が原形不定詞の意味上の主語になる。

〈使役動詞＋O＋原形不定詞〉

① make O *do*

My mother **made** <u>me</u> **walk** the dog.　（母は私に犬を散歩させた。）

・make O *do* で「（強制的に）O に～させる」という意味を表す。この文では，me が
walk ～意味上の主語になっている。

② have O *do*

She **had** <u>the doctor</u> **examine** her arm.　（彼女は医者に腕を診てもらった。）

・have O *do* で「（すべきであることを）O に～してもらう」という意味を表す。この文で
は，the doctor が examine ～の意味上の主語になっている。

③ let O *do*

My father **let** <u>me</u> **have** a dog.　（父は私が犬を飼うことを許してくれた。）

・let O *do* で「O が～することを許す」という意味を表す。この文では，me が have ～の
意味上の主語になっている。

G-12 不定詞の意味上の主語

▶**不定詞の意味上の主語とは**

・不定詞の表す動作や状態の主語にあたるものを，**不定詞の意味上の主語**という。不定詞
の意味上の主語が不特定の「一般の人々」の場合や文の主語と一致する場合は，意味上
の主語は明示されないが，文中に明示したいときは，〈for＋名詞・代名詞＋to 不定詞〉
の形で表す。

It is necessary **for you to** rest.
（あなたは休憩を取る必要がある。）

・この文では，you が to rest の意味上の主語になっている。

✎ 定期テスト予想問題　　　解答 ⇒ p.130

1 日本語の意味に合うように, ＿＿＿に適切な語を入れなさい。
  (1) 私たちはその犬が病気だった時, 一晩中彼の世話をした。
    We ＿＿＿＿＿＿＿ ＿＿＿＿＿＿＿ of the dog all night when he was sick.
  (2) 彼はそのボランティアの仕事に従事している。
    He is ＿＿＿＿＿＿＿ ＿＿＿＿＿＿＿ the volunteer work.
  (3) 彼女は息子に事業を譲り渡した。
    She ＿＿＿＿＿＿＿ ＿＿＿＿＿＿＿ the business to her son.
  (4) 私は毎日, 走るために早く起きる。
    I get up early in ＿＿＿＿＿＿＿ ＿＿＿＿＿＿＿ run every day.

2 ( )内の語句のうち, 適切なほうを選びなさい。
  (1) He made me (to go, go) there alone.
  (2) I had him (repair, repaired) the watch.
  (3) My mother forced me (to take, taking) bitter medicine.

3 日本語に合うように, ( )内の語句を並べかえなさい。
  (1) 彼の両親は彼がロンドンに行くことを許した。
    (let / go / his / to / him / London / parents).
    ＿＿＿＿＿＿＿＿＿＿＿＿＿＿＿＿＿＿＿＿＿＿＿＿＿＿＿＿＿＿.
  (2) 彼は私にすぐに戻るように言った。
    (told / come / me / he / to / back) right away.
    ＿＿＿＿＿＿＿＿＿＿＿＿＿＿＿＿＿＿＿＿＿＿＿ right away.
  (3) それ以前に北海道へ行ったことがありましたか。
    (been / you / ever / had / to / before / Hokkaido / then)?
    ＿＿＿＿＿＿＿＿＿＿＿＿＿＿＿＿＿＿＿＿＿＿＿＿＿＿＿＿?
  (4) その劇場を建設するのにおよそ1億5千万円かかった。
    (cost / to / theater / about / it / 150 million yen / build / the).
    ＿＿＿＿＿＿＿＿＿＿＿＿＿＿＿＿＿＿＿＿＿＿＿＿＿＿＿＿＿＿.

4 次の英語を日本語にしなさい。
  (1) It may be difficult for him to solve the problem.
    (　　　　　　　　　　　　　　　　　　　　　　　　)
  (2) He had just gone out when I called him.
    (　　　　　　　　　　　　　　　　　　　　　　　　)

5 次の英文を読んで，あとの問いに答えなさい。

How did Bailey become a facility dog at a hospital? As a first step, he received various types of training with his handler, Yuko. For example, ①they learned how to act around people with brain disorders. They also learned how to prevent infections. The hygiene problems that dogs could cause for hospital patients were a concern in the beginning. (②), appropriate management and proper vaccinations helped ease ③this concern and ④allowed them to focus on their work.

(1) 下線部①が指すものを日本語で答えなさい。
(   )

(2) (②)に入る語(句)として適切なものを選び，記号で答えなさい。
    a. However   **b.** As a result   **c.** By the way   (   )

(3) 下線部③が指すものを日本語で答えなさい。
(   )

(4) 下線部④を次のように書きかえるとき，＿＿に適切な語を入れなさい。
＿＿＿＿＿＿＿ them ＿＿＿＿＿＿＿ on their work

6 次の英文を読んで，あとの問いに答えなさい。

Research provides some interesting evidence (①) support the positive effects of facility dogs. In an experiment ②(conduct) in Hungary, dogs managed to read human emotions in the same way as humans ③do. Another study in Japan also found ④a surprising fact. When a dog and its owner looked intently at each other, a hormone called oxytocin was produced in the owner's body. This is the substance that helps reduce pain and anxiety. This may be one of the reasons (⑤) patients feel relieved when they look into dogs' eyes.

(1) (①)に適切な語を入れなさい。
＿＿＿＿＿＿＿

(2) 下線部②の( )内の語を適切な形に変えなさい。
＿＿＿＿＿＿＿

(3) 下線部③が表す内容を3語で本文中から抜き出しなさい。
＿＿＿＿＿＿ ＿＿＿＿＿＿ ＿＿＿＿＿＿

(4) 下線部④が指すものを日本語で答えなさい。
(   )

(5) (⑤)に入る語として適切なものを選び，記号で答えなさい。
    a. which   **b.** where   **c.** why   (   )

📝 定期テスト予想問題　解答　　pp.128~129

1 (1) took care 　　(2) engaged in 　　(3) handed over 　　(4) order to

2 (1) go 　　(2) repair 　　(3) to take

3 (1) His parents let him go to London(.)
(2) He told me to come back
(3) Had you ever been to Hokkaido before then(?)
(4) It cost about 150 million yen to build the theater(.)

4 (1) 彼がその問題を解くのは難しいかもしれない。
(2) 私が彼に電話した時，彼はちょうど外出したところだった。

5 (1) ベイリーと優子さん 　　(2) **a**
(3) 犬が入院患者に引き起こしうる衛生問題。 　　(4) let, focus

6 (1) to 　　(2) conducted 　　(3) read human emotions
(4) 犬とその飼い主がお互いにじっと見つめ合うと，飼い主の体内でオキシトシンと呼ばれるホルモンが分泌されたこと。 　　(5) **c**

💡 解説

1 (1)「Aの世話をする」は take care of *A*。 　　(2)「A に従事している」は be engaged in *A* で表す。 　　(3)「A を B に譲り渡す」は hand over *A* to *B* または hand *A* over to *B*。

2 (1) make O *do* =「(強制的に)O に〜させる」 　　(2) have O *do* =「(すべきであることを)O に〜してもらう」 　　(3) force O to *do* =「O に〜させる」

3 (1)〈let＋O＋原形不定詞〉で「O が〜することを許す」という意味。let の過去形は let。 　　(2)〈tell＋O＋to 不定詞〉で「O に〜するように言う」という意味。 (3) 過去のある時点までの経験は過去完了形〈had＋過去分詞〉で表す。疑問文なので had を主語の前に出す。ever は過去分詞の前に置く。 　　(4)〈it costs＋費用＋to 不定詞〉=「〜するのに(費用)がかかる」

4 (1) 不定詞の意味上の主語を示すときは，〈for＋名詞・代名詞〉を不定詞の前に置いて表す。「A にとって〜することは…だ」= It is ... for *A* to *do*. 　　(2) 過去完了形〈had＋過去分詞〉は過去のある時点までの動作の完了・結果や経験，継続を表す。

5 (1) 最初の 2 文より，they = Bailey and Yuko であることがわかる。 　　(2) **a**「しかしながら」，**b**「その結果」，**c**「ところで」 　　(3) 直前の文の The hygiene problems that dogs could cause for hospital patients を指す。 　　(4)〈allow＋O＋to 不定詞〉=「O が〜するのを許す」≒〈let＋O＋原形不定詞〉

6 (1) 形容詞的用法の不定詞が直前の名詞を修飾する。 　　(2)〈過去分詞＋語句〉が直前の名詞を修飾する。 　　(3) do は先行する動詞の反復を避ける代動詞。 (4) 直後の文の内容を指す。 　　(5) 関係副詞 why は reason を先行詞とする。

Lesson 6　Communication without Words

単語・熟語チェック

PART ❶

tool	名 手段，道具	Words are important **tools** for a politician. 言葉は政治家にとって重要な手段だ。
convey A	動 A を伝える	No words can **convey** my feelings. 言葉では私の感情を伝えることができない。
communicate A	動 A を伝える	We need to **communicate** our thoughts. 私たちは自分たちの考えを伝える必要がある。
lean	動 上体を曲げる，傾く	He **leaned** forward to listen to me. 私の話を聞こうと，彼は前に上体を曲げた。
narrow A	動 A を狭くする[細くする]	He **narrowed** his eyes. 彼は目を細めた。
fold A	動 A を組む[折る]	She was **folding** her hands. 彼女は手を組んでいた。
non-verbal	形 非言語の，言葉を使わない	Gestures are **non-verbal** communication. ジェスチャーは非言語コミュニケーションだ。
mood	名 気分	I was in no **mood** for work. 私は仕事をする気分ではなかった。
anger	名 怒り	He was filled with **anger** and sorrow. 彼は怒りと悲しみに満ちていた。
positioning	名 位置，姿勢	You should adjust your body **positioning**. 体の位置を正すべきだ。
upright	形 直立した	The soldiers stood **upright**. 兵士たちは直立していた。
confidence	名 自信	She has **confidence** in her ability. 彼女は自分の能力に自信がある。
slumped	形 前かがみの，うなだれた	She was sitting **slumped** on a chair. 彼女はうなだれていすに座っていた。
lack	名 不足	That's because of a **lack** of my understanding. それは私の理解不足のせいだ。
tone	名 (音・声・楽器などの)調子	The man spoke in a sad **tone**. その男は悲しい調子で話した。
physical	形 物理的な，現実の	I like **physical** books better than e-books. 私は電子書籍より物理的な[現実の]本が好きだ。
fold one's arms	熟 腕組みをする	He was **folding his arms**. 彼は腕組みをしていた。
play a role	熟 役を演じる，役割を果たす	He **played an** important **role** in his team. 彼はチームで重要な役割を果たした。
a kind of A	熟 A の一種	A flute is **a kind of** instrument. フルートは楽器の一種だ。
a lack of A	熟 A の不足	I'm tired from **a lack of** sleep. 私は睡眠不足で疲れている。

PART ❷

misunderstand A	動 A を誤解する	He **misunderstood** my words. 彼は私の言葉を誤解した。
Britain	名 イギリス	India was a colony of **Britain**. インドはイギリスの植民地だった。
opposite	形 正反対の	A bike appeared from the **opposite** direction. 自転車が正反対の方向から現れた。
Bulgaria	名 ブルガリア	I visited **Bulgaria** last summer. 私は昨年の夏，ブルガリアを訪れた。

palm	图 手のひら	The butterfly was as big as my **palm**. その蝶は私の手のひらほどの大きさだった。
open-minded	形 偏見のない, 心の広い	She is an **open-minded** person. 彼女は心の広い人だ。
honest	形 正直な, 誠実な	I believe that he is **honest**. 彼は正直だと思う。
Greek	形 ギリシャの	You can see some ancient **Greek** sculptures here. ここでは古代ギリシャの彫刻を見られる。
negative	形 良くない, 否定的な	Chemicals sometimes have a **negative** effect on us. 化学物質は時に私たちに良くない影響を与える。
impression	图 印象	What was your first **impression** of him? 彼の最初の印象はどうでしたか。
insult	图 侮辱, 侮辱的な言動	The **insult** hurt their feelings. その侮辱的な言動は彼らの気持ちを傷つけた。
universal	形 普遍的な, 至る所に存在する	That's a **universal** truth. それは普遍的な真理だ。
friendliness	图 好意	They didn't show me any **friendliness**. 彼らは私に全く好意を示さなかった。
discomfort	图 不快	The hot weather caused me **discomfort**. 暑い天候のせいで私は不快になった。
embarrassment	图 困惑	She looked down in **embarrassment**. 彼女は困惑してうつむいた。
directly	副 まっすぐに	He went **directly** to his office. 彼はまっすぐに会社へ向かった。
honesty	图 誠実	I believe in her **honesty**. 私は彼女の誠実さを信じている。
Lebanon	图 レバノン	**Lebanon** is a country in Western Asia. レバノンは西アジアの国だ。
listener	图 聴く人, 聞いている人	He's a good **listener**. 彼は人の話をよく聞く人だ。
speaker	图 話す人	She's a good **speaker** of English. 彼女は英語を上手に話す人だ。
elder	图 年上の人, 年長者	We have to respect our **elders**. 私たちは年上の人を尊敬しなければならない。
polite	形 礼儀正しい	Be more **polite** to others. 他人にはもっと礼儀正しくしなさい。
shake *one's* head	熟 首を横に振る	The man **shook his head** and said, "No." その男は首を横に振って「いいえ」と言った。
on the other hand	熟 他方では, これに反して	**On the other hand**, he's very kind to others. 他方では, 彼は他人にとても親切だ。
avoid *doing*	熟 ~するのを避ける	I stood under a tree to **avoid getting** wet. 濡れるのを避けようと, 私は木の下に立った。
make (long) eye contact with *A*	熟 Aと(長く)目を合わせる	I didn't **make eye contact with** him. 私は彼と目を合わせなかった。
greeting	图 あいさつ	We exchanged **greetings**. 私たちはあいさつを交わした。
greet *A*	動 Aにあいさつする	She **greeted** us with a smile. 彼女は笑顔で私たちにあいさつした。
Asian	形 アジアの	I often visit **Asian** countries on business. 私はよく仕事でアジア諸国を訪れる。
press *A*	動 Aを押しつける	The boy **pressed** his face against the window. その男の子は窓に顔を押しつけた。
Buddhism	图 仏教	**Buddhism** spread from India. 仏教はインドから広まった。
Maori	图 マオリ人 形 マオリの	Haka is a kind of dance of **Maori** people. ハカとはマオリの人々の踊りの一種だ。

PART ❸

Tibet	名 チベット	**Tibet** is visited by many tourists. チベットには多くの観光客が訪れる。
stick A	動〔outを伴って〕Aを突き出す	The child **stuck** his head out of the window. その子供は窓から頭を突き出した。
tongue	名 舌	The **tongue** is used for tasting, speaking, and so on. 舌は味わったり，話したりといったことに使われる。
regard A	動 Aを〜とみなす，(高く)評価する	The university is highly **regarded**. その大学は高く評価されている。
Kikuyu	形 キクユ族[語]の	The **Kikuyu** people live near Mt. Kenya. キクユ族の人々はケニア山の近くに住んでいる。
spit	動 つばを吐く	Don't **spit** on the ground. 地面につばを吐いてはいけません。
evil	名 災い，不運	This doll will help you keep **evil** away. この人形が災いを遠ざける助けとなるでしょう。
take A for example	熟 Aを例にとる	**Take** Britain **for example**. イギリスを例にとってみよう。
it is common (for A) to do	熟 (Aにとって)〜するのは普通である	**It's common to** bow in such cases. そのような場合，おじぎをするのが普通である。
regard A as B	熟 AをBとみなす	We **regard** him **as** the best singer in Japan. 私たちは彼を日本で最高の歌手とみなしている。
effectively	副 効果的に	How can I learn English **effectively**? どうすれば英語を効果的に習得できるだろうか。
consciously	副 意識して	He **consciously** tried to forget bad memories. 彼は意識して嫌な記憶を忘れようとした。
storyteller	名 語り手	He is a great **storyteller**. 彼はすばらしい語り手だ。
entertain A	動 Aを楽しませる	He **entertained** the guests with some tricks. 彼は手品で来客たちを楽しませた。
audience	名 観客，聴衆	The **audience** was moved by her performance. 観客は彼女の演技に感動した。
facial	形 顔の	The robot can read **facial** expressions. そのロボットは顔の表情を読み取ることができる。
lift A	動 Aを持ち上げる	This suitcase is too heavy to **lift**. このスーツケースは重すぎて持ち上げられない。
slurp	動 (ずるずると)音を立てて食べる	Don't **slurp** when you eat noodles. 麺を食べるとき，ずるずると音を立てて食べないで。
object	名 物体	A UFO means an unidentified flying **object**. UFO は未確認飛行物体を意味する。
presentation	名 プレゼンテーション	Her **presentation** was well-prepared. 彼女のプレゼンテーションはよく準備されていた。
attention	名 注意(力)，関心	The beautiful picture attracted my **attention**. その美しい絵は私の注意を引いた。
unconscious	形 意識していない，無意識の	It was a completely **unconscious** movement. それは完全に無意識の行動だった。
effective	形 効果的な	The new treatment may be more **effective**. その新しい治療法はもっと効果的かもしれない。
aware	形 気付いて	I became **aware** how bitterly she was hurt. 私は彼女がどんなにひどく傷ついたかに気付いた。
pay attention to A	熟 Aに注意を向ける	You should **pay attention to** others' feelings. あなたは他人の気持ちに注意を向けるべきだ。
in many cases	熟 多くの場合	The medicine didn't work **in many cases**. 多くの場合，その薬は効果がなかった。
be aware of A	熟 Aに気付いている	He **was aware of** the danger. 彼はその危険に気付いていた。

PART ④

PART ①　英文を読む前に，初めて習う文法を含んだ文を確認しましょう！ → p.136 ⑩

ポイント　非言語コミュニケーションにはどのようなものがあるだろうか。

① Words are not the only tool / we use / to convey our feelings / to others. //
言葉は唯一の手段ではない / 私たちが用いる /気持ちを伝えるために / 他の人々に //

② We also communicate them / by leaning forward, / narrowing our eyes, /
私たちはまたそれらを伝える / 身を乗り出すことによって / 目を細めること /

or folding our arms. // ③ This type of communication / is called non-verbal
あるいは腕を組むこと // この種のコミュニケーションは / 非言語コミュニケーション

communication, / or communication without words. // ④ Non-verbal communication
と呼ばれている / つまり言葉を伴わないコミュニケーションと // 非言語コミュニケーションは

plays an important role / in our daily lives. // ⑤ Research shows / over 60% of our
重要な役割を果たしている / 私たちの日常生活で // 研究は示している / 私たちのコミュニ

communication / is non-verbal. //
ケーションの60%を超えるものが / 非言語であることを //

　⑥ There are several types of non-verbal communication. // ⑦ We use our arms
非言語コミュニケーションにはいくつかの類型がある // 私たちは腕や

and hands / to show moods, ask questions, and give information. // ⑧ Our faces
手を使う / 気分を表したり，質問をしたり，情報を与えたりするために // 私たちの顔も

can also express / surprise, happiness, and anger. // ⑨ Body positioning is a kind
表現することができる/ 驚きや喜び，そして怒りを // 姿勢も非言語

of non-verbal communication, too. // ⑩ For example, / an upright position can
コミュニケーションの一種である // たとえば / 直立した姿勢は自信を表す

show confidence, / while a slumped position can show / a lack of confidence. //
ことがある / 一方で前かがみの姿勢は表すことがある / 自信のなさを //

⑪ Moreover, / our tone of voice, / clothing, / and the physical distance / between
さらに / 私たちの声の調子 / 服装 / そして物理的距離は / 人と人の

people / are also considered / non-verbal communication. //
間の / またみなされている / 非言語コミュニケーションと //

✓ **構成&内容チェック**　本文を読んで，（　）に合う日本語を書きなさい。

① 本レッスンの導入部分。

(1.　　　　　　　　)は他の人々に気持ちを伝えるための唯一の手段ではない。

↓

②〜⑤ （1）を伴わないコミュニケーションを紹介している。

（1）を伴わないコミュニケーションは(2.　　　　　　　　　　　　)と呼ばれていて，それは私たちのコミュニケーションの60%を超えている。

↓ **例示**

⑥〜⑪ （2）の具体的な例を示している。

腕や手，顔を使ったコミュニケーションのほか，(3.　　　　　　　)，声の調子，服装，人と人の間の物理的距離も（2）とみなされている。

!教科書Qのヒント　**Q1** What percentage of our communication is carried out by non-verbal communication?

(私たちのコミュニケーションの何パーセントが非言語コミュニケーションによって行われていますか。)

→本文⑤

Q2 What kind of body positioning can show a lack of confidence?

(どのような姿勢が自信のなさを表すことがありますか。)　→本文⑩

🔑 読解のカギ

　　　　　　　　　　　　　　　　　　　　　　副詞的用法の不定詞

① **Words are not the only tool** [we use (to convey our feelings to others.)]
　　　　　　　　　　名詞　　　　S'　V'

➡ to convey は副詞的用法の不定詞。「〜するために」という意味で目的を表す。

➡ 目的格の関係代名詞を省略して，名詞のあとに〈主語＋動詞〉を直接続けることができる。ここでは，the only tool を we use 以下が後ろから修飾している。

② **We also communicate them by leaning forward, narrowing our eyes, or folding our arms.**　　　　　　　　　前置詞 by の目的語→動名詞

➡ leaning, narrowing, folding はそれぞれ動名詞で，leaning 以下は前置詞 by の目的語になっている。

③ **This type of communication is called non-verbal communication, or**

　　　　　　　　　　　　　　　　　　━━━ = ━━━┘

communication without words.

➡ or は「すなわち，言いかえると」という意味を表し，non-verbal communication と communication without words は同格の関係にある。

④ **Non-verbal communication plays an important role in our daily lives.**
➡ play a role は「役を演じる，役割を果たす」という意味。

⑤ **Research shows [over 60% of our communication is non-verbal].**
└─ (that)　　　　　　　S'　　　　　　　　V'　　C'
➡ shows のあとに that が省略されている。この that は名詞節を導く従属接続詞で，「～ということ」という意味を表す。

⑦ **We use our arms and hands to show moods, ask questions, and give**
↑└────────────────────────┘副詞的用法の不定詞

information.
➡ to show, (to) ask, (to) give は副詞的用法の不定詞。「～するために」という意味で，目的を表す。

⑩ **For example, an upright position can show confidence, while a slumped**
　　　　　　　　　　　　　　　　　　　　　　　　　対比

position can show a lack of confidence.
➡ can は「～しうる，～することがある」という意味で，可能性を表す。
➡ 従属接続詞 while には，２つのものを比べて，その違いを伝えるときに使う対比の用法があり，〈…, while ～〉で「…，一方で～」という意味を表す。　　文法詳細 p.148

◢ Q1. 日本語にしなさい。
My brother likes sports, while I like books.
(　　　　　　　　　　　　　　　　　　　　　　　　　　　　　　.　　　)

⑪ **Moreover, our tone of voice, clothing, and the physical distance**
between people are also considered non-verbal communication.
　　　　　　　　be 動詞＋過去分詞
➡ consider O (to be) C は「O を C とみなす」という意味を表す。ここでは目的語にあたる our tone of voice, clothing, and the physical distance between people が主語の受動態の文になっている。

◢ Q2. 並べかえなさい。
私たちはシェイクスピアを偉大な詩人だとみなしている。
(consider / great / Shakespeare / we / a / poet).
_____.

PART ②　　英文を読む前に，初めて習う文法を含んだ文を確認しましょう！ → p.138 ②

ポイント　　非言語コミュニケーションの場所による意味の違いにはどのようなものがあるか。

① Non-verbal communication can differ / in meaning / from place to place. //
非言語コミュニケーションは異なりうる　／　意味において　／　　場所によって　　　//

② That is why / the gestures of people / from other countries / are easy to
そういうわけで　／　　人々の身ぶりは　　／　　　他の国からの　　／　誤解しやすい

misunderstand. // ③ For example, / shaking one's head means "no" / in Britain /
　　//　　たとえば　／　首を横に振ることは「いいえ」を意味する　／　イギリスでも　／

as well as in Japan, / but / it can show the opposite meaning / in Bulgaria. // ④ If
日本でだけでなく　　／　しかし／　それは正反対の意味を示すことがある　／　ブルガリアでは　//

you hold your palms open / when you talk, / most Americans think / you are open-
あなたが手のひらを開いた状態にしていると／話すときに／ほとんどのアメリカ人は思う　／　あなたは

minded and honest. // ⑤ On the other hand, / the same action can give Greek
偏見がなく誠実だと　　//　　　　他方では　　　／　その同じ動作はギリシャ人に与え

people / a negative impression / because / it is considered an insult. //
うる　／　　良くない印象を　　／　なぜなら　／　それは侮辱とみなされるからである　//

　⑥ Even universal body language, / such as smiling and eye contact, / can differ /
　　普遍的な身体言語でさえも　　／ ほほ笑むことやアイコンタクトのような／ 異なりうる　／

in meaning / from country to country. // ⑦ Smiling usually expresses / happiness /
意味において／　　国によって　　　//　　ほほ笑むことはたいてい表す　／　喜びを　／

or friendliness. // ⑧ However, / in Japan, / for example, / it can be a sign of
あるいは好意を　　//　しかしながら　／　日本では　／　たとえば　／　それは不快の表れと

discomfort / or embarrassment. // ⑨ In the US, / people look directly / at each
なりうる　／　あるいは困惑の　　//　アメリカでは　／　人々は直視する　／　お互いを

other / when they speak. // ⑩ It shows interest and honesty. // ⑪ Similarly, /
　　／　話すときに　　//　　それは関心と誠実さを表す　　//　　同様に　／

people in Lebanon / stand close together / and look into each other's eyes. // ⑫ It
レバノンの人々は　／　ともに近くに立つ　／　そしてお互いの目を見つめる　　//

also shows honesty / and helps the listener understand / the speaker's feelings. //
それはまた誠実さを表す／ そして聞いている人が理解するのを助ける ／　話し手の気持ちを　　//

⑬ However, / people in South Korea / avoid making long eye contact / with their
しかしながら／　　韓国の人々は　　　／　　長く目を合わせることを避ける　／　年上の人と

elders. // ⑭ It is more polite / to look away from them often / during a
　//　　　より礼儀正しい　／　　彼らからしばしば目をそらすことは　／　会話中に

conversation. //
　　//

✓ 構成&内容チェック　**本文を読んで，（　）に合う日本語を書きなさい。**

①・② 非言語コミュニケーションは場所によって意味が異なることを説明している。

外国人の(1.　　　　　　　　)は誤解されやすい。

例示

③～⑤ 誤解されやすい(1)を挙げている。

(2.　　　　　　　)ことは，日本やイギリスでは「いいえ」の意味だが，ブルガリアでは「はい」の意味になる。また，手のひらを開いて話をすると，アメリカでは偏見のない誠実な人だとみなされるが，ギリシャでは良くない印象を持たれる。

⑥～⑭ 普遍的な身体言語でさえ，国によって意味が異なることを説明している。

ほほ笑むことはたいてい喜びや好意を表すが，日本では(3.　　　　　　　)の表れとなることがある。また，アメリカやレバノンでは，話しているときにお互いを直視することは誠実さを表すが，韓国ではしばしば目をそらすことが礼儀正しいとみなされる。

❗教科書Qのヒント　**Q3** What can shaking one's head mean in Bulgaria?

(首を横に振ることはブルガリアでは何を意味することがありますか。)　→本文③

Q4 Do people look directly at their elders in South Korea?

(韓国では，人々は年上の人を直視しますか。)　→本文⑬・⑭

🎵 読解のカギ

① **Non-verbal communication can differ in meaning from place to place.**

➡ can は「～しうる，～することがある」という意味で，可能性を表す。

➡ from place to place は「場所によって」という意味。

　　　　　　　関係副詞　　　　　　　　　　　　　　　　　easy, difficult など＋ to 不定詞

② **That is [why the gestures of people from other countries are easy to**

　　└─(the reason)　　　　　　　　　　S'（to 不定詞の目的語）　　　V'　C'

misunderstand].

副詞的用法の不定詞

➡ why は the reason を先行詞とする関係副詞。先行詞の the reason が省略されて，That is why ～ . の形で「そういうわけで[だから]～。」という意味を表す。

➡ to misunderstand は副詞的用法の不定詞。「～するのが，～するのに」という意味で，形容詞の意味を限定する。〈easy + to 不定詞〉は「～するのが簡単だ，～しやすい」という意味。

文法詳細 p.148 ▶

✏ Q1. ＿＿＿ を埋めなさい。

ジョンは本当にわがままです。そういうわけで私は彼を好きではありません。

John is really selfish. ＿＿＿＿＿ ＿＿＿＿＿ ＿＿＿＿＿ I don't like him.

🎵 **Q2. 並べかえなさい。**

あなたの質問は答えにくい。

(question / answer / to / is / your / difficult).

_____.

③ **... shaking one's head means "no" in Britain as well as in Japan, ...**

A as well as B

➡ *A* as well as *B* は「B だけでなく A も」という意味。not only *B* but (also) *A* と同じ意味である。

④ **If you hold your palms open when you talk, most Americans think [you are**
⌐ (that)

open-minded and honest].

➡ 〈hold + O + C〉で「O を C の状態にしておく」という意味。

➡ think のあとに that が省略されている。

⑤ **On the other hand, the same action can give Greek people ....**

➡ on the other hand は「他方では, これに反して」という意味。

➡ the same action は④の hold your palms open when you talk を指している。

⑪ **Similarly, people in Lebanon stand close together and look into each other's eyes.**

➡ similarly は「同様に」という意味の副詞。文頭に置かれた場合, 前に述べたことと類似した話題を導入する働きをする。

➡ look into *one's* eyes で「〜の目を見つめる」という意味。

⑫ **It also shows honesty and helps the listener understand the speaker's**
help + O + (to) *do*

feelings.

➡ 〈help + O + (to) *do*〉で「O が〜するのを手伝う」という意味。

⑭ **It is more polite to look away from them often during a conversation.**
形式主語 真主語

➡ It は形式主語で, to look 以下が真主語になる。

➡ look away from *A* で「A から目をそらす」という意味。

🎵 **読解のカギ** Q の解答 **Q1.** That is why **Q2.** Your question is difficult to answer(.)

PART **3**　　英文を読む前に，初めて習う文法を含んだ文を確認しましょう！ → p.142 ③・⑩

ポイント　　地域によってあいさつにどのような違いがあるか。

① Different cultures have different types / of non-verbal communication. //
　　　さまざまな文化にさまざまな類型がある　　/　　非言語コミュニケーションの　　　//

② Take greetings / for example. // ③ We bow / when we greet each other / in
あいさつをとってみよう / 例に / 私たちはおじぎをする / お互いにあいさつをするとき /

Japan, / while / in many other Asian countries / people press the palms of their
日本では / 一方で / 多くの他のアジアの国々では / 人々は手のひらを合わせる

hands together / to greet people. // ④ This gesture spread / through the
/ 人々にあいさつをするために // この身ぶりは広まった / 仏教の

introduction of Buddhism / from India. // ⑤ In Western countries / throughout
伝来を通して / インドからの // 西洋諸国では / ヨーロッパと

Europe and America, / however, / it is common / to shake hands or hug / when
アメリカの全域にわたる / しかしながら / 一般的である / 握手をしたり抱擁したりするのが /

you meet someone. //
だれかに会ったときに //

⑥ There are also some unique greetings / in the world. // ⑦ Maori people in
　　　　いくつかの独特なあいさつもある　　/　世界には　　//　ニュージーランドの

New Zealand, / for example, / press their noses together / when they greet. //
マオリの人々は / たとえば / 鼻を押し付けあう / あいさつをするときに //

⑧ This is / to show / they share the breath of life. // ⑨ In Tibet, / people greet
これは / 示すためだ / 命の息吹を共有していることを // チベットでは / 人々はお互いに

each other / by sticking their tongues out / because it is regarded / as a gesture of
あいさつをする / 舌を突き出すことで / それがみなされているからだ / 敬意の身ぶり

respect. // ⑩ Another example / is that of the Kikuyu people in Africa. // ⑪ They
として // もう一つの例は / アフリカのキクユ族の人々のそれだ // 彼らは

greet each other / by spitting / on the other's hand / to take away evil / and bring
お互いにあいさつをする / つばを吐きかけることで / 相手の手に / 災いを取り払うために / そして

good luck. //
幸運をもたらすために //

✓ **構成＆内容チェック** 本文を読んで，（ ）に合う日本語を書きなさい。

① さまざまな(1.　　　　　　　　)にさまざまな非言語コミュニケーションの類型があると述べている。

例示

② あいさつが（1）によって異なる例を挙げる。

→ ③ 日本のあいさつ。
日本では，あいさつをするときに(2.　　　　　　)をする。

→ ③・④ 他のアジア諸国のあいさつ。
多くの他のアジアの国々では，あいさつをするときに手のひらを合わせるが，これはインドからの仏教の伝来を通して広まった。

→ ⑤ 西洋諸国のあいさつ。
ヨーロッパやアメリカでは，(3.　　　　　　)や抱擁をするのが一般的である。

⑥ 世界には独特なあいさつがあると述べている。

→ ⑦・⑧ ニュージーランドのマオリの人々のあいさつ。
マオリの人々は，命の息吹を共有していることを示すために鼻を押し付けあう。

→ ⑨ チベットの人々のあいさつ。
チベットの人々は敬意を表して(4.　　　　　)を突き出す。

→ ⑩・⑪ アフリカのキクユ族の人々のあいさつ。
キクユ族の人々は災いを取り払い，幸運をもたらすために相手の手につばを吐きかける。

教科書Qのヒント **Q5** How did the Asian greeting gesture spread?
（アジアのあいさつの身ぶりはどのようにして広がりましたか。） →本文④

Q6 How do Maori people in New Zealand greet?
（ニュージーランドのマオリの人々はどのようにあいさつをしますか。） →本文⑦

読解のカギ

② Take greetings for example.
➡ take A for example は「A を例にとる」という意味。

✓ **構成＆内容チェック** の解答　1. 文化　2. おじぎ　3. 握手　4. 舌

③ **We bow when we greet each other in Japan**, **while in many other Asian**
　　　　　　　　　　　　　　　　　　　　　〈対比〉

countries people press the palms of their hands together to greet
　　　　　　　　　　　　　　　　　　　　　　　　　　　　　　副詞

people.
的用法の不定詞

➡ while は「…，一方で～」という，対比の意味を表す従属接続詞。ここでは「日本の
　あいさつ」と「多くの他のアジアの国々のあいさつ」を対比している。 文法詳細 p.148

➡ to greet は副詞的用法の不定詞。「～するために」という意味で，目的を表す。

④ **This gesture spread through the introduction of Buddhism from India.**
　➡ This gesture は③の press the palms of their hands together を指している。

⑤ **In Western countries throughout Europe and America, however, it is**
　　　　　　　　　　　　　　　　　　　　　　　　　　　　　　　形式主語

common to shake hands or hug when you meet someone.
　　　　　　　　真主語

➡ it は形式主語で，to shake 以下が真主語である。

➡ you は漠然と「人々」という意味で用いられている。

⑧ **This is to show [they share the breath of life].**
　　　　　　　　　　　　└── (that)

➡ this is to *do* で「これは～するためである」という意味。ここでの to *do* は「～するた
　めに」と目的を表す副詞的用法の不定詞。

➡ show のあとに that が省略されている。

⑨ **... because it is regarded as a gesture of respect.**
　➡ it は文の前半で述べられている sticking their tongues out を指す。

　➡ regard *A* as *B* で「*A* を *B* とみなす」という意味。ここでは，*A* にあたる it を主語に
　　した受動態の文になっている。

Q1. ＿＿ を埋めなさい。

彼女はもっとも偉大な科学者の一人とみなされている。

She is ＿＿＿＿＿＿ ＿＿＿＿＿＿ one of the greatest scientists.

⑩ **Another example is that of the Kikuyu people in Africa.**
　➡ 代名詞の that[those]には，前出の名詞の繰り返しを避けるための用法がある。ここ
　　では，that は the (unique) greeting を表す。 文法詳細 p.148

Q2. 並べかえなさい。

ここの気候は日本の気候に似ている。(Japan / here / that of / is / the climate / like).

＿＿＿＿＿＿＿＿＿＿＿＿＿＿＿＿＿＿＿＿＿＿＿＿＿＿＿＿＿＿＿＿＿＿＿＿＿.

───────────────────────────────────────

読解のカギ Qの解答 　**Q1.** regarded as 　　**Q2.** The climate here is like that of Japan(.)

PART ④ 英文を読む前に，初めて習う文法を含んだ文を確認しましょう！ → p.144 ④

ポイント 非言語コミュニケーションをどのように効果的に活用すればよいか。

① You now know about differences / in non-verbal communication. // ② Let us
あなたは今や違いについてわかっている / 非言語コミュニケーションにおける // 考えて

consider / how you can use / non-verbal communication / effectively. //
みよう / どのように活用できるかを / 非言語コミュニケーションを / 効果的に //

③ Some people use non-verbal communication consciously. // ④ In *rakugo*
非言語コミュニケーションを意識して使う人々もいる // 落語公演では

shows, / for example, / storytellers entertain their audience / by telling stories /
/ たとえば / 語り手は観客を楽しませる / 物語を話すことで /

using gestures and facial expressions. // ⑤ When they perform a character /
身ぶりと顔の表情を使いながら // 彼らが登場人物を演じるとき /

eating *soba*, / they lift their folding fan up / to their mouth / and make a loud
そばを食べている / 彼らは扇子を持ち上げる / 口元まで / そして大きなすする

slurping sound. // ⑥ Such gestures help the audience understand / the size, /
音を立てる // そのような身ぶりは観客が理解するのを助ける / 大きさ /

amount, / or shape of an object, / or the actions of characters. //
量 / あるいは物の形を / あるいは登場人物の行動を //

⑦ Many good speakers use non-verbal communication / in presentations. //
多くの優れた話し手は非言語コミュニケーションを使う / プレゼンテーションの際に //

⑧ For example, / they keep eye contact / with the audience / while they are
たとえば / 彼らは目を合わせ続ける / 観客と / 話している

speaking. // ⑨ They move their eyes / from person to person, / or group to group. //
最中に // 彼らは視線を移す / 人から人へ / あるいはグループからグループへと //

⑩ By doing so, / the listeners may pay more attention / to what the speaker is
そうすることで / 聞き手はより注意を払うだろう / 話し手が言っている

saying. //
ことに //

⑪ In many cases, / non-verbal communication is unconscious. // ⑫ It can cause
多くの場合 / 非言語コミュニケーションは無意識のものである // それは誤解を

misunderstandings / because the meanings differ / from place to place. // ⑬ On
生むことがある / その意味が異なるので / 場所によって //

the other hand, / it can be an effective communication tool. // ⑭ If you are aware
他方では / それは効果的なコミュニケーションツールになりうる// もしあなたが非言語

of the importance of non-verbal communication / and can use it well, / you will be
コミュニケーションの重要性に気付くなら / そしてそれをうまく使えるなら / あなたは

able to convey your thoughts and feelings / more effectively / to many people. //
自分の考えや気持ちを伝えられるようになるだろう / より効果的に / 多くの人々に //

✓ **構成＆内容チェック** 　本文を読んで，（　）に合う日本語を書きなさい。

①・② 非言語コミュニケーションの効果的な活用法を考えるよう提案している。

↓

③〜⑥ 非言語コミュニケーションを意識して使っている人々の例を挙げている。
　　　(1.　　　　　　　　　)は，身ぶりや顔の表情を使って話すことで，観客を楽しませたり，
観客の理解を助けたりする。

↓

⑦〜⑩ 優れた話し手が(2.　　　　　　　　　　　　　　　　　)を行う際にどのように非言語
　　　　コミュニケーションを使うかを説明している。
聞き手に(3.　　　　　　　)を払ってもらうために，話し手は観客と目を合わせ続け，
視線を人から人へ，あるいはグループからグループへと移す。

↓

⑪〜⑭ 非言語コミュニケーションの効果的な活用を勧めている。
　　　無意識の非言語コミュニケーションは誤解を生むことがあるが，うまく使えば効果的
な(4.　　　　　　　　　　　　　　　)になり，自分の考えや気持ちをより効果的に伝
えられるようになるだろう。

！ 教科書Qのヒント 　**Q7** What do *rakugo* storytellers do to perform a character eating *soba*?
（落語家はそばを食べている登場人物を演じるために何をしますか。）　→本文⑤

Q8 What kind of tool can non-verbal communication be?
（非言語コミュニケーションはどのような手段になりえますか。）　→本文⑬

🔑 読解のカギ

② Let us <u>consider</u> [how you can use non-verbal communication
　　　　　　V'　　　　　　　　　　　　　　　O'(疑問詞節)

　effectively].
　➡ Let us *do* 〜. = Let's *do* 〜. で，「〜しよう」という意味。
　➡ how で始まる疑問詞節が consider の目的語になっている間接疑問文。

④ ... storytellers entertain their audience by <u>telling</u> stories <u>using</u> gestures
　　　　　　　　　　　　　　　　　　　　　　　動名詞　　　　　　　分詞構文(付帯状況)

　and facial expressions.
　「〜しながら，〜して」
　➡ 動名詞で始まる句 telling stories が前置詞 by の目的語となっている。
　➡ using 以下は，分詞句が副詞として，文や文の動詞に意味を加える働きをする分詞
　　構文。ここでは，「〜しながら，〜して」という意味を表す。　　　文法詳細 p.149 ▶

✓ **構成＆内容チェック** の解答　1. 落語家　　2. プレゼンテーション　　3. 注意　　4. コミュニケーションツール

Q1. ＿＿＿ を埋めなさい。

彼はいつも音楽を聞きながら宿題をする。

He always does his homework ＿＿＿＿＿ to music.

⑤ **When they perform a character eating soba, ...**

名詞　↑＿＿＿＿＿ 現在分詞＋語

➡ 現在分詞で始まる句 eating soba が，名詞 a character を後ろから修飾している。

⑥ **Such gestures help the audience understand the size, ...**

help + O + (to) do

➡ 〈help＋O＋(to) do〉は「O が〜するのを手伝う」という意味。

⑩ **By doing so, the listeners may pay more attention to what the speaker is**

動名詞　　　　　　　　　　　　　　　　　　　関係代名詞 what

saying.

➡ 動名詞で始まる句 doing so が前置詞 By の目的語となっている。

➡ pay attention to A は「A に注意を向ける」という意味。

➡ この what は先行詞をそれ自身の中に含んだ関係代名詞で，「〜すること[もの]」という意味を表し，ここでは前置詞 to の目的語となっている。

Q2. 並べかえなさい。

私が話すことを忘れないでください。(tell / forget / will / what / don't / I / you).

_____.

⑫ **It can cause misunderstandings because the meanings differ from place**

可能性

to place.

➡ can は「〜しうる，〜することもある」という意味で，可能性を表す。

⑬ **On the other hand, it can be an effective communication tool.**

可能性

➡ on the other hand は「他方では」という意味。

➡ can は，⑫の can と同様に，可能性を表す。

⑭ **If you are aware of the importance of non-verbal communication and can use it well, you will be able to convey your thoughts and feelings ....**

➡ be aware of A は「A に気付いている」という意味。

➡ 未来のことについて「〜できるだろう」と言うとき，助動詞を2つ続けて will can のように言うことはできないので，will be able to の形が用いられる。

読解のカギ Q の解答　**Q1.** listening　　**Q2.** Don't forget what I will tell you(.)

🅒 Comprehension ❗ヒント

Fill in the blanks to summarize the information about non-verbal communication.

（下線部に適切な語を入れて，非言語コミュニケーションに関する情報を要約しなさい。）

1,2 非言語コミュニケーションの例として何が挙げられているか。（敎 p.96, ℓℓ.10~18）

3 首を横に振る身ぶりの持つ意味は，イギリスや日本とブルガリアではどのように異なるか。（敎 p.98, ℓℓ.3~6）

4 話をしているときに手のひらを開いた状態にしておく身ぶりは，アメリカではどのような意味を持つか。（敎 p.98, ℓℓ.6~7）

5 ほほ笑むことは通常，どのような意味を表すか。（敎 p.98, ℓ.12~ p.99, ℓ.1）

6 年上の人と長時間目を合わせる行為が失礼だとみなされる国はどこか。

（敎 p.99, ℓℓ.7~10）

7 レバノンでは，近くに立ってお互いの目を見る行為はどのような意味を持つか。

（敎 p.99, ℓℓ.4~7）

8 多くのアジアの国々でのあいさつはどのようなものか。（敎 p.100, ℓℓ.3~5）

9 アフリカのキクユ族の人々のあいさつはどのようなものか。（敎 p.101, ℓℓ.6~9）

10,11 どのようなコミュニケーションの重要性に気付き，うまく活用すべきか。また，そうすることで，自分の考えや気持ちをどのように伝えることが可能になるか。

（敎 p.103, ℓℓ.6~9）

ⓘ More Information ❗ヒント

Questions

1. あなたがよく身に着ける服の色を答える。
   - ➡ 色の名前は㋚ p.108 の T シャツのイラストの上に書かれているので，それらを使ってもよい。
   - ➡〈I often wear ＋色〉「私はよく～色の服を着る」などの表現を使って書く。
2. 1. で選んだ色であなたがどのような気分になるかを答える。
   - ➡ 色と印象の関係は㋚ p.108 の T シャツの色とその印象を参考にするとよい。
   - ➡〈It makes me feel ＋形容詞〉「それは私を～な気分にする」などの表現を使って書く。
3. 同じ質問を相手にたずねる。
   - ➡ 1. と 2. の質問を相手にたずねて，その答えを書く。

Writing

・あなたのボランティアグループが T シャツを注文するとした場合，何色を注文するか。下の 3 つのボランティア活動から 1 つを選び，その T シャツに最もふさわしい色と，なぜその色を選んだのか，その理由を書く。
   - □ Picking up trash on the street「通りでのゴミ拾い」
   - □ Working in a nursing home「高齢者施設での活動」
   - □ Tree planting「植樹」
・Volunteer work
   - ➡ 上の 3 つのボランティア活動から，自分のボランティアグループで取り組みたいものを 1 つ選んで書く。
・Color of T-shirt
   - ➡ ㋚ p.108 の T シャツの色とその印象を参考にして，自分が選んだボランティア活動に最もふさわしい T シャツの色を選んで書く。
・Reason(s)
   - ➡ 自分がその T シャツの色を選んだ理由を書く。
   - ➡〈wear a color that makes ＋O ＋feel ＋形容詞〉「O を～な気分にする色を身に着ける」，〈That is why I chose ＋色〉「そういうわけで私は～色を選んだ」などの表現を使ってもよい。

📖 Grammar

G-13 対比を表すwhile〈…, while 〜〉

・従属接続詞 while には, 2つの文を**対比**して, 「…, **一方で〜**」という意味を表す用法がある。

Smiling can show happiness, while crying can show sadness.
(ほほ笑むことは幸せを表すことがあり, 一方で泣くことは悲しみを表すことがある。)

　➡ Smiling can show happiness と crying can show sadness の2つの文を**対比**している。

G-14 難易を表す形容詞の修飾〈be動詞＋難易を表す形容詞＋to不定詞〉

・difficult[hard], easy などの**難易を表す形容詞**には, あとに to 不定詞を続けて, その形容詞の意味を限定し, 「**〜するのが難しい[簡単だ]**」という意味を表す用法がある。快・不快, 危険・安全, 可能・不可能などを表す形容詞も同じ用法を持つ。

Some unique gestures are difficult to understand.
(理解するのが難しい独特な身ぶりがいくつかある。)

　➡ 主語 Some unique gestures が understand の目的語の働きをしているので, understand のあとには目的語を続けない。

　➡ この文は, **形式主語 it** を使ってほぼ同じ内容の文に書きかえることができる。

　　cf. It is difficult to understand some unique gestures.

G-15 前出の語の繰り返しを避けるthat

・前出の名詞の繰り返しを避けるために that を用いることがある。名詞が複数のときは, those を用いる。

Your way of laughing is different from that of your brother.
(あなたの笑い方はあなたのお兄[弟]さんの笑い方とは異なる。)

　➡ この文では, that = the way of laughing である。

　　cf. The apples in the box are better than those on the table.

　　　(箱の中にあるリンゴはテーブルの上のリンゴよりも良い。)

　➡ この文では, those = the apples である。

G-16 分詞構文 〈*doing*, S + V/S + V(,)*doing*〉

▶分詞構文とは

・分詞で始まる句のうち，文の内容を補足説明する副詞の働きをするものを分詞構文と呼ぶ。分詞の意味上の主語は，文の主語と原則的に一致し，その場合は省略される。

① 付帯状況

I gave a presentation **using** gestures.
      └──動作が同時に行われている──┘
（私は身ぶりを用いながら，プレゼンテーションをした。）

➡ 文の動詞が表していることと同じ時点で何をしているのかを表す状況を**「付帯状況」**という。

➡「動作が同時に行われている」ことを述べ，**「～して，～しながら」**という意味を表す。

② 連続的な動作や出来事

The *rakugo* show starts at five, **finishing** at seven.
         └──動作が連続して行われている──┘
（落語公演は5時に始まり，7時に終わる。）

➡「連続的な動作」を表す分詞構文は1つの動作のあとに，別の動作が行われる様子を述べ，**「～して，そして…」**の意味を表す。

➡「連続的な動作」を表す分詞構文は and を使って書きかえることができる。
   cf. The *rakugo* show starts at five and finishes at seven.

③ 時

Talking with exchange students, I misunderstood what they said.
        時を表す分詞構文
（交換留学生と話をしていた時，私は彼らが言ったことを誤解した。）

➡「時」を表す分詞構文は**「～する時，～している間」**という意味を表す。

➡「時」を表す分詞構文は when や while を使って書きかえることができる。
   cf. When[While] (I was) talking with exchange students, I misunderstood what they said.

④ 原因・理由

Understanding other cultures, I was able to notice the differences in non-verbal
       原因・理由を表す分詞構文
communication.
（他の文化を理解していたので，私は非言語コミュニケーションの違いに気付くことができた。）

➡「原因・理由」を表す分詞構文は**「～なので」**という意味を表す。

➡「原因・理由」を表す分詞構文は because や since, as を使って書きかえることができる。
   cf. Because[Since, As] I understood other cultures, I was able to notice the differences in non-verbal communication.

定期テスト予想問題　　解答 → p.152

1 日本語の意味に合うように，＿＿に適切な語を入れなさい。

(1) 夜に一人で出かけるのは避けたほうがよい。

You should ＿＿＿＿＿＿＿ ＿＿＿＿＿＿＿ out alone at night.

(2) 13 はそこでは不吉な数字だとみなされている。

Thirteen is ＿＿＿＿＿＿＿ ＿＿＿＿＿＿＿ an unlucky number there.

(3) 私はその間違いに気付いていなかった。

I wasn't ＿＿＿＿＿＿＿ ＿＿＿＿＿＿＿ the mistake.

(4) この映画では，雨が重要な役割を果たしている。

Rain ＿＿＿＿＿＿＿ an important ＿＿＿＿＿＿＿ in this movie.

2 日本語に合うように，（　）内の語句や符号を並べかえなさい。

(1) 神奈川の人口は大阪の人口よりも多い。

(of / larger / Kanagawa / the population / is / of / than / Osaka / that).

＿＿＿＿＿＿＿＿＿＿＿＿＿＿＿＿＿＿＿＿＿＿＿＿＿＿＿＿＿＿＿＿＿.

(2) 私はわくわくしていたが，一方で両親は心配していた。

I (excited / was / my parents / while / were / worried / ,).

I ＿＿＿＿＿＿＿＿＿＿＿＿＿＿＿＿＿＿＿＿＿＿＿＿＿＿＿＿＿＿＿＿＿.

(3) この本は読むのが難しい。

(is / to / this / difficult / book / read).

＿＿＿＿＿＿＿＿＿＿＿＿＿＿＿＿＿＿＿＿＿＿＿＿＿＿＿＿＿＿＿＿＿.

3 次の英文を，分詞構文を使ってほぼ同じ意味を表す英文に書きかえるとき，＿＿に適切な語を入れなさい。

(1) Because I felt sleepy, I went to bed early.

→ ＿＿＿＿＿＿＿ sleepy, I went to bed early.

(2) My train left Nagoya at eight and arrived in Hakata at twelve.

→ My train left Nagoya at eight, ＿＿＿＿＿＿＿ in Hakata at twelve.

(3) When she opened the window, she found it was raining.

→ ＿＿＿＿＿＿＿ the window, she found it was raining.

4 次の英語を日本語にしなさい。

(1) My father always has breakfast reading a newspaper.

(　　　　　　　　　　　　　　　　　　　　　　　　　　　)

(2) The machine is hard to use.

(　　　　　　　　　　　　　　　　　　　　　　　　　　　)

5 次の英文を読んで，あとの問いに答えなさい。

　Non-verbal communication can differ in meaning from place to place. ①That is (the gestures / to / from / are / other countries / why / of people / easy / misunderstand).　For example, shaking one's head means "no" ②in Britain as well as in Japan, but it can show ③the opposite meaning in Bulgaria. If you hold your palms open when you talk, most Americans think you are open-minded and honest.　(④), ⑤the same action can give Greek people a negative impression because it is considered an insult.

(1) 下線部①が「そういうわけで外国人の身ぶりは誤解しやすい」という意味になるように，(　)内の語句を並べかえなさい。
　　That is ＿＿＿＿＿＿＿＿＿＿＿＿＿＿＿＿＿＿＿＿＿＿＿.
(2) 下線部②を次のように書きかえるとき，＿＿に適切な語を入れなさい。
　　＿＿＿＿＿＿ ＿＿＿＿＿＿ in Japan ＿＿＿＿＿ in Britain
(3) 下線部③を英語1語で表しなさい。　　　　　　＿＿＿＿＿＿
(4) (④)に入る語句として適切なものを選び，記号で答えなさい。
　　a. On the other hand　　**b.** As a result　　**c.** In other words　(　)
(5) 下線部⑤が指すものを日本語で答えなさい。
　　(　　　　　　　　　　　　　　　　　　　　　　)

6 次の英文を読んで，あとの問いに答えなさい。

　Some people use non-verbal communication consciously.　In *rakugo* shows, for example, storytellers entertain their audience by telling stories ①(use) gestures and facial expressions.　When they perform a character eating *soba*, they lift their folding fan up to their mouth and make a loud slurping sound. ②Such gestures help the audience understand the size, amount, or shape of an object, or the actions of characters.

　Many good speakers use non-verbal communication in presentations.　For example, ③they keep eye contact with the audience while they are speaking. They move their eyes from person to person, or group to group.　By doing so, the listeners may (④) more attention to what the speaker is saying.

(1) 下線部①の(　)内の語を適切な形に変えなさい。　　＿＿＿＿＿＿
(2) 下線部②が指すものを日本語で答えなさい。
　　(　　　　　　　　　　　　　　　　　　　　　　)
(3) 下線部③が指すものを3語で本文中から抜き出しなさい。
　　＿＿＿＿＿ ＿＿＿＿＿ ＿＿＿＿＿
(4) (④)に適切な語を入れなさい。　　　　　　＿＿＿＿＿＿

定期テスト予想問題 **解答**   **pp.150~151**

1 (1) avoid going   (2) regarded as   (3) aware of   (4) plays, role

2 (1) The population of Kanagawa is larger than that of Osaka(.)
   (2) was excited, while my parents were worried
   (3) This book is difficult to read(.)

3 (1) Feeling   (2) arriving   (3) Opening

4 (1) 私の父はいつも新聞を読みながら朝食を食べる。
   (2) その機械は使うのが難しい[使いづらい]。

5 (1) why the gestures of people from other countries are easy to misunderstand
   (2) not only, but   (3) yes["yes"]   (4) a
   (5) 話すときに手のひらを開いたままにしておくこと[という動作]。

6 (1) using
   (2)(そばを食べている登場人物を演じるときに)扇子を口元まで持ち上げ,（ずるずると）大きな音を立てるといった身ぶり。
   (3) Many good speakers   (4) pay

☀ 解説

1 (1)「～することを避ける」は avoid *doing* で表す。 (2)「A を B とみなす」は regard *A* as *B*。ここでは受動態にする。 (3)「A に気付いている」は be aware of *A* で表す。 (4)「役割を果たす」は play a role で表す。

2 (1) that は前出の名詞の繰り返しを避けるために用いられる。ここでは，that は the population を表す。 (2)「…，一方で～」は〈…, while ～〉で表す。 (3)「～するのが難しい」は〈be 動詞＋difficult[hard]＋to 不定詞〉で表す。

3 (1) 原因・理由を表す分詞構文。Because I を取って felt を Feeling にする。「眠かったので，私は早く就寝した」 (2) 連続的な動作を表す分詞構文。and を取って arrived を arriving にする。「私が乗った電車は 8 時に名古屋を出発して，12 時に博多に到着した」 (3) 時を表す分詞構文。When she を取って opened を Opening にする。「窓を開けた時に，彼女は雨が降っているのに気付いた」

4 (1) reading a newspaper は付帯状況を表す分詞構文。 (2)〈be 動詞＋hard [difficult]＋to 不定詞〉＝「～するのが難しい，～しづらい」

5 (1)〈be 動詞＋easy＋to 不定詞〉＝「～するのが簡単だ，～しやすい」 (2) *A* as well as *B* ＝ not only *B* but (also) *A* ＝「B だけでなく A も」 (3) the opposite meaning ＝「正反対の意味」 (4) **a**「他方では」，**b**「結果として」，**c**「言いかえると」 (5) 直前の文を参照。

6 (1) 付帯状況を表す分詞構文。 (2) 直前の文を参照。 (3) 直前の文の主語を指す。 (4) pay attention to *A* ＝「A に注意を向ける」

Lesson 7   Dear World: Bana's War

Dear World: *A Syrian Girl's Story of War and Plea for Peace*(Simon & Schuster)
Copyright © 2017 by Bana Alabed

単語・熟語チェック

PART 1

見出し	意味	例文
variety	名 多様(性)，さまざま	This picture shows a **variety** of cats. この写真にはさまざまな猫が写っている。
upload *A*	動 *A* をアップロードする	I **uploaded** a video I had recorded to the Internet. 私はインターネット上に撮影した動画をアップロードした。
photo	名 写真	He showed me some **photos** of his family. 彼は私に家族の写真を何枚か見せてくれた。
broadcast *A*	動 *A* を配信する[放送する]	The final match was **broadcast** live last night. 決勝戦は昨晩生で放送された。
Syria	名 シリア	**Syria** is a country in Western Asia. シリアは西アジアの国だ。
exception	名 例外	There are **exceptions** to these rules. これらの規則には例外がある。
certain	形 ある〜	I heard the truth from a **certain** person. 私はある人からその真実を聞いた。
smartphone	名 スマートフォン	I decided to buy that **smartphone**. 私はそのスマートフォンを買うことに決めた。
civil	形 国内の，市民の	The country is recovering from the **civil** war. その国は国内の戦争［内戦］から復興しつつある。
deprive *A*	動 *A* から奪う	We must not **deprive** children of education. 私たちは子供たちから教育を奪ってはならない。
bombing	名 爆撃，爆破	Many people were killed in the **bombing**. その爆撃で，大勢の人々が亡くなった。
fear	名 恐怖(感)	Their eyes were wide with **fear** and surprise. 彼らの目は恐怖と驚きで大きく見開かれていた。
deprive *A* of *B*	熟 *A* から *B* を奪う	They were **deprived of** freedom during the war. 戦争中，彼らは自由を奪われた。
pull *A* away from *B*	熟 *B* から *A* を引き離す	The child was **pulled away from** her. その子供は彼女から引き離された。

PART 2

見出し	意味	例文
real-time	形 リアルタイムの，同時処理の	The **real-time** information eased their concerns. リアルタイムの情報で彼らの懸念は小さくなった。
fierce	形 (競争・攻撃・行動などが)激しい	There was a **fierce** fight on the front line. 前線で激しい戦闘があった。
battle	名 戦闘	That **battle** decided the war. その戦闘で戦争の勝敗が決まった。
zone	名 地帯，区域	I saw some cars in the non-parking **zone**. 私は駐車禁止区域にある数台の車を見た。
stare	動 じっと見つめる	He was **staring** into her eyes. 彼は彼女の目をじっと見つめていた。
fearfully	副 恐る恐る，恐れて	I hurried down the stairs **fearfully**. 私は恐る恐る急いで階段を降りた。

shut A	動 A を閉じる	He **shut** his eyes tightly. 彼は固く目を閉じた。
noise	名 音	What is that **noise**? あの音は何ですか。
explode	動 爆発する	He didn't know why the device **exploded**. 彼はその装置がなぜ爆発したかわからなかった。
encouragement	名 激励，励まし	I got a lot of **encouragement** from my teacher. 私は先生から大いに激励を受けた。
select A	動 A を選ぶ	We **selected** him as leader of our group. 私たちはグループのリーダーに彼を選んだ。
influential	形 影響力のある	Who is the most **influential** person in Japan? 日本で最も影響力のある人はだれですか。
journalist	名 ジャーナリスト，報道記者	I want to be a **journalist** in the future. 私は将来，ジャーナリストになりたい。
hardly	副 ほとんど~ない	Her words are **hardly** worth notice. 彼女の言葉はほとんど注目に値しない。
stare at A	熟 A をじっと見つめる	Don't **stare at** me like that. そんなふうに私をじっと見つめないで。
shut out A [A out]	熟 A を遮断する	It's impossible to **shut out** the outside noises. 外部の音を遮断することは不可能だ。
share A with B	熟 A を B と分かち合う	I want to **share** this feeling **with** you. 私はこの気持ちをあなたたちと分かち合いたい。
influence	名 影響(力)	Colors have a great **influence** on our feelings. 色は私たちの気持ちに対して大きな影響を与える。
Syrian	形 シリアの	How did the **Syrian** Civil War begin? シリアの内戦はどのように始まったのですか。
evacuate A	動 A を避難させる	The teachers quickly **evacuated** the students. 教師たちは生徒たちをすばやく避難させた。
neighboring	形 隣の，隣接する	We went to a **neighboring** city last weekend. 私たちは先週末に隣の市へ行った。
Turkey	名 トルコ(共和国)	We don't know much about **Turkey**. 私たちはトルコについてあまりよく知りません。
unfortunately	副 残念なことに	**Unfortunately**, I have no money with me. 残念なことに，私はお金を持っていません。
complexity	名 複雑さ	I read a book about **complexities** of human nature. 私は人間の本質の複雑さに関する本を読んだ。
meaningless	形 意味のない	I think that it is a **meaningless** action. それは意味のない行為だと思う。
hide	動 隠れる	She was **hiding** behind the door. 彼女はドアの後ろに隠れていた。
hid	動 hide の過去形	The dog **hid** behind a tree when he saw me. その犬は私を見ると，木の後ろに隠れた。
basement	名 地下室	I went down into the **basement** to get wine. 私はワインを取りに地下室へ降りていった。
stop doing	熟 ~するのをやめる	The doctor advised him to **stop smoking**. 医者は彼にたばこを吸うのをやめるよう忠告した。

PART **3**

for hours and hours	熟 何時間もの間	I waited **for hours and hours**. 私は何時間もの間待った。
potential	名 可能性	The industry has **potential** for growth. その産業には成長の可能性がある。
battleground	名 戦場	The area was a **battleground** in the war. その地域は戦争で戦場だった。
deliver A	動 A を届ける[伝える]	Please **deliver** my message to her. 私のメッセージを彼女に伝えてください。
encourage A	動 A を励ます	The letter from John **encouraged** me. ジョンからの手紙は私を励ましてくれた。
preciousness	名 大切さ，尊さ	They felt the **preciousness** of peace in the park. 彼らはその公園で平和の尊さを感じた。
participate	動 参加する	Everyone is welcome to **participate**. だれでも参加することは歓迎だ。
interaction	名 (言葉の)やりとり，相互作用	Visitors can enjoy **interactions** with the robot. 来場者はロボットとのやりとりを楽しむことができる。
solve A	動 A を解決する	He **solved** the difficult problem. 彼はその難問を解決した。
participate in A	熟 A に参加する	He wants to **participate in** a marathon race. 彼はマラソン大会に参加したいと思っている。
come to an end	熟 終わる	The meeting finally **came to an end**. 会議がようやく終わった。

PART 4

PART ① 英文を読む前に，初めて習う文法を含んだ文を確認しましょう！ → p.158 ⑤

ポイント　バナ・アラベドはなぜインターネットを通じて世界中にメッセージを発信したのか。

① Today / we can find a variety of information / on the Internet. //
今日 / 私たちはさまざまな情報を見つけることができる / インターネット上で //

② For example, / you can get the news / from many countries / or information / about your favorite movie star. //
たとえば / あなたはニュースを得ることができる / 多くの国々の / あるいは情報を / あなたのお気に入りの映画スターについて //

③ You can also upload information / like photos / to the Internet. //
あなたはまた情報をアップロードすることもできる / 写真のような / インターネット上に //

④ We live in an age / when anyone can broadcast the information / they have. //
私たちは時代にいる / だれもが情報を発信することができる / 自分たちが持つ //

⑤ Bana Alabed, / who lived in Aleppo, Syria, / was no exception. //
バナ・アラベドは / シリアのアレッポで暮らしていた / 決して例外ではなかった //

⑥ In 2016, / this girl was seven years old. //
2016年 / この少女は7歳だった //

⑦ She sent a certain message / in English / to the world / on her smartphone / on September 24th. //
彼女はあるメッセージを発信した / 英語で / 世界に / スマートフォンを使って / 9月24日に //

⑧ The message was, / "I need peace." //
そのメッセージは〜だった / 「私は平和が欲しい」 //

⑨ In Aleppo, / a civil war has continued / since 2012. //
アレッポでは / 内戦が続いている / 2012年から //

⑩ The civil war deprived Bana / of everything. //
その内戦はバナから奪った / すべてを //

⑪ She liked studying, / but her school was destroyed. //
彼女は勉強が好きだった / しかし学校は破壊された //

⑫ She loved her friends, / but the war pulled them away / from her. //
彼女は友人たちを愛していた / しかし戦争が彼らを引き離した / 彼女から //

⑬ Almost every day, / she heard bombing / and felt terrible fear. //
ほとんど毎日 / 彼女は爆撃を聞いた / そして極度の恐怖を感じた //

⑭ When she sent the message / on the Internet, / she thought, / "I don't know / if anyone will listen or care, / but I hope / that someone will do something / to stop the war." //
メッセージを発信する時 / インターネット上で / 彼女は思った / 「私にはわからない / だれかが話を聞いてくれたり，気にかけてくれたりするかどうか / しかし私は願う / だれかが何かをしてくれることを / 戦争をやめるために」 //

✔ **構成&内容チェック**　本文を読んで，（　）に合う日本語を書きなさい。

①〜④ 本レッスンの導入部分。(1.　　　　　　　　　)と情報の関係を説明している。
　（1）上で，私たちは情報を得られるだけでなく，情報を発信することもできる。

↓

⑤〜⑧ バナ・アラベドを紹介している。
　シリアのアレッポで暮らす7歳の少女，バナ・アラベドは，2016年9月24日に，スマートフォンを使って，(2.　　　　　　　)を求めるメッセージを世界中に発信した。

↓

⑨〜⑬ バナがメッセージを発信した背景を説明している。
　アレッポでは2012年から(3.　　　　　　　)が続いていて，それによってバナは学校や友人を奪われた。バナは爆撃を聞いて，恐怖を感じながら過ごしていた。

↓

⑭ メッセージを発信した時のバナの気持ちを説明している。
　バナは，だれかが戦争をやめるために何かをしてくれることを願って，（1）を通じてメッセージを発信した。

教科書Qのヒント　**Q1** What was the message sent from Bana on September 24th, 2016?　（2016年9月24日にバナから発信されたメッセージは何でしたか。）→本文⑧

Q2 What did Bana hope when she sent the message?
（バナはメッセージを発信した時, 何を願っていましたか。）→本文⑭

🔑 **読解のカギ**

① **Today we can find a variety of information on the Internet.**
➡ a variety of A は「さまざまな A」という意味。A には可算名詞の複数形または不可算名詞がくる。
➡ information は不可算名詞。

④ **We live in an age [when anyone can broadcast the information they have].**
　　　　　先行詞└──┘関係副詞　　　　　　　　　名詞└──┘S' V'
➡ when は「時」を表す語句を先行詞とする関係副詞。an age を when 以下が後ろから説明している。
➡ the information を they have が後ろから説明している。

✔ **構成&内容チェック** の解答　1. インターネット　2. 平和　3. 内戦

Q1. 並べかえなさい。

またあなたに会える日を待っています。

(I / waiting / again / the day / for / see / I'm / when / can / you).

_____.

⑤ **Bana Alabed, [who lived in Aleppo, Syria], was no exception.**

　先行詞 └──────┘ 関係代名詞（非限定用法）

➡ 文中の名詞に追加の説明を加えたいとき，〈名詞[先行詞]＋コンマ(,)＋who/which〉の形で表すことができる。この関係代名詞の用法を非限定用法という。ここでは，who lived in Aleppo, Syria が Bana Alabed の追加的な説明になっている。先行詞が固有名詞，〈所有格＋名詞〉，〈指示代名詞＋名詞〉など，特定の人[もの]に限定される場合，非限定用法を使う。　　　文法詳細 p.170

Q2. ＿＿＿＿ を埋めなさい。

私は祖父を訪ねたが，留守だった。

I visited my grandfather, _____ was not at home.

⑨ **In Aleppo, a civil war has continued since 2012.**

　　　　　　　　　　has ＋過去分詞　「2012 年から」

➡ has continued は継続を表す現在完了形で，「(ずっと)続いている」という意味。

⑩ **The civil war deprived Bana of everything.**

➡ この of は「剥奪・分離」を表し，deprive A of B で「A から B を奪う」という意味。

⑫ **She loved her friends, but the war pulled them away from her.**

➡ pull A away from B は「B から A を引き離す」という意味。

⑭ **… "I don't know [if anyone will listen or care], but I hope that someone**

　　　　　　V　　　　　　O 名詞節

will do something to stop the war."

　　　　　　　　　　　副詞的用法〈目的〉

➡ if は「～かどうか」という意味の名詞節を導く。ここでは if ... care が don't know の目的語になっている。

➡ to stop は目的を表す副詞的用法の不定詞で「やめるために」という意味。

Q3. 日本語にしなさい。

Do you know if he lives near here?

(　　　　　　　　　　　　　　　　　　　　　　　)

PART ②　英文を読む前に，初めて習う文法を含んだ文を確認しましょう！ → p.161 ⑦

ポイント　バナのメッセージは世界中にどのような影響を与えたか。

① Bana's real-time messages / from a fierce battle zone / shocked the world. //
バナのリアルタイムのメッセージは / 激しい戦闘地帯からの / 世界に衝撃を与えた //

② She wrote / that there was no food, no water, and no medicine. // ③ She also
彼女は書いた / 食べ物も水も薬もないことを // 彼女はまた

wrote / that people were dying / every day. //
書いた / 人々が亡くなっていることを / 毎日 //

④ "I might die / tonight. // ⑤ I am very scared. // ⑥ I might be killed / by a
「私は死ぬかもしれない / 今夜 // 私はとても怖い // 私は殺されるかもしれない /

bomb." // ⑦ This message was sent / on October 2nd, 2016, / when bombs fell /
爆弾に」 // このメッセージは発信された / 2016年10月2日に / その時爆弾が落ちた /

near her and her family. // ⑧ People all over the world / saw an image of Bana /
彼女と彼女の家族の近くに // 世界中の人々は / バナの画像を見た /

with the message. // ⑨ She was staring at the dark / fearfully. // ⑩ Her hands
そのメッセージとともに // 彼女は闇をじっと見つめていた / 恐れて // 彼女の両手は

were covering her ears / to shut out the loud noise / of exploding bombs. //
両耳をふさいでいた / 大きな音を遮断するために / 爆発している爆弾の //

⑪ Bana's messages were gradually shared / with people / around the world. //
バナのメッセージは徐々に共有された / 人々に / 世界中の //

⑫ Many of them sent her / messages of encouragement. //
彼らの多くが彼女に送った / 励ましのメッセージを //

⑬ In 2017, / Bana was selected / as one of "The 25 Most Influential People on
2017年 / バナは選ばれた / 「インターネット上で最も影響力のある25人」のうちの

the Internet" / by the American magazine *Time*. // ⑭ She conveyed the fear of the
1人として / アメリカの雑誌『タイム』によって // 彼女は内戦の恐ろしさを伝えた

civil war / from a place / where journalists hardly went. // ⑮ This was the reason /
/ 場所から / ジャーナリストがほとんど行かない // これが理由だった /

why she was selected. //
彼女が選ばれた //

✔ **構成&内容チェック**　本文を読んで，（　）に合う日本語を書きなさい。

①〜③ バナが発信したメッセージが世界に衝撃を与えたことを説明している。

バナは食べ物，水，薬がないことや人々が毎日（1.　　　　　　　　）ことを伝えた。

↓

④〜⑩ 2016年10月2日に発信されたメッセージの内容を説明している。

世界中の人々が，爆弾に対する恐怖を訴えるバナのメッセージとバナが爆弾の音を遮断するために両耳をふさいでいる（2.　　　　　　）を見た。

↓

⑪・⑫ バナのメッセージに対する人々の反応が述べられている。

バナのメッセージが世界中の人々に共有されると，多くの人々から（3.　　　　　　　　）のメッセージがバナのもとに届いた。

↓

⑬〜⑮ バナがアメリカの雑誌『タイム』で紹介されたことが述べられている。

ジャーナリストもほとんど行かない場所から内戦の（4.　　　　　　　　）を伝えたバナは，2017年に雑誌『タイム』によって，「インターネット上で最も影響力のある25人」のうちの1人に選ばれた。

❗教科書Qのヒント　**Q3** What did many people who saw her messages do?

（彼女のメッセージを見た多くの人々は何をしましたか。）　→本文⑫

Q4 Why was Bana selected by *Time* magazine?

（バナはなぜ『タイム』誌に選ばれましたか。）　→本文⑭・⑮

🔑 **読解のカギ**

② **She wrote that there was no food, no water, and no medicine.**

　➡ 〈write＋that 節〉の形で，「〜ということを書く」という意味を表す。

⑥ **I might be killed by a bomb.**

　➡ 助動詞を含む受動態は〈助動詞＋be＋過去分詞〉で表す。

　🔑 **Q1. 並べかえなさい。**

　　その宿題は月曜日までにしなければならないのですか。

　　(Monday / the homework / done / by / be / must)?

　　_____?

---

⑦ **This message was sent on October 2nd, 2016, [when bombs fell near her and her family].**
先行詞 └───┘ 関係副詞（非限定用法）
➡ 文中の場所や時を表す名詞に対し，「…，そしてその場所で〜」，「…，そしてその時〜」のように情報を加えたいとき，〈名詞［先行詞］＋コンマ(,)＋where/when〉の形で表すことができる。
文法詳細 p.171

Q2.　＿＿＿ を埋めなさい。
私たちは沖縄へ行って，そしてそこで楽しい時間を過ごした。
We went to Okinawa, _____ we had a good time.

⑩ **Her hands were covering her ears to shut out the loud noise of**
└──────┘ 副詞的用法〈目的〉

exploding bombs.
現在分詞 └──┘ 名詞
➡ to shut は目的を表す副詞的用法の不定詞。shut out A[A out]で「A を遮断する」という意味を表す。
➡ 現在分詞 exploding が名詞 bombs を前から修飾している。

⑪ **Bana's messages were gradually shared with people around the world.**
➡ share A with B は「A を B と分かち合う」という意味を表す。ここでは A にあたる Bana's messages が主語になり，受動態になっている。

⑬ **... Bana was selected as one of "The 25 Most Influential People ....**
➡ select A as B は「A を B として選出する」という意味を表す。ここでは A にあたる Bana が主語になり，受動態になっている。

⑭ **... the fear of the civil war from a place [where journalists hardly went].**
先行詞 └──┘ 関係副詞
➡ where は「場所」を表す語句を先行詞とする関係副詞。a place を where 以下が後ろから修飾している。
➡ 副詞 hardly は「ほとんど〜ない」という意味を表す。

⑮ **This was the reason [why she was selected].**
先行詞 └──┘ 関係副詞
➡ why は the reason を先行詞とする関係副詞。the reason を why 以下が後ろから修飾している。the reason は省略することもできる。

Q3. 日本語にしなさい。
There is no reason why I must do it.
(　　　　　　　　　　　　　　　　　　　　　　　　　　　)

読解のカギ Q の解答　**Q1.** Must the homework be done by Monday(?)
Q2. where　**Q3.** 私がそれをしなければならない理由は全くない。

PART ❸

ポイント　バナのメッセージや彼女への励ましのメッセージにはどんな意味があったか。

① Because of the great influence / of her messages, / the Syrian government
　　大きな影響力が原因で　　　　/　彼女のメッセージの　/　　　　　シリア政府は彼女を

regarded her / as a dangerous person. // ② To protect her, / Bana's family was
みなした　　/　　　危険人物と　　　//　彼女を守るために /　　　　バナ一家は

evacuated / to the neighboring country, Turkey, / in 2016. //
避難した　/　　　隣国のトルコへ　　　　　　/ 2016 年に //

③ Even after leaving Syria, / she did not stop sending messages / for peace. //
　シリアを去ってからでさえ　/　彼女はメッセージの発信をやめなかった / 平和を求める //

④ She was not only active on the Internet, / but she also sent letters / to the
彼女はインターネット上で活動的だっただけでなく　/　　　手紙も送った　　　/　指導者

leaders / of some countries. // ⑤ She wrote in the letters / that everyone in the
たちに　/　　いくつかの国の　//　彼女はその手紙の中で書いた /　世界のすべての人が

world / should live in peace. //
　/　平和に生きるべきだと　//

⑥ Unfortunately, / because of the complexity of the situation, / messages for
　残念なことに　/　　　　その状況の複雑さゆえに　　　/　　　平和を願う

peace alone / could not end the war. // ⑦ So, / did Bana's words mean nothing? //
メッセージだけでは/ その戦争を終わらせられなかった// では/ バナの言葉は何ももたらさなかったのか//

⑧ Were the messages / of encouragement to her / meaningless? // ⑨ Bana had
　　メッセージは　/　　彼女への励ましの　　/　意味がなかったのか// バナはこう

this to say: // ⑩ "As I hid in the basement / for hours and hours, / mom and I
言った　//　　　「地下室に隠れた時　　/　何時間もの間　/　ママと私はメッセージを

would read the messages. // ⑪ Reading them, / we felt people cared about us, /
読んだものだった // それらを読んでいる間 / 私たちは人々が私たちのことを気にかけていると感じた /

and we weren't alone. // ⑫ When I was taking photos and videos / on the street, /
そして私たちは孤独ではなかった //　　　私が写真や動画を撮っている時　/　通りで　/

people said, / 'Thank you, / Bana.' // ⑬ People liked me telling the whole world /
人々は言った /　『ありがとう / バナ』と // 人々は私が世界中に呼びかけていることを喜んでくれた /

not to forget Aleppo / because they all thought / they had been forgotten / by the
アレッポを忘れないように / 彼らみんなが思っていたから / 自分たちは忘れられていると / 世界

world." //
に」　//

✔ 構成＆内容チェック　本文を読んで，(　)に合う日本語を書きなさい。

①・② バナが発信したメッセージの影響が述べられている。
シリア政府によってバナが危険人物だとみなされたため，バナ一家は2016年に隣国の
(1.　　　　　　　　)へ避難した。

③～⑤ シリア脱出後のバナの様子が述べられている。
バナはシリアを去ったあともメッセージの発信を続けるとともに，いくつかの国の
(2.　　　　　　　　)たちに平和を求める手紙を送った。

⑥～⑧ バナが発信したメッセージやバナへの励ましのメッセージの意義について問いかけている。
バナのメッセージは内戦を終結させることはできなかったが，バナの言葉や彼女への励ましのメッセージは(3.　　　　　　)のないものだったのだろうか。

⑨～⑬ バナの言葉を引用し，⑦・⑧の問いかけに答えている。
バナは母親と一緒に励ましのメッセージを読んで，自分たちは(4.　　　　　　)ではないと感じたし，アレッポの人々からはメッセージを発信していることを感謝されたと述べている。

❗ 教科書Qのヒント　**Q5** Why did Bana's family move to Turkey in 2016?
(なぜバナー家は2016年にトルコへ引っ越したのですか。)　→本文①・②

Q6 How did Bana and her mother feel when they were reading the messages from people?
(バナと母親は人々からのメッセージを読んでいた時にどのように感じましたか。)　→本文⑪

🎸 読解のカギ

① ... the Syrian government regarded her as a dangerous person.
➡ regard *A* as *B* は「AをBとみなす」という意味を表す。

② To protect her, Bana's family was evacuated to the neighboring country, ...
　副詞的用法〈目的〉
➡ to protect は目的を表す副詞的用法の不定詞で「守るために」という意味を表す。
➡ be evacuated to *A* は「Aへ避難する」という意味。

④ **She was not only active on the Internet, but she also sent letters ....**
→ not only *A* but (also) *B* は「A だけでなく B もまた」という意味を表す。
→ このように but が文と文をつないでいる場合，but の後ろに 2 つ目の文の主語が入ることがある。

Q1. ＿＿＿ を埋めなさい。
彼はスポーツが得意なだけでなく，物知りでもある。
He is not _____ good at sports, _____ he also knows a lot of things.

⑨ **Bana had this to say:**
　　代名詞 ↑──┘形容詞的用法の不定詞
→ this は次に述べる内容を指し，形容詞的用法の不定詞 to say が this を説明している。

⑩ **As I hid in the basement for hours and hours, mom and I would read ....**
→ as は「〜する時，〜しながら」という意味を表す接続詞。
→ for hours and hours は「何時間もの間」という意味を表す。
→ would は「(よく)〜したものだった」という意味で，過去の習慣などを表す。

⑪ **Reading them, we felt people cared about us, and we weren't alone.**
　　分詞構文〈時〉
→ Reading them, は「時」を表す分詞構文で，「それらを読んでいる時，それらを読んでいる間」という意味。

Q2. 日本語にしなさい。
Walking in the park, I saw my friend.
(　　　　　　　　　　　　　　　　　　　　　　　)

⑬ **People liked me telling the whole world not to forget Aleppo because**
　　意味上の主語 └─┘動名詞
they all thought they had been forgotten by the world.
　　　　　　　　　　had been ＋過去分詞
→ me は telling の意味上の主語。動名詞の意味上の主語を表現する必要がある場合，意味上の主語となる(代)名詞の所有格，または目的格を動名詞の直前に置く。
→ tell *A* not to *do* は「A に〜しないように言う」という意味を表す。
→ 過去完了形の受動態は〈had been ＋過去分詞〉で表す。

Q3. 並べかえなさい。
私の母は私が遅く帰るのを嫌がる。
(coming / like / doesn't / my mother / late / home / me).
_____.

PART ④

ポイント　インターネットにはどんな可能性があるか。

① The story about Bana shows us the great potential / of the Internet. //
バナについての話は私たちに大きな可能性を示している　/　インターネットの　//

② It has
それは

closed the distance / between people / in different places. //
距離を縮めた　/　人々の間の　/　異なる場所にいる　//

③ The words of a girl /
少女の言葉が　/

in a battleground / were delivered to people / around the world. //
戦場にいる　/　人々に伝えられた　/　世界中の　//

④ The words of
人々の言葉が

people / around the world / encouraged her and the people in her country. //
　/　世界中の　/　彼女と彼女の国の人々を励ました　//

⑤ Many people realized / the preciousness of peace / again / through her messages. //
多くの人々が実感した　/　平和の大切さを　/　改めて /　彼女のメッセージを通じて //

⑥ Some people / who received them / became interested or participated / in peace
ある人々は　/　それらを受け取った　/　興味を持つようになったり参加したりした /　平和のため

movements. //
の活動に //

⑦ All these events tell us / that social interactions on the Internet /
これらのすべての出来事は私たちに教えてくれる /　インターネット上の社会的なやりとりが /

may help / solve global problems. //
助けるかもしれないと /　世界規模の問題を解決するのを //

⑧ Bana hopes / that not only the war in Syria, / but all wars everywhere / will
バナは願っている /　シリアの戦争だけでなく　/　いたるところのあらゆる戦争が /

soon come to an end. //
早く終結するようにと　//

⑨ Her wishes are shared / by many people / all over the
彼女の願いは共有されている /　多くの人々に　/　世界中の

world. //
　//

✔ 構成&内容チェック　本文を読んで，（　）に合う日本語を書きなさい。

①〜④ バナの話からわかる，インターネットが持つ大きな可能性について述べられている。

バナの話から，インターネットは異なる場所にいる人々の間の(1.　　　　　　)を縮めたことがわかった。バナの言葉が世界中の人々に伝えられ，世界中の人々の言葉がバナや彼女の国の人々を励ました。

↓

⑤〜⑦ バナのメッセージがもたらした影響について述べられている。

バナのメッセージを受け取った人々の中には，平和のための活動に興味を持つようになったり参加したりした人々がいて，インターネット上の(2.　　　　　　)なやりとりは世界規模の問題を解決する一助になるかもしれないことがわかった。

↓

⑧・⑨ バナの願いが紹介されている。

バナは世界中の戦争の終結を願い，その願いは世界中の多くの人々によって(3.　　　　　　)されている。

❗ 教科書Qのヒント　**Q7** What is the potential of the Internet?
（インターネットの可能性は何ですか。）→本文②・⑦

Q8 What does Bana hope?（バナは何を願っていますか。）→本文⑧

🔑 読解のカギ

① **The story about Bana shows us the great potential of the Internet.**
　　　　　　　　　　S　　　　　　　V　O(人)　　　　　　　　　O(物)
　➡〈S+show+O(人)+O(物)〉の第4文型の文。

② **It has closed the distance between people in different places.**
　➡ It は①の the Internet を指している。

③ **The words of a girl in a battleground were delivered to people around the world.**
　➡ a girl in a battleground は Bana を指している。
　➡ be delivered to A は「A に届けられる[伝えられる]」という意味。

⑥ **Some people [who received them] became interested or participated in**
　　　先行詞 ↑┗━━━┛ 関係代名詞（主格）

peace movements.

➡ who は Some people を先行詞とする主格の関係代名詞。them は⑤の her messages を指している。

➡ become interested in *A* は「A に興味を持つようになる」，participate in *A* は「A に参加する」という意味を表し，became interested も participated も in peace movements につながっている。

⑦ **All these events tell us [that social interactions on the Internet may help**
　　　　　　S　　　　V　O(人)　　　　　　O (that 節)

solve global problems].

➡〈S＋tell＋O(人)＋O(that 節)〉の第 4 文型の文。

➡ All these events は②～⑥までの一連の出来事を指している。

➡ help *do* は「～するのに役立つ，～する助けとなる」という意味を表す。

Q1.　＿＿ を埋めなさい。

彼の冗談は人々をリラックスさせるのに役立った。

His joke ＿＿＿＿＿ ＿＿＿＿＿ the people.

⑧ **Bana hopes [that not only the war in Syria, but all wars everywhere will**
　　　　　　　　　　　　　　　　　A　　　　　　　　　　　B

soon come to an end].

➡〈S＋hope＋that 節〉の構造の文になっている。

➡ not only *A* but (also) *B* は「A だけでなく B もまた」という意味。

➡ come to an end は「終わる」という意味。

Q2. 並べかえなさい。

その会議は 5 時頃終了した。

(around / to / an / came / the meeting / end) five.

＿＿＿＿＿＿＿＿＿＿＿＿＿＿＿＿＿＿＿＿＿ five.

⑨ **Her wishes are shared by many people all over the world.**

➡ Her wishes「彼女の願い」は⑧の that 節の内容を指している。

😕 Comprehension ①ヒント

Fill in the blanks to complete the information about Bana and what her messages brought about.

（下線部に適切な語を入れて，バナと彼女のメッセージがもたらしたものに関する情報を完成させなさい。）

1 2012 年に，シリアで何が始まったか。（教 p.113, ℓ.1）

2,3 2016 年 9 月 24 日，バナは何を使ってどんなメッセージを発信したか。

（教 p.112, $\ell\ell$.8~11）

4 2016 年 9 月 24 日，バナはメッセージを発信した時，何を願っていたか。

（教 p.113, $\ell\ell$.7~9）

5 2016 年 10 月 2 日，バナと彼女の家族の近くで何が起こったか。（教 p.114, $\ell\ell$.6~7）

6,7 2016 年 10 月 2 日，バナは何を思い，どんなメッセージを発信したか。

（教 p.114, $\ell\ell$.5~6）

8 2017 年，バナは，アメリカの雑誌『タイム』によって，どのように扱われたか。

（教 p.114, $\ell\ell$.15~17）

9 バナが 8 のように扱われた理由は何か。（教 p.114, $\ell\ell$.17~19）

10 インターネットには異なる場所にいる人々の何を縮める可能性があるか。

（教 p.118, $\ell\ell$.2~3）

11 インターネットには何に役立つ可能性があるか。（教 p.118, $\ell\ell$.9~11）

ℹ More Information ①ヒント

Questions

1. 教 p.124 の記事で紹介されている電車はいつ利用できなくなったかを記事から読み取る。
   → inoperable「利用できない」というキーワードを探す。

2. クラウドファンディングとは何かを 教 p.124 の記事から読み取る。
   → crowdfunding「クラウドファンディング」というキーワードを探す。

3. 生徒たちはいくらの資金を集めたかを 教 p.124 の記事から読み取る。
   → fund「資金」，yen「円」などのキーワードを探す。

Writing

1. 私たちの社会が直面している課題を 1 つ選び，その問題を解決するために何ができるかを書く。
   → まず，私たちの社会が直面している課題を 1 つ選ぶ。 教 p.125 の Example ではゴミ問題が取り上げられているが，そのほかには，たとえば，child poverty「子供の貧困」，gender discrimination「男女差別」，racial discrimination「人種差別」，natural disaster「自然災害」，pandemic「疫病の蔓延」，invasion of privacy「プライバシーの侵害」，online slander「ネットでの中傷」などが考えられる。
   → 次に，選んだ課題を解決するために，高校生として取り組めることを書く。 教 p.125 の Example のように，We can ... by *do*ing「〜することによって…できる」という表現を使って書くとよい。そのほか，〈We can ... to＋動詞の原形〉「〜するために…できる」という表現を使って書いてもよい。
   → reduce はゴミの量などを「減らす」と言うときだけでなく，reduce poverty「貧困を減らす」，reduce discrimination「差別を減らす」のように，問題となっている程度を「減らす」と言うときにも使うことができる。また，「(貧困や差別など)をなくす」と言うときは stop を使うことができ，「(災害や疫病など)に備える」と言うときは prepare for 〜を使うことができる。

2. 1. で選んだ課題の解決に向けての取り組みを促進するために，どのようにソーシャル・メディアを利用できるかを書く。
   → 教 p.125 の Example などを参考にして書くとよい。ソーシャル・メディアを利用したグループ作りや 教 p.124 のクラウドファンディングなど，さまざまな方法が考えられる。

📖 Grammar

G-17 関係代名詞の非限定用法

▶関係代名詞の非限定用法とは

・文中の名詞に説明を加えたいとき，〈名詞［先行詞］＋コンマ(,)＋who/which〉の形で表すことができる。コンマがつかない用法を限定用法というのに対し，コンマがつく用法を非限定用法という。先行詞が**特定の人［もの］に限定される**前提がある場合や，固有名詞，〈所有格＋名詞〉，〈指示代名詞＋名詞〉などの場合，非限定用法が使われる。**that** には非限定用法はない。

先行詞が人：who

　　　　　　　　　　　関係代名詞の前にコンマがある

I have a Syrian friend, [who can speak Japanese].　　　　　　（非限定用法）

= I have a Syrian friend, **and he[she]** can speak Japanese.
　　（私にはシリア人の友人がいて，彼(女)は日本語を話すことができる。）

　　　　　　　　　　　関係代名詞の前にコンマがない

cf. I have a Syrian friend [who can speak Japanese].　　　　　（限定用法）

（私には日本語を話すことができるシリア人の友人がいる。）

➡ who 以下は先行詞 a Syrian friend を補足的に説明している。非限定用法の関係代名詞は，〈接続詞＋代名詞〉に書きかえることができる。ここでは who を **and he[she]** に書きかえることができる。

➡ 限定用法と同様に，who は「人」を先行詞として主格となる。

先行詞が人以外：which

　　　　　　　　関係代名詞の前にコンマがある

He has two cars, [which are made in Germany].　　　　　　　（非限定用法）

= He has two cars, **and they** are made in Germany.
　　（彼は車を2台持っていて，それらはドイツ製だ。）

　　　　　　　　関係代名詞の前にコンマがある

I visited Egypt, [which is famous for its pyramids].　　　　　　（非限定用法）

= I visited Egypt, **and it** is famous for its pyramids.
　　（私はエジプトを訪れたが，そこはピラミッドで有名だ。）

➡ which 以下はそれぞれ先行詞 two cars と Egypt を補足的に説明している。ここでは which を **and they[it]** に書きかえることができる。

➡ Egyptのような固有名詞を先行詞にする場合は，非限定用法しか使うことができない。

➡ 限定用法と同様に，which は「人以外」を先行詞とし，主格や目的格となる。

+α

非限定用法と限定用法の意味の違い

・非限定用法の先行詞は特定の人[もの]であるのに対し，限定用法の先行詞は関係代名詞
によって意味が限定されるので，以下のような意味の違いがある。

補足的な説明。先行詞を限定してはいない。

非限定用法：I have a Syrian friend, [who can speak Japanese].
　　　　　　（「シリア人の友人」は1人しかいない。）

「日本語を話すことができる」という
限定的な内容が加えられる。

限定用法　：I have a Syrian friend [who can speak Japanese].
　　　　　　（「シリア人の友人」は他にもいるかもしれない。）

G-18 関係副詞の非限定用法

▶**関係副詞の非限定用法とは**

・文中の場所や時を表す名詞に対し，「…, そしてその場所で〜」，「…, そしてその時〜」
のように情報を加えたいとき，〈名詞[先行詞]＋コンマ(,)＋where/when〉の形で表す
ことができる。関係副詞の非限定用法の基本的な考え方は，関係代名詞の非限定用法の
場合と同じである。where と when には限定用法と非限定用法の両方があるが，why
と how には限定用法しかない。

「…, そしてその場所で〜」: where

関係副詞の前にコンマがある

We stayed in Turkey, [where we met Ali].

= We stayed in Turkey, **and there** we met Ali.
　　（私たちはトルコに滞在したが, そこでアリに会った。）

➡ where 以下は先行詞 Turkey を補足的に説明している。ここでは where を **and there** に
書きかえることができる。

➡ 限定用法と同様に，where は「場所」を表す名詞を先行詞とし，副詞の働きをする。

「…, そしてその時〜」: when

関係副詞の前にコンマがある

In 2016, [when he lived in Lebanon], he met Maria.

= In 2016, he met Maria, **and then** he lived in Lebanon.
　　（2016年に彼はマリアに会ったのだが, その時彼はレバノンに住んでいた。）

➡ when he lived in Lebanon は先行詞 2016 を補足的に説明している。ここでは when
を **and then** に書きかえることができる。

➡ 限定用法と同様に，when は「時」を表す名詞を先行詞とし，副詞の働きをする。

📝 定期テスト予想問題　　　解答 ➡ p.174

1 日本語の意味に合うように，____に適切な語を入れなさい。

(1) その男の子は母親から引き離された。

The boy was pulled _____ _____ his mother.

(2) 夏休みが終わった。

The summer vacation _____ to an _____.

(3) 弟は何時間もの間テレビゲームをした。

My brother played a video game for _____ and _____.

(4) 私はそのことについて考えることをやめた。

I _____ _____ about it.

2 次の文の____に，適切な関係代名詞または関係副詞を入れなさい。

(1) They have two sons, _____ are studying abroad.

(2) I live in Fukushima, _____ was hit by an earthquake in 2011.

(3) Jacob went to the bookstore, _____ he met his classmate.

(4) In 1945, _____ World War II ended, my grandfather was born.

3 日本語に合うように，（　）内の語句や符号を並べかえなさい。

(1) 生徒たちは校庭に行って，そしてそこで待った。

(waited / they / to / went / where / the students / the schoolyard /,).

_____.

(2) 私の父はアメリカに住んでいるが，昨日私に電話をかけてくれた。

(called / lives / my father / who / yesterday / me / in America / , / ,).

_____.

(3) 私たちは犬を探しているが，それは今朝逃げた。

(we / which / our dog / this morning / looking for / ran away / are / ,).

_____.

4 次の英語を日本語にしなさい。

(1) I saw Ms. Tanaka, who teaches us English, at the station.

(　　　　　　　　　　　　　　　　　　　　　　　　　　)

(2) He visited Himeji Castle, which was registered as a World Cultural Heritage Site in 1993.

(　　　　　　　　　　　　　　　　　　　　　　　　　　)

(3) She went to Tokyo on June 1, when she met her friend.

(　　　　　　　　　　　　　　　　　　　　　　　　　　)

5 次の英文を読んで，あとの問いに答えなさい。

①Bana Alabed, (in / was / lived / exception / who / Aleppo, Syria / no /,). In 2016, this girl was seven years old. She sent a certain message in English to the world on her smartphone on September 24th. The message was, "I need peace."

In Aleppo, a civil war has continued since 2012. ②The civil war deprived Bana of everything. She liked studying, but her school was destroyed. She loved her friends, but the war pulled them away from her. Almost every day, she heard bombing and felt terrible fear.

(1) 下線部①が，「バナ・アラベドはシリアのアレッポで暮らしていたが，彼女も決して例外ではなかった」という意味になるように，（　）内の語句や符号を並べかえなさい。

Bana Alabed, _____.

(2) 下線部②の英語を日本語にしなさい。

（　　　　　　　　　　　　　　　　　　　　　　　　　　　　　　　）

(3) 次の質問に英語で答えなさい。

How old was Bana when she sent the message, "I need peace."?

_____

6 次の英文を読んで，あとの問いに答えなさい。

"I might die tonight. I am very scared. I might be killed by a bomb." This message was sent on October 2nd, 2016, (　①　) bombs fell near her and her family. People all over the world saw an image of Bana with the message. She was staring at the dark fearfully. Her hands were covering her ears to shut out the loud noise of exploding bombs.

Bana's messages were gradually shared with people around the world. Many of ②them sent her messages of encouragement.

In 2017, Bana was selected as one of "The 25 Most Influential People on the Internet" by the American magazine *Time*. She conveyed the fear of the civil war from a place where journalists hardly went. This was the reason why she was selected.

(1) （　①　）に適切な関係詞を入れなさい。   _____

(2) 下線部②が指すものを本文中から抜き出しなさい。

(3) 次の質問に英語で答えなさい。

Why was Bana covering her ears with her hands?

_____

📝 定期テスト予想問題　解答　　pp.172~173

1 (1) away from　　(2) came, end　　(3) hours, hours
　(4) stopped thinking

2 (1) who　　(2) which　　(3) where　　(4) when

3 (1) The students went to the schoolyard, where they waited(.)
　(2) My father, who lives in America, called me yesterday(.)
　(3) We are looking for our dog, which ran away this morning(.)

4 (1) 私は駅でタナカ先生を見たが[に会ったが]，彼女は私たちに英語を教えている。
　(2) 彼は姫路城を訪れたが，それは 1993 年に世界文化遺産に登録された。
　(3) 彼女は 6 月 1 日に東京へ行ったのだが，その時友達に会った。

5 (1) who lived in Aleppo, Syria, was no exception
　(2) その内戦はバナからすべてを奪った。　　(3) She was seven (years old).

6 (1) when　　(2) people around the world
　(3) To shut out the loud noise of exploding bombs.

💡 解説

1 (1) pull A away from B で「B から A を引き離す」という意味。ここでは受動態になっている。　(2)「終わる」は come to an end で表す。　(4) stop *do*ing で「〜するのをやめる」という意味。

2 (1)(2) 空所の前にコンマがあり，主格なので非限定用法の関係代名詞 who か which が入る。先行詞が人なら who，人以外なら which を入れる。関係代名詞 that は非限定用法では使えない。　(3)(4) 空所の前にコンマがあり，副詞の働きをするものが入るので，非限定用法の関係副詞 where か when が入る。先行詞が「場所」を表す語句なら where，「時」を表す語句なら when を入れる。

3 (1) 先行詞を the schoolyard として〈, + where〉を続ける。　(2) My father called me yesterday. という文を組み立て，My father を先行詞として〈, + who〉を続ける。主語を説明するので文に挿入される形になる。　(3) our dog を先行詞として〈, + which〉を続ける。

4 (1)(2) 非限定用法の関係代名詞は文脈によって，「…, そして〜は」，「…だが，〜は」などのように訳すとよい。　(3) 非限定用法の関係副詞は文脈によって，「…, そしてその場所で〜」，「…, そしてその時〜」などのように訳すとよい。

5 (1) Bana Alabed was no exception. という文の主語 Bana Alabed のあとに，who lived in Aleppo, Syria を挿入し，コンマではさむ。　(2) deprive A of B「A から B を奪う」　(3)「バナが『私は平和が欲しい』というメッセージを発信した時，彼女は何歳でしたか」という質問。

6 (1) October 2nd, 2016 が先行詞。「時」を表す関係副詞 when を入れる。
(2) 直前の文を参照。　(3)「なぜバナは耳を両手で覆っていたのですか」という質問。

Reading 2 Enjoy Food with Your Five Senses!

単語・熟語チェック		
perceive *A*	動 A を知覚する	Scientists say dogs can **perceive** some colors. 科学者たちは犬がいくつかの色を知覚できると言う。
sight	名 視覚	**Sight** is one of the five senses. 視覚は五感の一つだ。
scientific	形 科学の，科学的な	**Scientific** knowledge has advanced greatly. 科学的知識は大いに進歩してきた。
proof	名 証明，証拠	This receipt is the **proof** of that payment. この領収書はその支払いの証明だ。
round-shaped	形 丸い形をした	The **round-shaped** tray was made of silver. その丸い形をしたお盆は銀製だった。
square-shaped	形 四角い形をした	What is the **square-shaped** object? その四角い形をしたものは何ですか。
phenomenon	名 現象	The **phenomenon** is called greenhouse effect. その現象は温室効果と呼ばれている。
apply	動 あてはまる	It's a rule that **applies** universally. それは全般に共通してあてはまる規則だ。
seem	動 ～のように見える[思われる]	She **seems** to be in her late teens. 彼女は 10 代後半のように見える。
affect *A*	動 A に影響する	The amount of rain **affects** the growth of crops. 雨の量は作物の生育に影響する。
participant	名 参加者	Then, cheers arose from the **participants**. その時，参加者から歓声が上がった。
mixed	形 取り合わせた，混合の	I was paired with her in the **mixed** doubles. 私は混合ダブルスで彼女とペアを組んだ。
arrange *A*	動 A を配列する	**Arrange** these names in alphabetical order. アルファベット順にこれらの名前を配列しなさい。
separately	副 別々に	Would you like to pay **separately**? お支払いは別々になさいますか。
ingredient	名 (料理の)材料	All the **ingredients** are domestically grown. すべての材料が国内産だ。
artistic	形 芸術的な	He has **artistic** sense. 彼は芸術的なセンスがある。
arrangement	名 配列	She checked the seating **arrangement** at the party. 彼女はパーティーの席の配列をチェックした。
properly	副 きちんと，適切に	Think about how to live your life **properly**. 人生をきちんと生きる方法について考えなさい。
scent	名 香り，匂い	This flower has a sweet **scent**. この花は甘い香りがする。
detect *A*	動 A を感知する[検出する]	The robot has sensors that **detect** sound. そのロボットには音を感知するセンサーがある。

flavor	名 風味	This wine has its own **flavor**. このワインには独特の風味がある。
functioning	名 機能(すること)，働き	The medicine improves the **functioning** of your heart. その薬は心臓の機能を改善する。
fruity	形 フルーティーな	If you like **fruity** wine, try this. フルーティーなワインが好きなら，これを試して。
detail	名 細部	Pay more attention to **detail**. 細部にもっと注意を払いなさい。
salty	形 塩気のある	This soup is too **salty** to eat. このスープは塩気がありすぎて飲めない。
associate A	動 A を結びつけて考える	I **associate** the song with my high school days. 私はその歌と自分の高校時代とを結びつけて考える。
bacon	名 ベーコン	I ate bread, **bacon** and soup for breakfast. 私は朝食にパンとベーコン，スープをとった。
vanilla	名 バニラ	I bought two **vanilla** ice creams. 私はバニラアイスクリームを2つ買った。
accurately	副 正確に(は)	More **accurately**, that is not true. もっと正確には，それは事実ではない。
bud	名 つぼみ(状のもの)	The **buds** of the cherry trees are still tight. その桜の木のつぼみはまだ固い。
throat	名 のど	My **throat** hurts when I talk. 私は話すとのどが痛い。
bump	名 隆起，でこぼこ	There were a lot of **bumps** on the road. その道にはたくさんのでこぼこがあった。
sour	形 酸っぱい，酸味のある	These grapes taste **sour**. これらのブドウは酸味のある味がする。
bitter	形 苦い，苦みの	Some people like **bitter** taste. 苦い味が好きな人もいる。
sensitive	形 敏感な	He is **sensitive** and worried about everything. 彼は敏感で何事も心配する。
population	名 人口	China has the largest **population** in the world. 中国は世界で最も人口が多い。
childhood	名 子供時代	He was poor in his **childhood**. 彼は子供時代は貧しかった。
relationship	名 関連，関係	There is a **relationship** between the moon and tides. 月と潮の満ち引きには関係がある。
identical	形 同一の	This is the **identical** watch I have lost. これは私が失くした腕時計と同一のものだ。
taffy	名 タフィー	**Taffy** is a type of candy invented in the U.S. タフィーはアメリカで考案されたキャンディーの一種だ。
high-pitched	形 高音域の，ピッチが高い	Most of her songs are **high-pitched**. 彼女の歌のほとんどは高音域だ。
low-pitched	形 低音域の，ピッチが低い	I heard **low-pitched** noise from the engine. エンジンから低音域の音が聞こえた。
researcher	名 研究者	He has been working as a **researcher** here. 彼はここでずっと研究者として働いている。

noisy	形 騒々しい	The classroom was **noisy**. 教室は騒々しかった。
airline	名 航空会社	This is the cheapest **airline** in the US. これはアメリカでいちばん安い航空会社だ。
confirm A	動 A を確認する ［裏付ける］	The experiment **confirmed** his theory. その実験は彼の理論を裏付けた。
passenger	名 乗客	There are 524 **passengers** on the ship. 524 人の乗客がその船に乗っている。
beer	名 ビール	He finished his **beer** and ordered another. 彼はビールを飲んでしまうともう 1 杯注文した。
ignore A	動 A を無視する	She **ignored** my advice. 彼女は私の忠告を無視した。
general	名 一般原理 形 一般の	His book was praised by **general** readers. 彼の本は一般読者から賛辞を受けた。
texture	名 触感，歯ごたえ	The fruit has a jelly-like **texture**. その果物はゼリーのような触感だ。
sticky	形 ねばねばの	I don't like *natto* because it is **sticky**. 納豆はねばねばしているので私は好きではない。
rubbery	形 弾力性のある， ゴムのような	It is made of soft **rubbery** plastics. それは柔らかく弾力性のあるプラスチックでできている。
courage	名 勇気	He raised his **courage**. 彼は勇気を奮い立たせた。
raw	形 生の	Do people in this country eat **raw** fish? この国の人たちは生の魚を食べますか。
squid	名 イカ	It is rare for a giant **squid** to be caught alive. ダイオウイカが生きたまま捕獲されることは珍しい。
fascinate A	動 A を魅了する	The view from the tower **fascinated** me. 塔からの眺めが私を魅了した。
melt	動 溶ける	The snow **melted** in the afternoon. 午後になると，雪が溶けた。
packaging	名 包装(紙)，パッケージ	I think we should recycle milk **packaging**. 私は牛乳のパッケージをリサイクルするべきだと思う。
peach	名 モモ	The region is famous for its **peach** production. その地域はモモの生産で有名だ。
tableware	名 食器類	Let's clean up the **tableware**. 食器類を片付けましょう。
apply to A	熟 A にあてはまる	This guideline **applies to** all types of food. この基準は全種類の食品にあてはまる。
carry out A[A out]	熟 A を実行する	The orders were not **carried out**. その命令は実行されなかった。
into A	前 A について(対象・分野を表す)	They are doing research **into** the disease. 彼らはその病気について調べている。
in detail	熟 詳しく	She explained her plan **in detail**. 彼女は計画を詳しく説明した。
on the basis of A	熟 A に基づいて	This book is written **on the basis of** the truth. この本は事実に基づいて書かれている。

associate A with B	熟 AをBと結び つけて考える	We **associate** reindeer **with** Santa Claus. 私たちはトナカイをサンタクロースと結びつけて考える。
be involved with A	熟 Aとかかわ る	I **am involved with** the work. 私はその仕事とかかわっている。
umami	名 うま味	*Umami* is called "the fifth taste." うま味は「5番目の味」と呼ばれている。
be sensitive to A	熟 Aに敏感で ある	Dogs **are sensitive to** smell. 犬は匂いに敏感である。
in general	熟 一般に	Japanese people are polite **in general**. 一般に，日本人は礼儀正しい。

教科書 p.128, ℓℓ.1～7

> **ポイント**　食べ物を味わうのに必要な感覚は何か。

① Most people eat food / every day, / but have you ever thought / about how
ほとんどの人々が食べ物を食べる / 毎日 / しかしあなたは今までに考えたことがあるか / それをどの

you taste it? // ② You might think / that we taste food / just in our mouths and with
ように味わうかについて // あなたは思うかもしれない / 私たちは食べ物を味わうと / 口内と舌

our tongues. // ③ In fact, / we perceive the taste of food / with all five senses: /
だけで // 実際は / 私たちは食べ物の味を感じる / 五感すべてで /

sight, smell, taste, hearing, and touch. // ④ Here is some scientific proof / to
つまり視覚，嗅覚，味覚，聴覚，そして触覚で // ここにいくつかの科学的証拠がある /

support this idea. //
この考えを裏付ける //

✓ **構成&内容チェック**　本文を読んで，（　）に合う日本語を書きなさい。

① 食べ物の味わい方について考えた経験の有無を問いかけている。
食べ物をどのように味わっているか考えたことがあるか。

↓

② 食べ物をどのように味わうかについてのありうる考え方を提示している。
私たちは口内と(1.　　　　　　　)だけで食べ物を味わっていると思うかもしれない。

↓

③・④ 科学的証拠から事実を述べている。
私たちが(2.　　　　　　　)，つまり視覚，嗅覚，味覚，聴覚，触覚で食べ物の味を感じていることを裏付ける科学的証拠がある。

🔑 **読解のカギ**

① **Most people eat food every day, but <u>have you ever thought about</u> [how**
　　　　　　　　　　　　　　　　　　　現在完了形（経験）　　　　　　　間接疑問

you taste it]?

➡ 現在完了形の疑問文は〈Have[Has]＋主語＋過去分詞〜?〉で表す。ここでは現在まで
での「経験」の有無をたずねている。ever は「かつて，今までに」という意味。

➡ think about *A* は「*A* について考える」という意味。

➡ 疑問文が文の一部として用いられる文を，間接疑問文という。間接疑問文では疑問
詞のあとに平叙文の語順が続く。ここでは how you taste it が前置詞 about の目的語
になっている。

🔑 **Q1. 並べかえなさい。**

これがだれの教科書か教えてください。

(tell / textbook / is / me / please / whose / this).

_____.

② **You might think that we taste food just in our mouths and with our**
tongues.

➡ might は「〜かもしれない，〜だろう」という意味で，現在または未来の可能性・推
量を表す。might は may の過去形だが，ここでは過去の意味ではない。

③ **In fact, we perceive the taste of food with <u>all five senses</u>: <u>sight, smell,</u>**
　　　　　　　　　　　　　　　　　　　　　　　　　　└──── = ────
<u>taste, hearing, and touch</u>.

➡ in fact は「実際は」という意味。

➡ コロン(:)は，直前の語句を言いかえたり，その具体的内容を述べたりする場合に用
いる。日本語にすると，「つまり」や「たとえば」などの意味を表す。

🔑 **Q2. ＿＿ を埋めなさい。**

実際は，私たちが予想したよりも多くのボランティアがいた。

_____ _____, there were more volunteers than we had expected.

④ **Here is <u>some scientific proof</u> <u>to support</u> this idea.**
　　　　　　　　名詞 ↑└──────┘ 形容詞的用法の不定詞

➡ to support は形容詞的用法の不定詞。some scientific proof を後ろから修飾している。

教科書 p.128, ℓℓ.8〜12

ポイント　　食べ物の形と味覚にはどのような関係があるか。

Sight 視覚

① See the picture of 12 chocolates. // ② Which one / do you think / is the
　　12個のチョコレートの写真を見なさい　//　　　どれが　/　あなたは思うか　/　いちばん

sweetest? // ③ Perhaps / you chose / one of the round ones. // ④ According to
甘いと　　　//　　おそらく　/ あなたは選んだだろう / 丸い形のものの1つを //　　　　ある研究に

one study, / round-shaped foods tend to be seen / as sweeter / than square-shaped
よると　　/　　丸い形の食べ物はみなされがちである　/　　甘いと　　/　　四角い形の食べ物

foods. // ⑤ This phenomenon also applies / to the shape of plates. // ⑥ The
よりも　//　　　　この現象はまたあてはまる　　　/　　　皿の形に　　　//

University of London found / food served on round plates / seems to taste sweeter. //
　　ロンドン大学は発見した　　/ 丸い皿で出された食べ物は / より甘い味がするように思われると //

✓ 構成＆内容チェック　**本文を読んで，（　）に合う日本語を書きなさい。**

①〜③ 問いかけを用いて，食べ物の形と味覚の関係についての説明の導入をしている。
　12個のチョコレートの写真からいちばん甘いと思うものはどれかとたずねられたら，
　あなたは（1.　　　　　　　）形のものを選ぶだろう。

↓

④ ある研究結果から得られた事実が述べられている。
　（1）形の食べ物は，（2.　　　　　　　）形の食べ物よりも甘いとみなされがちである。

↓

⑤・⑥ ロンドン大学の研究から得られた事実が述べられている。
　皿の形も味覚に影響を与えていて，（1）皿で出された食べ物のほうがより甘い味がす
　るように思われる。

🔑 読解のカギ

S　　　　　　　　V　　C
② <u>Which one</u> 〈do you think〉 <u>is the sweetest?</u>

〈疑問詞＋(代)名詞＋ do you think ...?〉

➡ Which one is the sweetest? という疑問文に，do you think が挿入されている。do you think が挿入される疑問文の語順は，間接疑問文と同様に平叙文の語順になる。

Q1. 並べかえなさい。

あの女の子はだれだと思いますか。

(is / do / that / you / who / think / girl)?

_____?

③ **Perhaps you chose one of the round ones.**

= chocolates

➡ 不定代名詞 one は前出の可算名詞の代わりとして用いられる。ここでは，①の複数名詞 chocolates の代わりなので，複数形の ones になっている。

④ **According to one study, round-shaped foods tend to be seen as sweeter**

受動態の不定詞〈to be ＋過去分詞〉

than square-shaped foods.

➡ tend to *do* は「～しがちである，～する傾向がある」という意味。
➡ 受動態の不定詞は〈to be ＋過去分詞〉で表す。
➡ see A as B「A を B とみなす」の受動態となっている。

⑤ **This phenomenon also applies to the shape of plates.**

➡ This phenomenon は ④ の round-shaped foods tend to be seen as sweeter than square-shaped foods を指している。
➡ apply to A は「A にあてはまる」という意味。

Q2. 日本語にしなさい。

This rule does not apply to every case.

(　　　　　　　　　　　　　　　　　　　　　　)

⑥ **The University of London found food served on round plates seems to**

名詞 └───────┘〈過去分詞＋語句〉

taste sweeter.

➡ 過去分詞 served が後ろに語句を伴って，名詞 food を修飾している。
➡ seem to *do* で「～するように見える[思われる]」という意味。

🔑 読解のカギ Q の解答　**Q1.** Who do you think that girl is(?)
Q2. すべての場合にこの規則があてはまるというわけではない。

教科書 p.128, ℓ.13～p.129, ℓ.6

ポイント　芸術と味覚にはどのような関係があるだろうか。

① In another interesting study, / a research group at Oxford University /
別の興味深い研究では / オックスフォード大学の研究グループは /

carried out research / into how art affects people's sense of taste. // ② They gave
研究を実行した / 芸術が人々の味覚にどのように影響するかについて // 彼らは参加者に

participants / three different salads. // ③ The first one was / an ordinary mixed
提供した / 3種類のサラダを // 最初のものは～だった / 普通のミックスサラダ

salad. // ④ In the second one, / the vegetables were carefully arranged separately /
// 2番目のサラダでは / 野菜が慎重に別々に盛り付けられた /

in the bowl. // ⑤ The third one was arranged / like the painting / of a famous artist. //
ボウル内で // 3番目のサラダは盛り付けされた / 絵のように / 有名な芸術家の //

⑥ Of course, / each salad had the same ingredients. // ⑦ The study reported /
もちろん / 各サラダの材料は同じだった // その研究は報告した /

that participants preferred / the third, artistic salad / over the other salads. //
参加者は好んだことを / 3番目の芸術的なサラダを / 他のサラダよりも //

⑧ These results show / that the appearance of food, / including its arrangement
これらの結果は示している / 食べ物の見た目 / 盛り付けや形を含む

and shape, / and the shape of plates, / can affect people's sense of taste. //
/ そして皿の形が / 人々の味覚に影響を与えうることを //

✔ 構成&内容チェック 本文を読んで，（　）に合う日本語を書きなさい。

①・② 芸術と(1.　　　　　　)の関係に関する研究について述べられている。
オックスフォード大学の研究グループは参加者に3種類の(2.　　　　)を提供した。

③～⑥ 研究の方法を説明している。
同じ材料で3種類の(2)― 普通のミックス(2)，ボウル内で野菜が別々に盛り付けられた(2)，有名な芸術家の(3.　　　　)のように盛り付けられた(2)― を準備した。

⑦ 研究の結果が述べられている。
芸術的な(2)が最も好まれた。

⑧ 芸術と(1)の関係を結論付けている。
食べ物の見た目や皿の形は，人々の(1)に影響を与えうる。

✔ 構成&内容チェック **の解答**　1. 味覚　2. サラダ　3. 絵

🔑 読解のカギ

① ... a research group at Oxford University carried out research into how art affects people's sense of taste.

　　　　　　　　　　　間接疑問

→ carry out A［A out］は「Aを実行する」という意味。

→ into A は「Aについて」という意味で，Aは対象・分野を表す。

→ how art affects people's sense of taste は前置詞 into の目的語となる間接疑問。疑問詞のあとに平叙文の語順が続く。

　🎵 **Q1.** ＿＿ を埋めなさい。

　彼らの計画は決して実行されなかった。

　Their plan was never ＿＿＿＿＿ ＿＿＿＿＿.

② They gave participants three different salads.

→ They は①の a research group at Oxford University を指している。group はそのメンバーに言及する場合，このように複数扱いで they で受ける。

③ The first one was an ordinary mixed salad.

→ 不定代名詞 one は前出の可算名詞の代わりとして用いられる。ここでは salad を指している。

④ In the second one, the vegetables were carefully arranged separately in the bowl.

→ ③と同様に，不定代名詞 one は salad を指している。

→ carefully は arranged を修飾する副詞。受動態の動詞を副詞が修飾する場合，副詞は be 動詞と過去分詞の間に置かれることが多い。

⑤ The third one was arranged like the painting of a famous artist.

→ ③・④と同様に，不定代名詞 one は salad を指している。

⑥ Of course, each salad had the same ingredients.

→ each は「それぞれの」という意味。〈each＋単数可算名詞〉で単数扱いになる。

　🎵 **Q2.** 日本語にしなさい。

　Mr. Tanaka wanted to give the best guidance to each student.

　（　　　　　　　　　　　　　　　　　　　　　　　　　　　　　）

⑦ ... participants preferred the third, artistic salad over the other salads.

　　　　　　　　　　　　　　　　　　A　　　　　　　　　　　　　B

→ prefer A over B は「BよりもむしろAのほうを好む」という意味。

Q2. タナカ先生［さん］はそれぞれの生徒に最高の指導をしたかった。

教科書 p.129, ℓℓ.7〜18

🐾 ポイント　チョコレートの香りが味覚に与える影響はどのようなものか。

Smell 嗅覚

① Before eating chocolate, / check / that your nose is working properly. // ② If
チョコレートを食べる前に / 確認しなさい / あなたの鼻がきちんと機能していることを //　もし

your nose is blocked, / you will not taste it / as well. //
鼻が詰まっていると / あなたはそれを味わうことがないだろう / うまく //

③ Scent is very important / when tasting food / because you detect the flavor /
香りは非常に重要だ / 食べ物を味わうとき / あなたは風味を感知するので /

using both your mouth and nose. // ④ Do you know the difference / between the
口と鼻の両方を使って // あなたは違いを知っているか / 食べ物の味と

taste and the flavor of food? // ⑤ You can easily tell the difference. // ⑥ Try eating
風味の // あなたはその違いを容易に識別することができる // チョコレート

some chocolate / with your nose blocked. // ⑦ The taste that you sense / will be
を食べてみなさい / あなたの鼻をふさいで // あなたが感じる味は /

the "taste." // ⑧ Flavor is what you sense / through the functioning / of both your
「味」だ // 風味は感じるものだ / 機能することで / あなたの口と

mouth and nose. // ⑨ Is the chocolate sweet / or fruity? // ⑩ The impression you
鼻の両方が // チョコレートは甘いか / それともフルーティーか // あなたが受ける印象は

have / is the flavor / that you sense / using both your mouth and nose. //
/ 風味だ / あなたが感じる / 口と鼻の両方を使って //

✓ **構成＆内容チェック**　本文を読んで，（　）に合う日本語を書きなさい。

①・② 食べ物と嗅覚の関係を示唆している。
チョコレートを食べるときに（1.　　　　　　）が詰まっていたら，うまく味わえない。

↓

③ （2.　　　　　　）の重要性が述べられている。
食べ物を味わうとき，口と（1）の両方を使って，（3.　　　　　　）を感知するので，（2）は非常に重要である。

↓

④〜⑩ （3）とは何かが説明されている。
（3）は，口と（1）の両方が機能して感じるものであり，単なる味とは異なる。チョコレートが甘いかフルーティーかという印象は（3）である。

✓ **構成＆内容チェック**　の解答　1. 鼻　　2. 香り　　3. 風味

🔑 **読解のカギ**

② **If your nose is blocked, you will not taste it as well.**
→ as well は，ここでは「（鼻が詰まっていないときと同じくらい）うまく」という意味。

③ **Scent is very important <u>when tasting food</u> because you detect the flavor**
　　　　　　　　　　　　　　└── (you are)

<u>using</u> both your mouth and nose.
分詞構文（付帯状況）「～しながら，～して」
→ when (you are) tasting food の you are が省略されている。when や while などが
導く副詞節の〈主語＋be 動詞〉は省略されることがある。
→ using ... nose は付帯状況を表す分詞構文で，「～しながら，～して」という意味。

⑤ **You can easily tell the difference.**
→ tell には「（二つの間で差異などを）見分ける，識別する」という意味がある。

⑥ **<u>Try eating</u> some chocolate <u>with your nose blocked</u>.**
　　try *doing*「試しに～してみる」　　　　　〈with ＋名詞＋過去分詞〉
→ try *doing* は「試しに～してみる」という意味。
→〈with ＋名詞＋過去分詞〉は付帯状況を表し，「（名詞）が～されたままで」という意味。
🖊 **Q1. ＿＿ を埋めなさい。**
彼女は目を閉じてそこに座っていた。
She sat there ＿＿＿＿＿＿ her eyes ＿＿＿＿＿.

⑦ **The taste [that you sense] will be the "taste."**
先行詞 └────┘ 関係代名詞（目的格）
→ that は The taste を先行詞とする目的格の関係代名詞。

⑧ **Flavor is <u>what you sense through the functioning of both your mouth and</u>**
<u>nose.</u>　　関係代名詞 what
→ what は〈S＋V ...〉を伴って「S が V すること［もの］」という意味を表す関係代名詞。
🖊 **Q2. 並べかえなさい。**
私が言ったことを忘れてはいけません。(said / forget / don't / I / what).
＿＿＿＿＿＿＿＿＿＿＿＿＿＿＿＿＿＿＿＿＿＿＿＿＿＿＿＿＿＿＿＿.

　　先行詞　　　┌────┐関係代名詞（目的格）の省略　　　　　　分詞構文（付帯状況）
⑩ **The impression [you have] is the flavor [that you sense] <u>using</u> both your**
mouth and nose.　　　　先行詞 └────┘ 関係代名詞（目的格）
→ impression のあとに目的格の関係代名詞 which［that］が省略されている。
→ that は the flavor を先行詞とする目的格の関係代名詞。
→ using 以下は付帯状況を表す分詞構文で，「～しながら，～して」という意味。

──────────────────────────────────────
🔑 **読解のカギ** Q の解答　**Q1.** with, closed［shut］　　**Q2.** Don't forget what I said(.)

教科書 p.129, ℓ.19〜p.130, ℓ.6

ポイント　香りと風味が味覚に与える影響はどのようなものか。

① Let's consider this / in more detail. //
このことをよく考えてみよう / もっと詳細に //
② You sense scents / both before and
あなたは香りを感じる / 食べ物を入れる

after putting food / into your mouth. //
前と後で / あなたの口に //
③ The first scent is / the one around you /
最初の香りは / あなたの周りにある香りだ /

and that of the food. //
そして食べ物の香りだ //
④ The second scent is / the one that comes / from the food
2番目の香りは / 生じる香りだ / あなたの口の中に

in your mouth / up into your nose. //
ある食べ物から / あなたの鼻の中へと //
⑤ You imagine / how the food will taste /
あなたは想像する / 食べ物がどのような味がするのか

from the scent / you sense / before eating it, / and then you decide / whether you
香りから / あなたが感じる / それを食べる前に / そしてそれからあなたは判断する / その

like or dislike the food / on the basis of the scent / you sense / while eating. //
食べ物が好きか嫌いかを / 香りに基づいて / あなたが感じる / 食べている間に //

⑥ Now / I have a question / for you. //
さて / 質問がある / あなたに //
⑦ Imagine / that you added a bacon-like
想像しなさい / ベーコンのような香りや風味を

scent or flavor / to your food. //
加えると / あなたの食べ物に //
⑧ Do you think / it will affect the taste / of the
あなたは思いますか / それが味に影響すると / その

food? //
食べ物の //
⑨ Actually, / the food will taste saltier / than it really is, / because
実のところ / その食べ物はより塩辛い味がするだろう / 実際よりも / 科学者が

scientists have found / that people associate bacon / with salt. //
発見したからだ / 人々がベーコンを関連付けることを / 塩と //
⑩ The same
同じ現象が

phenomenon applies to the scent / of vanilla, / which people perceive as sweet. //
香りにあてはまる / バニラの / そしてそれを人々は甘いと感じる //

⑪ We can change / how we taste things / by changing the scent! //
私たちは変えることができる / ものの味わい方を / 香りを変えることで //

✓ **構成＆内容チェック**　本文を読んで，（　）に合う日本語を書きなさい。

①〜④ 人はいつ食べ物の香りを感じるかを述べている。
　食べ物を口に入れる前に感じる香りは，自分の周りと食べ物の香りであり，口に入れた後で感じる香りは，口から（1.　　　　　）にかけての食べ物からの香りである。

↓

⑤ 香りと食べ物の関係を説明している。
　食べ物を食べる前に，香りからその食べ物がどのような味がするのかを想像し，食べ物を食べている間に，香りからその食べ物が（2.　　　　　）を判断する。

↓

⑥〜⑪ 香りや風味が食べ物の味に与える影響を述べている。
　食べ物に香りや風味を加えると，それが味に影響する。ベーコンの香りや風味を加えると実際よりも塩辛く感じられ，（3.　　　　　）の香りを加えると甘く感じられる。

✓ **構成＆内容チェック** の解答　1. 鼻（の中）　2. 好きか嫌いか　3. バニラ

🔑 **読解のカギ**

③ **The first scent is the <u>one</u> around you and <u>that</u> of the food.**
　　　　　　　　　　　= the scent　　　　　　　　　= the scent of

➡ the one は the scent を指す。あとに of ...が続く場合は，the one ではなく that を用いる。

🖋 **Q1. 並べかえなさい。**

　この車は私がそこで見たものだ。　(saw / is / the one / this car / there / I).

_____.

④ **... the one [that comes from the food in your mouth up into your nose].**
　　　先行詞 ↑└──┘ 関係代名詞(主格)

➡ that は the one(= the scent)を先行詞とする主格の関係代名詞。

⑤ **You imagine ⟨how the food will taste from the scent [you sense before eating it]⟩,**
　　　　　　　　間接疑問　　　　　　　　　　　先行詞 ↑└──┘ 関係代名詞の省略

　and then you decide ⟨whether you like or dislike the food⟩ on the basis of
　　　　　　　　　　⟨whether ~ or ...⟩「~か…か」

　the scent [you sense while eating].
　　先行詞 ↑└┘関係代名詞の省略 └──(you are)

➡ how … eating it は imagine の目的語となる間接疑問。

➡ 2箇所にある scent のあとに目的格の関係代名詞 which[that]が省略されている。

➡ ⟨whether ~ or ...⟩は「~か…か」という意味で，decide の目的語となっている。

➡ on the basis of A は「A に基づいて」という意味。

➡ while (you are) eating の you are が省略されている。

⑨ **... scientists have found that people associate <u>bacon</u> with <u>salt</u>.**
　　　　　　　　　　　　　　　　　　　　　　　A　　　　　　B

➡ associate A with B は「A を B と結びつけて考える」という意味。

🖋 **Q2. ＿＿ を埋めなさい。**

　赤は危険と結びつけて考えられる。　Red is _____ _____ danger.

⑩ **The same phenomenon applies to the scent of vanilla, which people**
　　　　　　　　　　　　　　　　先行詞 └────────────┘ 関係代名詞
　　　　　　　　　　　　　　　　　　　　　　　　　　　　　　（非限定用法）

　perceive as sweet.

➡ apply to A は「A にあてはまる」という意味。

➡ which は非限定用法の関係代名詞で，which 以下がthe scent of vanilla を説明している。

➡ perceive A as B は「A を B と感じる[知覚する]」という意味。

⑪ **We can change [how we taste things] by changing the scent!**
　　　　　　　　　　関係副詞

➡ how は先行詞を含む関係副詞で，「~する方法[やり方]」という意味。

🔑 **読解のカギ** Q の解答　**Q1.** This car is the one I saw there(.)
Q2. associated with

教科書 p.130, ℓℓ.7〜17

ポイント　口のどの部分が味覚にかかわっているだろうか。

Taste 味覚

① Let's focus on our mouths. // ② Most people know / that their tongues are
　　口に注目しよう　　　　　//　ほとんどの人は知っている /　舌がかかわっていることを

involved / with tasting, / but more accurately, / you taste with buds / that are
　/　　味覚に　　/　しかしより正確には　/　あなたはつぼみで味わう　/　見られる

found / on your tongue, / on the roof of your mouth, / in your throat, / and so on. //
　/　舌の上に　/　　口内の上部分に　　/　　喉に　　/　　など　　//

③ Take a careful look at your tongue. // ④ If you see small bumps, / they are your
　　舌を注意深く見なさい　　　　//　もし小さな隆起が見つかったら /　それらが味蕾で

taste buds. // ⑤ They help tell your brain / what you're eating. // ⑥ We can taste /
ある //　それらは脳に伝えるのに役立つ / あなたが何を食べているのかを // 私たちは味わうことができる /

sweet, sour, salty, bitter, and *umami* / because of our taste buds. //
甘味 , 酸味 , 塩味 , 苦味 , そしてうま味を　/　　味蕾のおかげで　　//

✓ 構成＆内容チェック　本文を読んで，（　）に合う日本語を書きなさい。

①〜④ 口のどの部分で味覚を感じるのかを述べている。
　味覚を感じるのは，舌や口内の上部分，喉などにある，(1.　　　　　　　　　)という，
　小さな隆起である。

⑤・⑥ (1)の働きを説明している。
　(1)は私たちが何を食べているのかを脳に伝えるのに役立ち，私たちは，(1)を通し
　て，甘味，酸味，塩味，苦味，(2.　　　　　　)を味わうことができる。

🔑 **読解のカギ**

① **Let's focus on our mouths.**
→ focus on A は「A に注目する」という意味。

② **Most people know that their tongues are involved with tasting, but more accurately, you taste with buds [that are found on your tongue, on the**
先行詞 └──┘ 関係代名詞(主格)
roof of your mouth, in your throat, and so on].
→ be involved with A は「A とかかわる」という意味。
→ 2つ目の that は buds を先行詞とする主格の関係代名詞。
→ ... and so on は「…など」という意味。

🖊 **Q1. 日本語にしなさい。**
I don't want to be involved with him anymore.
(　　　　　　　　　　　　　　　　　　　　　　　　　　　　　)

③ **Take a careful look at your tongue.**
→ take a look at A は「A を見る」という意味で，この look は「一見，ひと目」という意味の名詞。

🖊 **Q2. 並べかえなさい。**
書類にすばやく目を通してください。
(take / look / a / at / quick / the / document).
_____.

④ **If you see small bumps, they are your taste buds.**
→ they は small bumps を指している。

⑤ **They help tell your brain what you're eating.**
　　　　　　　　　A　　　　間接疑問　B
→ They は④の your taste buds を指している。
→ help do は「～するのに役立つ」という意味。
→ 〈tell＋A＋B〉は「A に B を言う[伝える]」という意味で，your brain が A，間接疑問 what you're eating が B にあたる。

教科書 p.130, ℓ.18~p.131, ℓ.4

ポイント 味蕾は私たちにどのような影響を与えるだろうか。

① The average number of taste buds / in our mouths / is between 5,000 and
味蕾の平均数は　　　　　　/ 私たちの口内の　/ 5,000 から 10,000 の間で

10,000, / but the number varies / from person to person. // ② What does the
ある / しかしその数は異なる / 人によって // 違いは何を

difference / in number / mean? // ③ If you have a lot of taste buds, / you are more
/ 数の / 意味するのか // もしあなたに味蕾がたくさんあれば / あなたはより

sensitive / to taste. // ④ It is said / that about 25% of the population / in the world /
敏感である / 味に // 言われている / 人口の約 25％が / 世界の /

have a much greater number of taste buds / than others. // ⑤ These people tend
非常に多くの味蕾を持っていると / ほかの人より // これらの人々は持っている

to have / very strong likes and dislikes / of certain foods and drinks. // ⑥ Do you
傾向がある / 非常に強い好き嫌いを / ある食べ物や飲み物に関して // あなたは嫌い

dislike a lot of foods? // ⑦ If so, / it may be / because you have a large number of
な食べ物がたくさんあるか // もしそうなら / それは~かもしれない / あなたが多くの味蕾を持って

taste buds! //
いるから //

⑧ As you age, / however, / your taste buds become less sensitive. // ⑨ Therefore, /
年齢を重ねるにつれて / しかしながら / あなたの味蕾は鈍感になる // したがって /

your ability to taste / will probably change / and you will be able to eat foods /
あなたの味を感じる能力は / おそらく変わるだろう / そしてあなたは食べ物が食べられるようになるだろう /

that you didn't like / in your childhood, / or that you don't like now. //
あなたが好きでなかった / 子供時代に / あるいは今あなたが好きでない //

✓ 構成&内容チェック 本文を読んで，（　）に合う日本語や数字を書きなさい。

① 口内の味蕾の平均数について説明している。
口内の味蕾の平均数は 5,000 から（1.　　　　　　）の間で，その数には個人差がある。

②~⑦ 味蕾の数の違いが与える影響について述べている。
味蕾がたくさんある人は味により敏感である。世界の人口の約（2.　　　　　）％
がほかの人より非常に多くの味蕾を持っているが，これらの人々は，食べ物や飲み物
に関して，非常に強い好き嫌いを持っている傾向がある。

⑧・⑨ 味蕾と年齢の関係について述べている。
年齢を重ねるにつれて，味蕾は鈍感になるので，味を感じる（3.　　　　　）はお
そらく変わり，今まで好きでなかった食べ物が食べられるようになるだろう。

✓ 構成&内容チェック の解答 1. 10,000 　2. 25 　3. 能力

🎵 読解のカギ

① ... but the number varies from person to person.
→ vary from *A* to *A* は「A によって[A ごとに]異なる」という意味。

③ If you have a lot of taste buds, you are more sensitive to taste.
→ be sensitive to *A* は「A に敏感である」という意味。

🎵 Q1. ＿＿＿ を埋めなさい。
犬は匂いに敏感である。　Dogs are ＿＿＿＿ ＿＿＿＿ smell.

④ It is said that about 25% of the population in the world have a much
形式主語　　真主語

greater number of taste buds than others.
→ It が形式主語，that 以下が真主語となっていて，〈It is said that S+V 〜〉で「〜であると言われている」という意味。
→ a great number of *A* で「多くの A」という意味。ここでは，great が比較級の greater になっている。much は greater を修飾する副詞で「非常に，とても」という意味。
→ others は about 25% of the population in the world 以外の人々のことを指している。

🎵 Q2. 並べかえなさい。
日本語は難しい言語だと言われている。
(language / is / a / said / it / difficult / that / is / Japanese).
＿＿＿＿＿＿＿＿＿＿＿＿＿＿＿＿＿＿＿＿＿＿＿.

⑤ These people tend to have very strong likes and dislikes of certain foods and drinks.
→ tend to *do* は「〜しがちである，〜する傾向がある」という意味。

⑦ If so, it may be because you have a large number of taste buds!
→ if so で「もしそうなら」という意味。so は⑥の you dislike a lot of foods を受けている。
→ a large number of *A* は「多くの A」という意味を表す。

⑧ As you age, however, your taste buds become less sensitive.
→ 接続詞 as は「〜するにつれて」という意味で，比例を表す。この age は動詞で「年をとる」という意味。
→〈less+原級〉は「より〜ない」という意味。become less sensitive は「より敏感でなくなる」＝「鈍感になる」と考える。

⑨ ... foods [that you didn't like in your childhood], or [that you don't like now].
先行詞　　　関係代名詞(目的格)　　　　　　　　　関係代名詞(目的格)
→ 2つの that はいずれも foods を先行詞とする目的格の関係代名詞。

教科書 p.131, ℓℓ.5〜17

> **ポイント**　聴覚は味覚にどのような影響を与えるだろうか。

Hearing 聴覚

① Hearing also affects our taste. //　② Here are some examples. //
聴覚もまた私たちの味覚に影響を与える //　　　　ここにいくつかの例がある　//

③ Oxford University carried out some research / into the relationship /
　　　オックスフォード大学がある研究を行った　　/　　関連についての　/

between sound and people's sense of taste. //　④ In their study, / each participant
　　音と人間の味覚の間の　　　　　//　　彼らの研究では　/　　各参加者が

ate identical pieces of taffy / while listening to high-pitched music / or low-pitched
同じタフィーのかけらを食べた　/　　ピッチの高い曲を聴いている間　/　もしくはピッチの

music. //　⑤ The researchers checked for differences / in participants' sense of
低い曲を //　　　研究者は違いがないかどうかを調べた　/　　　参加者の味覚における

taste / when listening to each type of music. //　⑥ When people heard high-pitched
　/　それぞれのピッチの曲を聴いているときの　//　　　高いピッチの曲を聴いたとき

music, / they felt / the taffy was sweeter. //　⑦ On the other hand, / when they
　/ 彼らは感じた　　タフィーがより甘いと　　//　　　その一方で　/ 低いピッチの

heard low-pitched music, / they felt / the taffy was more bitter. //
曲を聴いたとき　　/ 彼らは感じた /　タフィーがより苦いと　//

✓ **構成＆内容チェック**　本文を読んで，（　）に合う日本語を書きなさい。

①・②（1.　　　　　　　）と味覚の関係について述べている。
（1）もまた味覚に影響を与える。その例がいくつかある。

↓

③〜⑤ オックスフォード大学で行われた研究が紹介されている。
（2.　　　　　　　）の異なる曲を聴いたときの味覚の違いを調べるために，参加者は，
（2）の高い曲もしくは低い曲を聴きながら，同じタフィーのかけらを食べた。

↓

⑥・⑦ オックスフォード大学で行われた研究の結果が紹介されている。
参加者は，高い（2）の曲を聴いたとき，タフィーをより甘く感じ，低い（2）の曲を聴
いたとき，タフィーをより（3.　　　　　　　）感じた。

✓ **構成＆内容チェック**　の解答　1. 聴覚　　2. ピッチ　　3. 苦く

🎵 読解のカギ

③ **Oxford University** carried out **some research** into **the relationship between sound and people's sense of taste.**

➡ carry out A [A out]は「A を実行する」という意味。

➡ into A は「A について」という意味。

④ **In their study, each participant ate identical pieces of taffy** <u>while</u>
　　　　　　　　　　　　　　　　　　　　　　　　　　(he[she] was)⌐

listening to high-pitched music or low-pitched music.

➡ 副詞節の〈主語＋be 動詞〉の省略。ここでは while (he[she] was) listening to ...の he[she] was が省略されている。he[she]は each participant を指している。

🎵 **Q1. 並べかえなさい。**

歩きながらスマートフォンを使うのはやめなさい。

(using / walking / while / smartphone / stop / your).

_____.

⑤ **The researchers** checked for **differences in participants' sense of taste when** listening to **each type of music.**
　　　　⌐(they were)

➡ check for A で, 「A がないかどうかを調べる」という意味。

➡ 副詞節の〈主語＋be 動詞〉の省略。ここでは when (they were) listening to ...の they were が省略されている。

➡ each type of music は④の high-pitched music or low-pitched music を指している。

⑦ **On the other hand, when they heard low-pitched music, they felt the taffy was more bitter.**

➡ on the other hand は「その一方で, 他方では」という意味。

🎵 **Q2. 日本語にしなさい。**

She already left the office. On the other hand, I have to work overtime.

(　　　　　　　　　　　　　　　　　　　　　　　　　　　　)

教科書 p.131, ℓℓ.18〜24

◆ポイント 音は味にどのような影響を与えるだろうか。

① Sound affects taste, / so you should be careful / with background noises and
音は味に影響を与える / だからあなたは気を付けるべきだ / 背景の雑音や音楽に

music / when you invite your friends around / for a meal. // ② A study / by Cornell
/ あなたが友達を自宅に誘うときは / 食事に // ある研究は / コーネル

University food scientists / found / that loud, noisy environments change / your
大学の食品科学者による / 発見した / 大きな音のする騒々しい環境が変えることを /

sense of taste. // ③ Their study showed / that people in noisy places / became less
あなたの味覚を // 彼らの研究は示した / 騒がしい場所にいる人々は / 鈍感になる

sensitive / to sweet and salty flavors, / and more sensitive / to *umami*. // ④ A
/ 甘味や塩味に / そしてより敏感になることを / うま味に //

German airline confirmed / that on their flights, / passengers ordered / nearly as
ドイツのある航空会社は確認した / フライト中に / 乗客が注文することを / ビールとほぼ

much tomato juice as beer. // ⑤ It may be / because tomatoes have lots of *umami*. //
同じくらい多くのトマトジュースを // それは〜かもしれない / トマトにうま味成分が多く含まれているから //

✓ 構成&内容チェック 本文を読んで，（　）に合う日本語を書きなさい。

① (1.　　　　　　　　　)が味に影響を与えることが述べられている。
（1）は味に影響を与えるので，友達を食事に誘うときは，背景の雑音や音楽に気を付けるべきである。

②・③ コーネル大学の食品科学者による研究の結果が紹介されている。
騒々しい環境では，甘味や塩味に鈍感になり，(2.　　　　　　)により敏感になることがわかった。

④・⑤ コーネル大学の研究の結果と関連する事例が紹介されている。
ドイツのある航空会社では，フライト中に乗客がビールとほぼ同じくらい多くの
(3.　　　　　　)ジュースを注文することが確認されたが，それは（3）にうま味成分が多く含まれているからかもしれない。

✓ 構成&内容チェック の解答　1. 音　2. うま味　3. トマト

🎸 **読解のカギ**

① **Sound affects taste, so you should be careful with background noises and music when you invite your friends around for a meal.**

➡ be careful with A は「A に気を付ける，A に注意する」という意味。

➡ around は「近くに」という意味の副詞で，文脈から特定の場所を表すこともできる。ここでは「自宅へ[に]」ということ。

🎵 **Q1.** ＿＿ **を埋めなさい。**

そのガラスに気を付けなさい。

Be ＿＿＿＿＿ ＿＿＿＿＿ the glass.

③ **Their study showed [that people in noisy places became less sensitive**
　　　　　　　　　　　　　 that 節　　　　　　S'　　　　　　　V'　　　 C'₁

to sweet and salty flavors, and more sensitive to *umami*].
　　　　　　　　　　　　　　　　　　　　C'₂

➡ Their は②の Cornell University food scientists を受けている。

➡ that 以下は showed の目的語となる that 節。

➡ that 節内は〈S + V + C〉の第 2 文型で，C が less sensitive と more sensitive の 2 つになっている。〈less + 原級〉は「より～ない」という意味。became less sensitive は「より敏感でなくなった」＝「鈍感になった」と考える。

④ **A German airline confirmed [that on their flights, passengers ordered**
　　　　　　　　　　　　　　　　 〈confirm + that 節〉

nearly as much tomato juice as beer].
　　　　　　　 〈as much ＋名詞＋ as A〉

➡ 〈confirm + that 節〉で「～ということを確認する」という意味を表す。

➡ their は passengers を受けている。

➡ 〈as much[many] + 名詞 + as A〉で「A と同じくらい多くの～」という意味を表す。〈名詞〉が可算名詞の場合は many，不可算名詞の場合は much を用いる。

🎵 **Q2. 並べかえなさい。**

私はあなたと同じくらいワインを飲んだ。

(drank / wine / as / I / much / you / as).

＿＿＿＿＿＿＿＿＿＿＿＿＿＿＿＿＿＿＿＿＿＿＿＿＿＿.

⑤ **It may be because tomatoes have lots of *umami*.**

➡ It は④の that 節内の内容を指している。

➡ It is because ～で「それは～だからだ」という意味を表す。ここでは，助動詞 may「～かもしれない」が使われているので，be 動詞が原形の be になっている。

教科書 p.132, ℓℓ.1〜9

ポイント　　口内での食べ物の食感は味覚にどのような影響を与えるだろうか。

Touch 触覚

① When you consider / how you taste, / you cannot ignore / your sense of
あなたが考えるとき　/　味わい方を　/　無視することはできない /　あなたの触覚を

touch. // ② In general, / your impression of a food / is greatly influenced / by the
//　　一般に　/　　食べ物の印象は　　/　　大いに影響される　/　食べ物

texture of the food / in your mouth. // ③ You may have heard your friends saying, /
の食感によって　/　口内の　//　　あなたは友達が言うのを聞いたかもしれない

"I don't like it / because it is sticky" / or "I don't want to eat it / because it is
「私はそれが好きではない /　ねばねばしているから」 /　あるいは「私はそれを食べたくない /　ゴムみたい

rubbery." // ④ Most of us don't like feeling a food moving / in our mouths. // ⑤ It
だから」と // 私たちのほとんどは食べ物が動いている感触が好きではない /　口の中で　//

takes courage / to eat raw moving squid arms, / don't you think? // ⑥ Of course, /
勇気がいると /　生の動いているイカの足を食べることは /　あなたは思いませんか　//　もちろん　/

the feeling in your mouth / could be the reason / why you like the food. // ⑦ Many
口の中の感触は　/　理由になることがある /　あなたがその食べ物を好む　//　　多くの

scientists say / that chocolate fascinates us / because of its texture, / and because
科学者は言う　/　チョコレートは私たちを魅了すると /　その食感のために　/　そしてそれが

it melts / in our mouths. //
溶けるために /　口の中で　//

✓ 構成&内容チェック　本文を読んで，(　)に合う日本語を書きなさい。

①・② (1.　　　　　　　　)と味わい方の関係が述べられている。
　一般に，食べ物に対する印象は，口内の食べ物の(1)に影響される。

↓

③〜⑤ (1)が理由で，特定の食べ物が好まれない例が紹介されている。
　「ねばねばしているから」あるいは「ゴムみたいだから」という理由で，特定の食べ物
を好まない人がいる。また，私たちのほとんどは，口の中で食べ物が(2.　　　　　　)
感触を好まない。

↓

⑥・⑦ (1)が理由で，特定の食べ物が好まれる例が紹介されている。
　(3.　　　　　　)は，その(1)と口の中で溶けるという理由で好まれている。

✓ 構成&内容チェック の解答　1. 食感　　2. 動いている　　3. チョコレート

① **When you consider** <u>how</u> **you taste, you cannot ignore your sense of touch.**
　　　　　　　　　　　　間接疑問
➡ how you taste は consider の目的語となる間接疑問。

② **In general, your impression of a food is greatly influenced ....**
➡ in general は「一般に」という意味で，文全体を修飾する。generally と同意。

③ **You** <u>may have heard</u> **your friends saying**, "I don't like it because it is sticky" ....
〈may have ＋過去分詞〉〈知覚動詞＋ O ＋現在分詞〉
➡〈may have ＋過去分詞〉は，過去のことについての推量を表し，「～したかもしれない」という意味を表す。
➡〈知覚動詞＋ O ＋現在分詞〉は，「O が～しているのを…する」という意味。ここでは知覚動詞は hear なので，「O が～しているのを聞く」という意味。
Q1. ＿＿ を埋めなさい。
彼はこの前の日曜日に出発したかもしれない。
He ＿＿＿＿ ＿＿＿＿ left last Sunday.

④ **Most of us don't like** <u>feeling</u> **a food** <u>moving</u> **in our mouths.**
　　　　　　　　　　　〈知覚動詞＋ O ＋現在分詞〉
➡〈知覚動詞＋ O ＋現在分詞〉は，「O が～しているのを…する」という意味。ここでは知覚動詞は feel なので，「O が～しているのを感じる」という意味。

⑤ **It takes courage to eat raw moving squid arms, don't you think?**
〈It takes ＋ O ＋ to *do* ～〉　現在分詞└──┘名詞
➡〈It takes ＋ O ＋ to *do* ～〉で，「～するのに…を必要とする」という意味を表す。
➡ I think や don't you think は表現をやわらげるために文中や文末に置かれることがある。この文は，Don't you think (that) it takes courage to eat raw moving squid arms? と書きかえることができる。

⑥ **... the feeling in your mouth could be the reason** [why you like the food].
　　　　　　　　　　　　〈推量〉　　先行詞└──┘関係副詞
➡ 助動詞 could は「～でありうる」という意味で，現在や未来の推量を表す。
➡ why は the reason を先行詞とする関係副詞。〈the reason why S ＋ V ～〉で「S が V する理由」という意味になる。
Q2. 並べかえなさい。
彼女が行けない理由を私は知らない。
(don't / why / go / she / the reason / know / can't / I).
＿＿＿＿＿＿＿＿＿＿＿＿＿＿＿＿＿＿.

教科書 p.132, ℓℓ.10～24

ポイント　口の外での食べ物の触感は味覚にどのような影響を与えるだろうか。

① Even the sense of feeling / outside of our mouths / influences / how we
　　　感覚でさえ　　　　　/　私たちの口の外での　　/　影響する　/　私たちの

taste. // ② One drink company / made its ice-tea packaging feel soft / like a peach
味わい方に //　ある飲料会社は　/ アイスティーのパッケージを柔らかく感じさせた /　モモの皮の

skin. // ③ This made the peach flavor seem fruitier / than it really was. //
ように//　このことはピーチ味をよりフルーティーに思わせた　/　実際よりも　　//

④ You know / that in many places / around the world / such as Africa, the
あなたは知っている /　多くの地域で　/　世界中の　/　アフリカ, 中東,

Middle East, and India, / most people eat their food / with their hands. // ⑤ Some
そしてインドのような　/ ほとんどの人々が食べ物を食べることを /　手て　//　言う人も

say / that food eaten with their hands / tastes better / than when it is eaten / with
いる /　手て食べる食べ物は　/　よりおいしい　/　食べるときよりも　/

tableware. // ⑥ Considering / how you bring your food / to your mouth / may be
食器て //　考えることは　/ どのように食べ物を運ぶかを /　自分の口に　/　より大切

more important / than you think. // ⑦ At some of the best restaurants / in the
かもしれない　/ あなたが思うよりも //　最高のレストランのいくつかでは　/　世界て

world, / some course dishes are eaten / with your fingers. //
/ コース料理のうちの何品かは食べられている/　指て　//

⑧ So, / now you know / that all your senses affect / how you taste food. // ⑨ Did you
さて / 今やあなたは知っている / すべての感覚が影響を与えることを / どのように食べ物を味わうかに // 何か

learn any surprising facts / that you did not know / before? // ⑩ If you care about / not
驚くべき事実を学んだか　/　あなたが知らなかった　/ 以前は // あなたが気を配れば /

only the taste of a meal, / but also how you taste it, / you will be able to enjoy it more. //
食事の味だけでなく / それをどのように味わうかにも / あなたは食事をもっと楽しむことができるだろう //

⑪ Enjoy your meal! //
食事を楽しもう　//

✔ **構成&内容チェック** **本文を読んで，( )に合う日本語を書きなさい。**

①～③ 口の外での感覚と味わい方の関係が述べられている。
ある飲料会社は，アイスティーのパッケージを(1.　　　　　)のように柔らかく
感じるようにしたことで，ピーチ味を実際よりもフルーティーに思わせた。
↓
④～⑦ どのように口に食べ物を運ぶかを考えることの重要性について述べられている。
食器よりも，(2.　　　　　)で食べ物を食べるほうがよりおいしいと言う人もいる。
↓
⑧～⑪ 文章全体のまとめ
すべての(3.　　　　　)がどのように食べ物を味わうかに影響を与える。

✔ **構成&内容チェック** **の解答** 1. モモの皮　2. 手　3. 感覚

🔑 読解のカギ

① **Even the sense of feeling outside of our mouths influences how we taste.**
　　　　　　　　　　　　　　　　　　　　　　　　　　　　　間接疑問

➡ how we taste は間接疑問。疑問詞のあとに平叙文の語順が続く。

② **One drink company made its ice-tea packaging feel soft like a peach skin.**
　　　　　　　　　　〈make＋O＋原形不定詞〉　　　　〈feel＋形容詞〉

➡〈make＋O＋原形不定詞〉で「O に(強制的に)～させる」という意味。
➡〈feel＋形容詞〉で「～に感じる」という意味。

🖊 **Q1. 並べかえなさい。**
　その光景で私たちは気分が悪くなった。　(us / sight / the / made / sick / feel).

　_____.

③ **This made the peach flavor seem fruitier than it really was.**
　　〈make ＋ O ＋原形不定詞〉　　　〈seem ＋形容詞〉

➡〈seem＋形容詞〉で「～のように思われる[見える]」という意味。

⑤ **Some say that food eaten with their hands tastes better ….**
　　　　　　　　名詞↑＿＿＿＿＿│〈過去分詞＋語句〉

➡ 過去分詞 eaten で始まる語句が名詞 food を後ろから修飾している。

⑥ **Considering how you bring your food to your mouth may be more important ….**
　〈動名詞＋間接疑問〉

➡ how ... your mouth は間接疑問。Considering ... mouth が主語となっている。

⑧ **So, now you know that all your senses affect how you taste food.**
　　　　　　　　　　　　　　　　　　　　　　　　間接疑問

➡ how you taste food は affect の目的語となる間接疑問。

⑨ **Did you learn any surprising facts [that you did not know before]?**
　　　　　　　　　先行詞 ↑＿＿＿＿│関係代名詞(目的格)

➡ that は any surprising facts を先行詞とする目的格の関係代名詞。

⑩ **If you care about not only the taste of a meal, but also how you taste it,**
　　　　　　　　　　　　　　　　　A　　　　　　　　　　　　　　間接疑問　B

you will be able to enjoy it more.

➡ not only A(,) but also B は「A だけでなく B もまた」という意味。

🖊 **Q2. ＿＿＿ を埋めなさい。**
　私たちは水だけでなく食べ物もまた必要だ。

　We need not _____ water _____ _____ food.

🔑 読解のカギ Q の解答　**Q1.** The sight made us feel sick(.)
Q2. only, but also

😊 **Comprehension** ❗ヒント

1 **Choose one sentence that best matches the contents of the text.**
（本文の内容に最も合う文を 1 つ選びなさい。）

1 視覚についての記述によると，
　a. 四角い形の食べ物は，丸い形の食べ物よりも甘いとみなされがちである。
　b. 皿の形は，人々の味覚に影響を与えうる。
　c. 私たちは，ボウル内で別々に盛り付けられたサラダを好みがちである。
　（教 p.129, ℓℓ.5~6）

2 嗅覚についての記述によると，
　a. たとえ鼻が詰まっていても，あなたはきちんと食べ物を味わうことができる。
　b. あなたの周りにある香りは，食べ物の香りよりもあなたに強い印象を与える。
　c. バニラの香りは，食べ物を実際よりも甘く思わせる。
　（教 p.130, ℓℓ.4~5）

3 味覚についての記述によると，
　a. 味蕾は，舌の上だけではなく，口内のほかの部分にも見られる。
　b. 味蕾の約 25% は，ほかの味蕾よりも敏感である。
　c. 味蕾は，あなたが年齢を重ねるにつれて，より敏感になる。
　（教 p.130, ℓℓ.9~12）

4 聴覚についての記述によると，
　a. 味覚は，聴いている曲に影響されうる。
　b. 騒がしい場所にいるとき，あなたは甘味や塩味により敏感になるだろう。
　c. 飛行機の乗客は，トマトジュースとビールを同時に注文しがちである。
　（教 p.131, ℓℓ.14~17）

5 触覚についての記述によると，
　a. 食べ物の印象は，口内での食べ物の食感に影響される。
　b. ある飲料会社は，本物のモモの皮を使ってアイスティーのパッケージを作った。
　c. 世界中のどのレストランにおいても，あらゆる料理は，食べるのにナイフとフォー
　　クが必要である。
　（教 p.132, ℓℓ.2~3）

2 **Write about a food you enjoyed recently.**
（あなたが最近楽しんだ食べ物について書きなさい。）

　例　I ate curry *udon* last Sunday at a Japanese restaurant, and it was *udon* noodles
in a bowl of Japanese curry. Chicken, green onions, and *shiitake* mushrooms were
in it. It was spicy and delicious, so I would like to eat it again.

📝 定期テスト予想問題　　　解答 → p.204

1 日本語の意味に合うように, ___に適切な語を入れなさい。
(1) 私はそのことについて詳しく知らない。
I don't know about that _____ _____.
(2) 一般に, 女性は男性よりも長生きだ。
_____ _____, women live longer than men.
(3) それは私がかかわった最初の仕事だった。
That was the first job I was _____ _____.
(4) 私たちは人々を彼らの人種に基づいて判断すべきではない。
We should not judge people _____ the_____ of their race.

2 ( )内の語句のうち, 適切なほうを選びなさい。
(1) This medicine will make you (to feel,　feel) better.
(2) Turn off the water while (brushed,　brushing) your teeth.
(3) The juice (seems to,　seems) bitter.

3 日本語に合うように, ( )内の語句を並べかえなさい。
(1) その川に飛び込むには勇気が必要だ。
(takes / the river / dive / courage / it / to / into).
_____.
(2) 本を閉じて私の話を聞きなさい。
(to / with / me / listen / closed / your books).
_____.
(3) 私は彼の本を読んだが, それはおもしろくなかった。
(read / wasn't / which / his / I / book / interesting / ,).
_____.
(4) 私の夫は新聞を読みながら朝食を食べる。
My (reading / husband / breakfast / a newspaper / eats).
My _____.

4 次の英語を日本語にしなさい。
(1) Smell is often associated with your childhood memories.
(　　　　　　　　　　　　　　　　　　　　　　　　　　)
(2) She may have been sick yesterday.
(　　　　　　　　　　　　　　　　　　　　　　　　　　)
(3) This is the reason why I was late.
(　　　　　　　　　　　　　　　　　　　　　　　　　　)

5 次の英文を読んで，あとの問いに答えなさい。

See the picture of 12 chocolates. ①(one / the / think / do / which / you / is / sweetest)? Perhaps you chose one of the round ones. According to one study, round-shaped foods tend to be seen as sweeter than square-shaped foods. ②This phenomenon also applies to the shape of plates. The University of London found food served on round plates seems to taste sweeter.

In another interesting study, a research group at Oxford University carried out research (③) how art affects people's sense of taste. ④They gave participants three different salads. The first one was an ordinary mixed salad. In the second one, the vegetables were carefully arranged separately in the bowl. The third one was arranged like the painting of a famous artist. Of course, each salad had the same ingredients. The study reported that participants preferred the third, artistic salad over the other salads.

(1) 下線部①が「あなたはどれがいちばん甘いと思いますか」という意味になるように，（ ）内の語を並べかえなさい。

_____?

(2) 下線部②が指すものを日本語で答えなさい。

（　　　　　　　　　　　　　　　　　　　　　　　　　　　　　　）

(3) （ ③ ）に入る語として適切なものを選び，記号で答えなさい。

a. to　　**b.** into　　**c.** from　　**d.** by　　　　　　　　（　　）

(4) 下線部④が指すものを本文中から抜き出しなさい。

_____

6 次の英文を読んで，あとの問いに答えなさい。

The average number of taste buds in our mouths is between 5,000 and 10,000, but ①the number varies from person to person. What does the difference in number mean? If you have a lot of taste buds, ②you are more sensitive ( ) taste. It is said that about 25% of the population in the world have a much greater number of taste buds than others. These people tend to have very strong likes and dislikes of certain foods and drinks. Do you dislike a lot of foods? ③If so, it may be because you have a large number of taste buds!

(1) 下線部①のあとに省略されている語句を，本文中から抜き出しなさい。

_____

(2) 下線部②が「あなたはより味に敏感である」という意味になるように，（ ）に適切な語を入れなさい。

_____

(3) 下線部③の英語を，so が指す内容を具体的に表して日本語にしなさい。

（　　　　　　　　　　　　　　　　　　　　　　　　　　　　　　）

定期テスト予想問題 解答 pp.202~203

1 (1) in detail　(2) In general　(3) involved with　(4) on, basis

2 (1) feel　(2) brushing　(3) seems

3 (1) It takes courage to dive into the river(.)
(2) Listen to me with your books closed(.)
(3) I read his book, which wasn't interesting(.)
(4) husband eats breakfast reading a newspaper

4 (1) 匂いはよく子供時代の記憶と結びつけて考えられる。
(2) 彼女は昨日病気だったかもしれない。
(3) これが私が遅れた理由だ。

5 (1) Which one do you think is the sweetest(?)
(2) 丸い形の食べ物は四角い形の食べ物よりも甘いとみなされがちであるという現象。
(3) **b**　(4) a research group at Oxford University

6 (1) of taste buds in our mouths　(2) to
(3) もしあなたに嫌いな食べ物がたくさんあるなら，それはあなたに味蕾がたくさんあるからかもしれない。

解説

1 (2) in general = generally　(3) be involved with A で「A とかかわる」という意味。the first job が A にあたり，I の前に目的格の関係代名詞が省略されている。

2 (1) 〈make＋O＋原形不定詞〉＝「O に（強制的に）〜させる」　(2) 副詞節の〈主語＋be 動詞〉の省略。while (you are) brushing の you are が省略されている。(3) 〈seem＋形容詞〉＝「〜のように見える[思われる]」

3 (1)「〜するには…を必要とする」は〈It takes＋O＋to do 〜〉で表す。　(2)「本を閉じて」は〈with＋名詞＋過去分詞〉の形を使い，with your books closed とする。(3) his book を先行詞として，関係代名詞の非限定用法の〈コンマ (,)＋which〉を使って表す。　(4)「〜しながら」は付帯状況を表す分詞構文を使って表す。

4 (1) associate A with B で「A を B と結びつけて考える」という意味。A にあたる smell を主語にした受動態の文になっている。　(2)〈may have＋過去分詞〉＝「〜したかもしれない」という意味。過去の推量を表す。　(3)〈the reason why S＋V 〜〉で「S が V する理由」という意味。why は the reason を説明する関係副詞。

5 (1)〈疑問詞＋（代）名詞＋do you think 〜?〉の語順になる。　(2) 直前の文の round-shaped foods tend to be seen as sweeter than square-shaped foods を指す。phenomenon =「現象」なので，文末は「〜という現象」のようにまとめる。　(3) into A =「A について」　(4) a group は単数だが，グループを構成するメンバーひとりひとりを指すので，複数扱い。

6 (1)「口内の味蕾の数」but よりも前の部分参照。　(2) be sensitive to A で「A に敏感である」という意味。　(3) if so は「もしそうなら」という意味。so が指す内容は直前の文を参照。

Lesson 8　The Best Education to Everyone, Everywhere

単語・熟語チェック

PART ①

occupation	名 職業	What is your **occupation**? あなたの職業は何ですか。
advanced	形 進歩した	He has **advanced** views. 彼は進歩した思想を持っている。
artificial	形 人工の	These **artificial** flowers look real. これらの人工の花は本物に見える。
intelligence	名 知能	It is said that dolphins have high **intelligence**. イルカは高い知能を持つと言われている。
exist	動 存在する	If water **exists**, life may also **exist**. 水が存在するならば，生命も存在するかもしれない。
content	名 中身，内容	The important thing is not the form, but the **content**. 大切なものは形ではなくて内容である。
criteria < criterion	名 基準	I don't understand her **criteria** for beauty. 私は彼女の美の基準が理解できない。
factor	名 要素	Several **factors** caused this accident. いくつかの要素がこの事故を引き起こした。
salary	名 給料	Our **salaries** are paid on the 15th of each month. 私たちの給料は毎月 15 日に支払われる。
entrepreneur	名 起業家	Be an **entrepreneur** and start your own business. 起業家になって自分の事業を始めなさい。
found *A*	動 A を創設する	Who **founded** this university? だれがこの大学を創設したのですか。
modern	形 現代の	Are you interested in **modern** music? あなたは現代音楽に興味がありますか。
profession	名 専門職	The **profession** is attractive to women. その専門職は女性には魅力的だ。
establish *A*	動 A を確立する	He **established** a good relationship with his students. 彼は生徒たちとよい関係を確立した。
no longer	熟 もはや～でない[しない]	This word is **no longer** used. この語はもはや使われていない。
even if ～	熟 たとえ～でも	I'll go **even if** you don't. たとえあなたが行かなくても，私は行きます。
How about *A*?	熟 A はどうか。	I like dogs very much. — **How about** cats? 私はイヌが大好きです。—ネコはどうですか。
thanks to *A*	熟 A が理由[A のおかげ]で	**Thanks to** the nice weather, the event was successful. 好天候のおかげで，イベントは成功した。

PART ②

intern	名 研修生	They will work as **interns** from next month. 彼らは来月から研修生として働くだろう。
Bangladesh	名 バングラデシュ	**Bangladesh** is a neighboring country of India. バングラデシュはインドの隣国だ。
midnight	名 午前 0 時	The bell will ring at **midnight**. そのベルは午前 0 時に鳴るだろう。
streetlight	名 街灯	I noticed that I hadn't seen any **streetlights**. 私は街灯をまったく見ていないことに気付いた。

poverty	名 貧困	Many people live in **poverty** in the world.
		世界では多くの人々が貧困の中で暮らしている。
dim	形 薄暗い	The lamp in the basement was **dim**.
		その地下室の電灯は薄暗かった。
sight	名 光景	This is a very common **sight** in this country.
		これはこの国ではとてもよく見られる光景だ。
shortage	名 不足	There was a serious **shortage** of water this summer.
		この夏は深刻な水不足だった。
charismatic	形 カリスマ的な	She is a **charismatic** singer among the teenagers.
		彼女は 10 代の若者の間でカリスマ的な歌手だ。
low-income	形 低所得の	They had to live in a **low-income** area.
		彼らは低所得の地区に住まなければならなかった。
help A out of B	熟 A を B から 助け出す	You **helped** me **out of** the difficulty.
		あなたは私をその苦境から助け出してくれた。
be surprised at A	熟 A に驚く	I **was surprised at** his success.
		私は彼の成功に驚いた。
decide to do	熟 ～することに決める [しようと決心する]	She **decided** to live in New York.
		彼女はニューヨークに住むことに決めた。
non-profit	形 非営利の	You can use the image for **non-profit** purposes only.
		その画像は非営利目的に限って使用できる。
organization	名 団体，組織	He started the volunteer **organization**.
		彼はそのボランティア団体を設立した。
fund	名 資金	I collected **funds** to help poor children.
		私は貧しい子供たちを助けるために資金を集めた。
persuade A	動 A を説得する	She is easy to **persuade**.
		彼女は説得しやすい。
cooperate	動 協力する	They should **cooperate** with each other.
		彼らは互いに協力し合うべきだ。
repeatedly	副 繰り返して	Bathwater is filtered and used **repeatedly**.
		お風呂の水はろ過され，繰り返して使われている。
lecture	名 講義	His **lecture** was boring.
		彼の講義は退屈だった。
result	名 結果	I was disappointed at the **result**.
		私はその結果にがっかりした。
admit A	動 A の入学を 認める	The school **admits** many foreign students.
		その学校は多くの外国人の生徒の入学を認めている。
mission	名 任務，目標	What is the **mission** of the NPO?
		その NPO の任務は何ですか。
addition	名 追加，加えら れた物[人]	They had a new **addition** to their team.
		彼らのチームに新たに加わった人がいた。
educational	形 教育の	You can use the free **educational** videos in class.
		クラスでその無料の教育ビデオを使うことができる。
Myanmar	名 ミャンマー	**Myanmar** is a country in Southeast Asia.
		ミャンマーは東南アジアにある国だ。
Nepal	名 ネパール	I'm looking forward to visiting **Nepal**.
		私はネパールを訪れるのを楽しみにしている。
typhoon	名 台風	The **typhoon** destroyed more than 5,000 houses.
		その台風は 5,000 軒以上の家を破壊した。

PART ③

severe	形 深刻な	Windstorms sometimes cause **severe** disasters.
		暴風はときに深刻な災害を引き起こす。
supporter	名 支援者	Many **supporters** gathered there.
		多くの支援者たちがそこに集まった。
set up A [A up]	熟 Aを設立する	They **set up** a school there three years ago.
		彼らは3年前、そこに学校を設立した。
persuade A to *do*	熟 Aを説得して〜させる	They **persuaded** their father **to** give up driving.
		彼らは父親を説得して運転をあきらめさせた。
as a result	熟 結果として	**As a result**, she won a ticket to the Olympics.
		結果として、彼女はオリンピックへの切符を獲得した。
be admitted to A	熟 Aへの入学を認められる	He **was admitted to** this high school.
		彼はこの高校への入学を認められた。
go on to A	熟 Aへ進学する[進む]	I want to **go on to** university.
		私は大学に進学したい。
in addition to A	熟 Aに加えて、Aだけでなく	**In addition to** supermarkets, we can buy food here.
		スーパーマーケットだけでなく、ここでも食料を買える。
actively	副 活動的に	They work **actively** to protect the environment.
		彼らは環境を保護するために活動的に働く。
ministry	名 省	He works at the **Ministry** of the Environment.
		彼は環境省に勤めている。
realization	名 実現	Expectation is better than **realization**.
		期待は実現にまさる。
suffer	動 苦しむ	She **suffered** from the disease for a long time.
		彼女は長い間、その病気で苦しんだ。
representative	名 代表	**Representatives** from 32 countries met there.
		32か国からの代表がそこで会った。
passion	名 情熱、夢中になるもの	How can I find my **passion** in life?
		どうすれば私は人生で夢中になるものを見つけられますか。
seem	動 〜のように思われる[見える]	He **seemed** tired, so I told him to take a rest.
		彼が疲れているように見えたので、私は休むように言った。
advise A	動 Aに助言する	She **advised** the players to play as a team.
		彼女は選手たちにチームとしてプレーするよう助言した。
career	名 仕事、職業、経歴	It's time for you to think about your future **career**.
		あなたの将来の仕事について考える時期だ。
suffer from A	熟 Aで苦しむ	Many people are still **suffering from** poverty.
		多くの人々が今もなお、貧困で苦しんでいる。
have (a) passion for A	熟 Aに情熱を持っている[夢中である]	You must **have a passion for** your work.
		あなたは自分の仕事に情熱を持たなければならない。
be sure that 〜	熟 〜ということを確信している	He**'s sure that** he will succeed.
		彼は自分が成功すると確信している。
seem to *do*	熟 〜するように思われる[するらしい]	He **seems to** know everything about it.
		彼はそれについてすべてを知っているらしい。
lead to A	熟 Aにつながる	Such conduct can **lead to** misunderstanding.
		そのような振る舞いは誤解につながることがある。

PART ④

PART 1　英文を読む前に，初めて習う文法を含んだ文を確認しましょう！ → p.210 ⑩

ポイント　社会起業家とはどういう人たちか。

① What do you want to be / in the future? //
あなたは何になりたいか　/　将来　//

② There are various occupations /
いろいろな職業がある　/

such as / teacher, engineer, nurse, and lawyer. //
～のような / 教師，エンジニア，看護師，そして弁護士　//

③ However, / in the future, / in a
しかしながら　/　未来において　/

society / with advanced technologies / such as artificial intelligence (AI), / your
社会には /　発達した科学技術を伴った　/　人工知能(AI)のような　/　あなたの夢の

dream job may no longer exist. //
職業はもはや存在していないかもしれない //

④ Even if it still exists, / the content might be
たとえそれがまだ存在していたとしても / その中身は

very different. //
大きく異なるかもしれない //

⑤ Also, / there might be new jobs / that do not exist today. //
また / 新しい仕事が出現しているかもしれない / 現在は存在しない //

⑥ What are your criteria / for choosing a job? //
あなたの基準は何か　/　職業を選ぶための　//

⑦ There are many factors / to
多くの要素がある　/

consider. //
考えるべき //

⑧ How about salary? //
給料についてはどうか //

⑨ Some of you may say / a high salary is most
中には言う人もいるかもしれない / 高い給料が最も

important. //
重要だと　//

⑩ However, / not everyone thinks so. //
しかしながら / すべての人がそのように考えるわけではない //

⑪ In fact, / some people are
実際 / 社会を

interested in making society better / through work. //
よりよくすることに関心のある人々がいる / 仕事を通じて //

⑫ They start new
彼らは新しい事業を

businesses / to solve social problems. //
始める / 社会の課題を解決するために //

⑬ These people are called / "social
このような人々は呼ばれる /

entrepreneurs." //
「社会起業家」と //

⑭ For example, / Florence Nightingale can be considered / a social
たとえば / フローレンス・ナイチンゲールはみなすことができる /

entrepreneur / because she founded the first nursing school. //
社会起業家と / 最初に看護学校を創立したので //

⑮ Thanks to her, /
彼女のおかげで /

the modern profession of nursing / was established, / and we can receive good
現代の看護職が / 確立された / そして私たちはよい治療が受け

care / in hospitals. //
られる / 病院で //

✓ 構成＆内容チェック　本文を読んで，（　）に合う日本語を書きなさい。

①～⑤ 本レッスンの導入部分。未来の職業の変化について推測している。
　（1.　　　　　　　）のような科学技術を伴った未来の社会では，現存する職業に変化が生じたり，新しい職業が出現したりする可能性がある。

↓

⑥～⑩ 職業を選ぶ際の基準について述べている。
　職業を選ぶ基準にはさまざまな要素がある。（2.　　　　　　）もその1つだが，すべての人が高い（2）が最も重要だと考えるわけではない。

↓

⑪～⑬ 仕事を通じてよりよい社会の実現を目指す人々について説明している。
　社会の課題を解決するために事業を興す人々は，（3.　　　　　　）と呼ばれている。

例示

↳ ⑭・⑮ （3）の例としてフローレンス・ナイチンゲールを挙げている。
　最初に（4.　　　　　　）を創立し，現代の看護職の確立に貢献した。

🛈 教科書Qのヒント　Q1 What may happen to your dream job in the future?
（将来の夢の職業に何が起こる可能性がありますか。）　→本文③・④

Q2 What kind of people are called "social entrepreneurs"?
（どのような人たちが「社会起業家」と呼ばれていますか。）　→本文⑪～⑬

🔑 読解のカギ
② There are various occupations such as teacher, engineer, nurse, and lawyer.
　　　　　　　　　A　　　　　　　　　　　　　　　例示　　　　　　B
→ A such as B は「BのようなA」という意味を表し，BがAの具体例となる。

　　　　　　　　　　　　A　　　　　　　　　　　　例示　　B
③ ... in a society with advanced technologies such as artificial intelligence
(AI), your dream job may no longer exist.
→ A such as B は「BのようなA」という意味を表し，BがAの具体例となる。
→ no longer ～は「もはや～ない」という意味を表す。

🔑 Q1. ＿＿＿ を埋めなさい。
彼はもうここには住んでいない。
He ＿＿＿＿＿ ＿＿＿＿＿ lives here.

④ **Even if it still exists, the content might be very different.**

➡ even if ～は「たとえ～でも」という譲歩の意味を表す。

⑤ **Also, there might be new jobs [that do not exist today].**
　　　　　　　　　　　先行詞 └─────┘ 関係代名詞（主格）

➡ that は new jobs を先行詞とする主格の関係代名詞。

⑥ **What are your criteria for choosing a job?**

➡ criteria は criterion の複数形。

⑦ **There are many factors to consider.**
　　　　　　　名詞 └─────┘ 不定詞（形容詞的用法）「～するべき」

➡ to consider は形容詞的用法の不定詞で，直前の名詞 many factors を修飾している。

⑨ **Some of you may say a high salary is most important.**

➡ 〈(the) most＋形容詞［副詞］の原級〉で最上級を表すが，あとの名詞が省略されている場合，the が省略されることがある。

⑩ **However, not everyone thinks so.**
　　　　　　　部分否定

➡ every や all などの全体を表す語の前に not を置くと，「すべてが～というわけではない」と部分否定の意味になる。　　　　　　　　　文法詳細 p.222

Q2. 日本語にしなさい。

Not everyone can be successful.

(　　　　　　　　　　　　　　　　　　　　　　　　　　　)

⑪ **... some people are interested in making society better through work.**
　　　　　　　　　　　　　　　　　　　〈make＋O＋C〉「O を C にする」

➡ 〈make＋O＋C〉は「O を C にする」という意味を表す。

⑬ **These people are called "social entrepreneurs."**
　　　　　　　　　受動態 〈be 動詞＋過去分詞〉

➡ 〈call＋O＋C〉「O を C と呼ぶ」の受動態の文になっている。

⑮ **Thanks to her, the modern profession of nursing was established, and we**
　　　　　　　　　　　　　　　　　　└───┘ ＝ └───┘

can receive good care in hospitals.

➡ thanks to A は「A が理由［A のおかげ］で」という意味を表す。

➡ of は「～という，～の」という意味で〈同格〉を表す。

読解のカギ Q の解答　**Q1.** no longer
Q2. すべての人が［だれもが］成功できるわけではない。

PART ②　英文を読む前に，初めて習う文法を含んだ文を確認しましょう！ → p.213 ④

ポイント　税所篤快さんと三輪開人さんはどのようなきっかけで世界の教育を変えるための
　　　　　　活動を始めたのだろうか。

① Saisho Atsuyoshi and Miwa Kaito are Japanese examples / of young social
　　税所篤快と三輪開人が日本人の例である　　　　　　　/　　　若い社会

entrepreneurs. // ② They started working / to change education / in the world /
起業家の　　　//　　彼らは活動を始めた　/　教育を変えるために　/　　世界の　/

when they were in university. //
　彼らが大学生の時　　　//

③ In 2010, / they were interns / in Bangladesh, / which is said / to be one of
　2010年　/　彼らは研修生だった　/　バングラデシュで　/　それは言われている　/　最貧国の

the poorest countries / in Asia today. // ④ Walking in a village / around midnight, /
1つであると　　　/　今日のアジアで　//　　ある村を歩いていたとき /　午前0時ごろに　/

they saw high school students studying hard / under the streetlights / everywhere. //
　彼らは高校生が一生懸命勉強しているのを見た　/　　　街灯の下で　　/　至る所で　//

⑤ The students wanted / to enter college and get a good job / to help their
　その生徒たちは〜したいと思っていた / 大学に入りそしてよい仕事に就き（たいと）/　　家族を

families / out of poverty. // ⑥ However, / they could not study / at home / at night /
助け出すために /　貧困から　//　しかしながら　/　彼らは勉強ができなかった /　家で　/　夜に　/

because they were too poor / to have electricity / in their home. // ⑦ So, / they
　あまりに貧しかったので　/　電気を持てなかった　/　自分の家に　//　だから / 彼らは

were studying / under the dim streetlights / every night. //
勉強をしていた　/　　薄暗い街灯の下で　　/　　毎晩　//

⑧ Saisho and Miwa were surprised / at these sights. // ⑨ Even worse, / there
　税所と三輪は驚いた　　　　/　これらの光景に　//　さらに悪いことに　/　不足が

was a shortage / of 40,000 teachers / in Bangladesh, / and the lack of high school
あった　　/　4万人の教師の　/　バングラデシュでは /　そして高校教師の不足が

teachers / was especially serious / in poor villages. // ⑩ To support poor students, /
　/　特に深刻だった　/　貧しい村において　//　貧しい生徒たちを支援するために /

they decided to do something. // ⑪ Their idea was to record the lessons / of
　彼らは何かをしようと決めた　　//　　彼らの考えは授業を録画することだった　/

charismatic teachers / on DVDs / and deliver them / to students / in low-income
カリスマ教師の　　/　DVDに　/　そしてそれらを届けること / 生徒たちに　/　低所得世帯の

families. //
　//

✓ **構成＆内容チェック**　本文を読んで，（　）に合う日本語を書きなさい。

①・②　2人の若い日本人の社会起業家を紹介している。

　税所篤快さんと三輪開人さんは大学生の時，世界の(1.　　　　　　　　)を変えるために活動を始めた。

③〜⑨　税所さんと三輪さんが活動を始めたきっかけを述べている。

　③　2010年に，2人はバングラデシュで研修生として働いていた。

　　バングラデシュは今日，アジアで(2.　　　　　　　　)の1つである。

　④　2人が深夜の村で見たものについて述べている。

　　村の至る所で，街灯の下で(3.　　　　　　　　)が一生懸命に勉強していた。

　⑤〜⑦　街灯の下で(3)が勉強していた理由。

　　家族を貧困から救うために，大学に行ってよい仕事に就きたいと思っていたが，家に(4.　　　　　　　　)がなかったので，薄暗い街灯の下で勉強していた。

　⑧・⑨　2人がバングラデシュで知った教師不足の問題について述べている。

　　40,000人の教師が不足しており，貧しい村では特に高校教師が不足していた。

⑩・⑪　2人が考えた取り組みを説明している。

　2人は，貧しい生徒の支援のために，(5.　　　　　　　　)教師の授業を録画したDVDを低所得世帯の高校生に配布しようと考えた。

❗ **教科書Qのヒント**　　**Q3**　What did Saisho and Miwa see in a village in Bangladesh around midnight?

（税所と三輪は午前0時ごろにバングラデシュのある村で何を見ましたか。）　→本文④

Q4　What did Saisho and Miwa decide to do to support poor students in Bangladesh?

（税所と三輪はバングラデシュの貧しい生徒たちを支援するために何をしようと決心しましたか。）

→本文⑩・⑪

🔑 **読解のカギ**

③ **In 2010, they were interns in Bangladesh, which is said to be one of the ....**

　　　　　　　　　　先行詞 └────────┘ 関係代名詞（非限定用法）

➡ 〈コンマ(,)＋which〉は関係代名詞の非限定用法で，Bangladesh に追加の説明を加えている。

➡ say には「(世間で)〜と言う」という意味があり，〈S＋be動詞＋said to be 〜〉で「S は〜であると言われている」という意味。

✓ **構成＆内容チェック** の解答　1. 教育　　2. 最貧国　　3. 高校生　　4. 電気　　5. カリスマ

④ **Walking** in a village around midnight, **they** <u>saw</u> high school students <u>studying</u> hard ....
　　分詞構文（時）　　　　　　　　　　　　　　〈知覚動詞＋ O ＋現在分詞〉

➡ Walking ... midnight は時を表す分詞構文。「～する時，～している間」という意味を表す。

➡ see, hear, feel などの知覚動詞は〈知覚動詞＋O＋動詞の原形／現在分詞〉の形で，「O が～する［している］のをVする」という意味を表す。　　　文法詳細 p.223

♪ Q1. 日本語にしなさい。
Walking along the street, I saw my teacher.
(　　　　　　　　　　　　　　　　　　　　　　　　　　　　　　　　　　　)

♪ Q2. 並べかえなさい。
私は何人かの男の子たちがサッカーをしているのを見た。
(saw / soccer / playing / some / I / boys).
_____.

⑤ ... **wanted** <u>to enter college</u>(and)<u>get a good job</u> <u>to help</u> their families out of **poverty**.
　　　　　　　不定詞（名詞的用法）　　　　　　　　　不定詞（副詞的用法）

➡ to のあとに enter college と get a good job の 2 つの語句が続いている。この to ... は 名詞的用法の不定詞で「～すること」という意味を表す。

➡ to help は目的を表す副詞的用法の不定詞で，「～するために」という意味を表す。

➡ help A out of B は「A を B から助け出す」という意味を表す。

⑥ ... **because they were** <u>too poor to</u> **have electricity in their home.**
　　　　　　　　　　　　　　〈too ＋形容詞［副詞］＋ to do〉

➡ 〈too ＋形容詞［副詞］＋ to do〉は「あまりに…なので～できない」という意味を表す。

⑧ **Saisho and Miwa** were surprised at these sights.

➡ be surprised at A は「A に驚く」という意味を表す。

➡ these sights「これらの光景」は「（至る所で）高校生が毎晩薄暗い街灯の下で勉強を している光景」を指している。

⑩ <u>To support</u> **poor students, they** <u>decided</u> **to do** something.
　　不定詞（副詞的用法）　　　　　　　　　　　　不定詞（名詞的用法）

➡ To support は目的を表す副詞的用法の不定詞。

➡ decide to do は「～しようと決心する」という意味を表す。

⑪ **Their idea** <u>was</u> <u>to record</u> **the lessons of charismatic teachers on DVDs**(and)
　　　　　　　S　　V　　C 不定詞（名詞的用法）

<u>deliver</u> **them to students in low-income families.**

➡ to のあとに，record ... DVDs と deliver ... families の 2 つの語句が続いている。こ の to ...は名詞的用法の不定詞で「～すること」という意味を表し，補語となっている。

───

♪ 読解のカギ Q の解答　**Q1.** 通りを歩いている時に，私の先生を見た。
Q2. I saw some boys playing soccer(.)

PART 3

◆ポイント　税所さんと三輪さんが設立したNPOはどのような取り組みをしているか。

① Saisho and Miwa / set up / an NPO (non-profit organization) / called
税所と三輪は　　/　設立した /　　　　NPO（非営利団体）を　　　　　/

"e-Education" / and raised funds. // ② They looked for charismatic teachers / in
"e-Education"と呼ばれる / そして資金を募った //　　　彼らはカリスマ教師を探した　　　　/

Bangladesh / and persuaded them to cooperate / on the project. // ③ In 2010, /
バングラデシュの /　　そして彼らを説得して協力させた　　/　　計画に　　//　　2010年　/

they recorded lessons / and delivered the DVDs / to 32 high school students / in a
　彼らは授業を撮影した　/　そしてそのDVDを届けた　/　　　32人の高校生に　　　/

poor village. // ④ The students repeatedly watched / the DVD lectures. // ⑤ As a
ある貧しい村の //　　　　生徒たちは繰り返し見た　　　/　　DVDの講義を　　//　　その

result, / 18 students / in the village / were able to enter universities. // ⑥ One of
結果　/　18人の生徒が /　その村の　/　　大学に入学することができた　//　　彼らの

them was admitted / to Dhaka University, / the top university / in Bangladesh. //
うち1人は入学を認められた /　ダッカ大学に　/　トップの大学である　/　バングラデシュで //

⑦ The following year, / two more students entered the university. // ⑧ By 2017, /
　　翌年には　　　/　　　その大学にもう2人が入学した　　//　2017年までに /

over 200 students had gone on / to major universities / in Bangladesh. //
200人を超える生徒が進学した　/　　主要大学へ　/　バングラデシュの //

⑨ The mission of e-Education is / "to deliver the best education / to every corner
e-Educationの目標は〜である　/　「最高の教育を届けること　/　世界の果てまで」

of the world." // ⑩ Over 20,000 high school students / in the world / have received the
//　20,000人を超える高校生たちが　/　世界の　/　DVDレッスンを

DVD lessons. // ⑪ In addition to Bangladesh, / e-Education has provided /
受けた　　　//　　バングラデシュに加えて　/　e-Educationは提供してきた　/

educational support / in more than 10 countries / such as the Philippines, Myanmar,
教育の支援を　/　　10を超える国で　/　フィリピン，ミャンマー，そしてネパール

and Nepal. //
などの　　//

⑫ In 2012, / for example, / a typhoon hit Mindanao Island / in the Philippines, /
2012年に /　たとえば　/　台風がミンダナオ島を襲った　/　フィリピンの　/

causing severe damage. // ⑬ A large number of children / dropped out of school. //
そして深刻な被害をもたらした //　　たくさんの子供たちが　/　　学校を辞めた　　//

⑭ Miwa and his supporters cooperated / with local schools and governments / to give
　三輪と彼の支援者たちは協力した　/　　地元の学校や政府機関と　/　「最高の

"the best education" / to those children. //
教育」を届けるために　/　そのような子供たちに　//

✓ **構成＆内容チェック**　本文を読んで，（　）に合う日本語や数字を書きなさい。

①～⑧ 税所さんと三輪さんが設立した NPO とその活動を説明している。

　①～③ NPO の設立と取り組みについて述べている。
　　2 人は e-Education という NPO を設立し，(1.　　　　　　)を募った。2010 年，計画に協力してくれたカリスマ教師の授業の DVD を貧しい村の (2.　　　　)人の高校生に配布した。

　④～⑧ e-Education の取り組みの成果について述べている。
　　18 人の高校生が，大学(バングラデシュでトップのダッカ大学を含む)への進学を果たし，2017 年までに，(3.　　　　　)人以上の高校生が主要大学に合格した。

⑨～⑪ e-Education の目標とその活動の広がりについて述べている。

　⑨ e-Education の目標について述べている。
　　「(4.　　　　　)を世界の果てまで届ける」

　⑩・⑪ e-Education の活動の広がりについて述べている。
　　バングラデシュをはじめ，フィリピン，ミャンマー，ネパールなどの国々で，20,000 人以上の高校生に支援を提供してきた。

→例示
　⑫～⑭ 2012 年のフィリピンにある(5.　　　　　　)での例を挙げている。
　　台風が深刻な被害をもたらし，学校を辞める子供たちが激増した際に，地元の学校や政府機関と協力して，子供たちに「(4)」を届けた。

🔔 **教科書 Q のヒント**　**Q5** How many students received the DVD lessons in the first year?
（最初の年に，何人の生徒が DVD レッスンを受けましたか。）　→本文③
Q6 What is the mission of e-Education?　（e-Education の目標は何ですか。）　→本文⑨

🔑 **読解のカギ**
① ... set up an NPO (non-profit organization) called "e-Education" and raised funds.
　　　　　　名詞　　　　　　　　　　　　〈過去分詞＋語句〉

➡ set up A[A up]は「A を設立する」という意味を表す。
➡ called "e-Education"は〈過去分詞＋語句〉の形で「～と呼ばれる」という意味を表し，名詞 an NPO (non-profit organization)を後ろから説明している。

✓ **構成＆内容チェック** の解答　1. 資金　2. 32　3. 200　4. 最高の教育　5. ミンダナオ島

② **They looked ... and persuaded them to cooperate on the project.**
　➡ persuade *A* to *do* は「A を説得して〜させる」という意味を表す。
　Q1. ＿＿ を埋めなさい。
　　私は両親を説得して犬を手に入れてもらった。
　　I ＿＿＿＿ my parents ＿＿＿＿ get a dog.

⑤ **As a result, 18 students in the village were able to enter universities.**
　➡ as a result は「結果として」という意味を表す。

⑥ **One of them was admitted to Dhaka University, the top university in Bangladesh.**
　＿＿＿ ＝ ＿＿＿
　➡ be admitted to *A* は「A への入学を認められる」という意味を表す。
　➡ Dhaka University と the top university in Bangladesh は同格の関係にある。

⑧ **By 2017, over 200 students had gone on to major universities in Bangladesh.**
　　過去完了〈had ＋過去分詞〉
　➡ 過去完了形 had gone は過去のある時点(ここでは 2017 年)より前に完了したことを表す。
　➡ go on to *A* は「A へ進学する[進む]」という意味を表す。

⑨ **The mission of e-Education is "to deliver the best education to every corner of the world."**
　　S　　　　　V　C不定詞（名詞的用法）
　➡ to deliver は名詞的用法の不定詞で、「〜すること」という意味の補語になっている。
　➡ every corner は「隅々，すべての場所」という意味を表す。

⑪ **In addition to Bangladesh, e-Education has provided educational support in more than 10 countries such as the Philippines, Myanmar, and Nepal.**
　　　　　A　　　　　　　　　　　例示　　　　B
　➡ in addition to *A* は「A に加えて，A だけでなく」という意味を表す。
　➡ *A* such as *B* は「B のような A」という意味で，例示を表す。

⑫ **... a typhoon hit Mindanao Island in the Philippines, causing severe damage.**
　　　　　　　　　　　　　　　　　　　分詞構文
　➡ causing severe damage は連続的な動作や出来事を表す分詞構文。
　Q2. 日本語にしなさい。
　　The plane leaves at nine, arriving in Sapporo at 10:50.
　　(　　　　　　　　　　　　　　　　　　　　　　　　)

⑬ **A large number of children dropped out of school.**
　➡ a large number of *A* は「たくさんの A」という意味を表す。

読解のカギ Q の解答　**Q1.** persuaded, to
Q2. その飛行機は 9 時に出発して 10 時 50 分に札幌に着く。

PART ④　　英文を読む前に，初めて習う文法を含んだ文を確認しましょう！ → p.218 ②

ポイント　　e-Education はバングラデシュの高校生に何をもたらしただろうか。

① In Bangladesh, / many young people / who learned through the video
バングラデシュでは / 多くの若者が / 映像講義を通じて学んだ

lectures / are now working actively / in society. // ② There was a high school
/ 現在活躍している / 社会で // 高校生がいた

student / who said, / "I want to change the education system / so that everyone
/ 言った / 「私は教育制度を変えたい / すべての人が受ける

can receive / a good education." // ③ He finished graduate school / and got a job /
ことができるように / よい教育を」 / 彼は大学院を修了した / そして就職した /

at the Ministry of Education / in Bangladesh. // ④ Now / he is working hard / for
教育省に / バングラデシュの // 今 / 彼は懸命に働いている /

the realization / of his dream. // ⑤ Another student / wanted to help people /
実現に向かって / 彼の夢の // 他のある高校生は / 人々を助けたいと思っていた /

suffering from money problems. // ⑥ He thought / that a bank would be a suitable
お金の問題で苦しんでいる // 彼は考えた / 銀行が適した場所だろうと

place / for learning about money. // ⑦ After graduating, / he started working / at
/ お金について学ぶには // 卒業後 / 彼は働き始めた /

a foreign bank. //
外資系の銀行で //

⑧ Miwa, / the representative of e-Education, / feels / that high school students
三輪は / e-Education の代表である / 感じている / バングラデシュの

in Bangladesh / have great passion / for their future. // ⑨ He says / that they are
高校生は / 大きな情熱を持っていると / 将来に対して // 彼は言う / 彼らは確信して

sure / their lives will improve / if they study harder. // ⑩ They seem to be working
いると / 彼らの生活はよくなると / より一生懸命勉強すれば / 彼らは努力しているように思える /

not only for themselves / but also for their families and society. // ⑪ They also
自分自身のためだけでなく / 家族や社会のためにも // 彼らはまた勉強を

seem to enjoy studying. // ⑫ Through his experiences, / Miwa advises high school
楽しんでいるようにも思える // 彼の経験を通して / 三輪は高校生に助言する

students / he meets / by saying, / "Think about / what problems you want to solve /
/ 彼が出会う / 言って / 「~について考えなさい / 自分がどんな問題を解決したいか /

for someone. // ⑬ That will lead to a good career goal / for you." // ⑭ What
だれかのために // それがよい仕事の目標につながる / 自分にとって」// どんな

problem / do you want to solve / for someone and society? //
問題を / あなたは解決したいか / だれかと社会のために //

✓ **構成&内容チェック** 本文を読んで，（　）に合う日本語を書きなさい。

①~⑦ 現在活躍している e-Education の元受講生たちが紹介されている。

②~④ (1.　　　　　　　)を変えたいと願っていた高校生について述べている。
バングラデシュの教育省に就職し，すべての人がよい教育を受けられるようにするという夢の実現に向けて，懸命に働いている。

⑤~⑦ お金の問題で苦しんでいる人々を助けたいと願っていた高校生について述べている。
お金の問題について学ぶために，外資系の(2.　　　　　　)で働き始めた。

⑧~⑪ 三輪さんが抱くバングラデシュの高校生に対する印象を述べている。
将来に大きな(3.　　　　　　)を持ち，自分自身のためだけでなく，家族や社会のためにも努力し，楽しそうに勉強している。

⑫~⑭ 三輪さんからの高校生へのアドバイスと筆者からのメッセージが述べられている。
だれかと社会のためにどんな問題を解決したいか考えることが，よい仕事の目標につながる。

❗**教科書Qのヒント** **Q7** Why did the high school student get a job at the Ministry of Education in Bangladesh after he finished graduate school?
(なぜその高校生は，大学院を修了した後，バングラデシュの教育省に就職したのですか。)　→本文②~④
Q8 What is Miwa's advice to high school students who he meets?
(出会う高校生に対する三輪のアドバイスはどのようなものですか。)　→本文⑫・⑬

🔑 **読解のカギ**

① ... many young people [who learned through the video lectures] are now ....
　　　　　　先行詞 ↑⎿＿＿＿⏌ 関係代名詞（主格）

➡ who ... lectures は many young people を先行詞とする主格の関係代名詞節。

② There was a high school student [who said, "I want to change the
　　　　　　　　　先行詞 ↑⎿＿＿⏌ 関係代名詞（主格）

education system so that everyone can receive a good education."]
　　　　　　　　〈so that + S + V〉:〈目的〉を表す

➡ who ... education"は a high school student を先行詞とする主格の関係代名詞節。
➡ 〈so that + S + V〉で「～するために」と目的を表すことができる。that 節の中に can [could], will[would] を用いる。　　　　　　　　　　　　　　　文法詳細 p.223▶

✓ **構成&内容チェック** の解答　1. 教育制度　　2. 銀行　　3. 情熱

♪ Q1. 並べかえなさい。

私たちは勝てるように，一生懸命練習した。

(could / practiced / that / hard / we / so / we / win).

_____.

⑤ Another student wanted to help people suffering from money problems.

名詞 └───┘ 〈現在分詞＋語句〉

➡ 現在分詞 suffering で始まる語句が，名詞 people を後ろから説明している。

➡ suffer from *A* は「*A* で苦しむ」という意味を表す。

⑥ He thought [that a bank would be a suitable place for learning about money].

S　V　　　　　S'　　V'〈時制の一致〉

➡ 主節の動詞が過去形なので，that 節内も時制の一致で will の過去形の would が使われている。

⑧ ... high school students in Bangladesh have great passion for their future.

➡ have (a) passion for *A* は「*A* に情熱を持っている[夢中である]」という意味を表す。

⑨ He says [that they are sure 〈their lives will improve if they study harder〉].

〈say + that 節〉　　　　　└── (that) の省略

➡ 〈say + that 節〉で「～と言う」という意味を表す。

➡ be sure (that) ～は「～ということを確信している」という意味を表す。

♪ Q2. ＿＿ を埋めなさい。

彼は自分が目標を成し遂げられると確信している。

He _____ _____ he can achieve his goal.

⑩ They seem to be working not only for themselves but also for their families and society.

A　　　　　　　　　　　B

➡ seem to *do* は「～するように思われる」という意味を表す。

➡ not only *A* but also *B* は「*A* だけでなく *B* もまた」という意味を表す。

⑫ Through his experiences, Miwa advises high school students [he meets] by saying,

先行詞　　関係代名詞（目的格）の省略

"Think about what problems you want to solve for someone.

間接疑問

➡ he meets は high school students を後ろから修飾している。目的格の関係代名詞が省略されている。

➡ what problems で始まる疑問詞節が about の目的語になっている間接疑問。

⑬ That will lead to a good career goal for you.

➡ lead to *A* は「*A* につながる」という意味を表す。

_____

♪ 読解のカギ Q の解答　Q1. We practiced hard so that we could win(.)

Q2. is sure

⚡ Comprehension ❶ヒント

Fill in the blanks to complete the profile of Miwa Kaito.
（下線部に適切な語を入れて，三輪開人さんのプロフィールを完成させなさい。）

1　三輪開人さんの職業は何か。（教 p.138, ℓℓ.1~2）

2　三輪開人さんはどんな組織の代表か。（教 p.140, ℓℓ.1~2, p.142, ℓℓ.13~15）

3　e-Education の目標は何か。（教 p.140, ℓℓ.14~15）

4　三輪さんと税所さんが午前 0 時頃のバングラデシュで見た高校生は何をしていたか。
　　　　　　　　　　　　　　　　　　　　　　　　　　　（教 p.138, ℓℓ.7~9）

5　三輪さんと税所さんが見たバングラデシュの高校生の家に電気が通っていないのはなぜか。（教 p.138, ℓℓ.11~12）

6　バングラデシュではどれだけの教師が不足していたか。（教 p.139, ℓℓ.2~3）

7　バングラデシュの高校生を支援するために三輪さんと税所さんはどのような教師の授業を撮影しようと考えたか。（教 p.139, ℓℓ.5~9）

8　2017 年までに，何人の生徒がバングラデシュの主要大学に進学したか。
　　　　　　　　　　　　　　　　　　　　　　　　　　（教 p.140, ℓℓ.12~13）

9　世界中で何人の高校生が DVD レッスンを受けたか。（教 p.140, ℓℓ.15~17）

10　三輪さんは高校生にどのようなアドバイスを送っているか。
　　　　　　　　　　　　　　　　　　　　（教 p.142, ℓ.19~ p.143, ℓ.3）

Questions

1. あなたが将来，何になりたいかを答える。
   ➡ 自分が将来，就きたい職業を書く。

   　例　I want to be a kindergarten teacher in the future.

2. なぜ，1. で選んだ職業の仕事をしたいのかを答える。
   ➡ 自分がその職業を選んだ理由を書く。

   　例　Because I love little children.

3. あなたの将来のキャリアプランを実現するために，高校で何をすべきだと思うかを答える。
   ➡ 1. で選んだ職業に就くために，高校生の間にしておくべきだと思うことを書く。

   　例　I should study all subjects hard.

Writing & Presentation

・あなたのキャリアプランについて，ひとまとまりの文章を書いて，プレゼンテーションをする。**教** p.149 の Example を参考にしてもよい。

　例　Hello, everyone. I'd like to talk about my future career plan. I want to be a kindergarten teacher in the future because I love little children. I have two little cousins, and I have always enjoyed spending time with them. When I was a junior high school student, I worked at a kindergarten on Career Day. There, I found it was a lot of fun to take care of little children, and I decided that I would become a kindergarten teacher in the future. To realize my future career plan, I should study all subjects hard while in high school. I'll do my best to achieve my future goal. Thank you.

📖 Grammar

G-19 部分否定

▶ **部分否定とは**

・全体の一部分だけを否定する形を**部分否定**という。部分否定は，**全体・必然**などの意味を表す語の前に not を置いて表すことができる。

「すべてが～というわけではない」

<u>Not every</u> job allows you to take a long vacation.
（すべての職業で長期休暇を取ることを許されるわけではない。）

➡ not every で「すべてが～というわけではない」という意味を表す。every のあとには単数名詞が続く。everyone, everybody, everything も not を前に置いて部分否定を表すことができる。

「両方とも～というわけではない」

I do <u>not</u> need <u>both</u> of the dictionaries.
（それらの辞書の両方とも必要というわけではない。）

➡ not ～ both ...で「両方とも～というわけではない」という意味を表す。

「いつも～というわけではない」

Dreams do <u>not always</u> come true.
（夢がいつも実現するというわけではない。）

➡ not always ～で「いつも～というわけではない」という意味を表す。

「必ずしも～というわけではない」

Wealth does <u>not necessarily</u> bring happiness.
（富が必ずしも幸福をもたらすというわけではない。）

➡ not necessarily ～で「必ずしも～というわけではない」という意味を表す。

＋α

▶ **その他の部分否定**

・not all でも「すべて（の…）が～というわけではない」という部分否定を表すことができる。

<u>Not all</u> jobs allow you to take a long vacation.
（すべての職業で長期休暇を取ることを許されるわけではない。）

▶ **部分否定と全体[完全]否定**

・部分否定に対して，全体を否定するものを全体[完全]否定という。

部分否定：Not all of us agree. （私たち全員が賛成しているわけではない。）

全体否定：None of us agree. （私たちは 1 人も賛成していない。）

➡ 全体否定を表す語句は，none, no ～ , no one, nobody, not ～ any ...「どれも[だれも]/1 つの[少しの]…も～ない」，neither ～ , not ～ either ...「どちらの…も～ない」などがある。

G-20 知覚動詞＋ O ＋動詞の原形／現在分詞

▶知覚動詞とは

・知覚動詞とは，see, hear, feel など，「見る，聞く，感じる」などの知覚を表す動詞のことをいう。「O が〜する[している]のを V する」と言いたいとき，〈知覚動詞＋O＋動詞の原形／現在分詞〉の形で表すことができる。

〈知覚動詞＋O＋動詞の原形〉「O が〜するのを V する」

I saw him cross the street. （私は彼が通りを横断するのを見た。）
〈知覚動詞＋O＋動詞の原形〉

➡ O のあとの動詞が原形の場合，「O が〜するのを V する[見る・聞く・感じる]」という意味を表す。

〈知覚動詞＋O＋現在分詞〉「O が〜しているのを V する」

I saw him crossing the street. （私は彼が通りを横断しているのを見た。）
〈知覚動詞＋O＋現在分詞〉

➡ O のあとの動詞が現在分詞の場合，「O が〜しているのを V する[見る・聞く・感じる]」という意味を表す。

＋α

・〈知覚動詞＋O＋動詞の原形〉の場合，「〜するのを(終わるまで)ずっと V する[見る・聞く・感じる]」という意味を表すのに対し，〈知覚動詞＋O＋現在分詞〉の場合，「〜している(一場面を)V する[見る・聞く・感じる]」という意味を表す。

G-21 目的を表す so that 〈so that ＋ S ＋ V〉

▶ so that の用法

・so that は「〜するために」という目的を表すときに用いることができる。that 節の中では助動詞 can[could], will[would]を用いる。

He donates some money every month **so that** poor children **can** receive an education.
（貧しい子供たちが教育を受けることができるように，彼は毎月お金を寄付している。）

➡ 「〜できるように」という意味を表すには can[could]，「〜するように」という意味を表すには will[would]を使う。so that の前後は時制を一致させ，現在形では can または will を，過去形では could または would を用いる。

📝 定期テスト予想問題　　解答 ➡ p.226

1 日本語の意味に合うように, ＿＿に適切な語を入れなさい。

(1) 動物はもはやそこで生きることはできない。
Animals can ＿＿＿＿＿ ＿＿＿＿＿ live there.

(2) たとえいやでもあなたはそれをしなければならない。
＿＿＿＿＿ ＿＿＿＿＿ you don't like it, you have to do it.

(3) 私は父を説得して新しいコンピュータを買ってもらった。
I ＿＿＿＿＿ my father ＿＿＿＿＿ buy me a new computer.

(4) 年配のファンに加え, 若い人たちも大勢やって来た。
In ＿＿＿＿＿ ＿＿＿＿＿ older fans, many young people came.

2 （ ）内の語句のうち, 適切なほうを選びなさい。

(1) I don't know (both, neither) of the two students.   I know only one of them.

(2) (Not every, No) student wants to go to college.   Some students want to get a job after they finish high school.

(3) The restaurant (isn't always, is never) crowded like this.   There are not so many customers between 2 p.m. and 6 p.m.

3 日本語に合うように, （ ）内の語を並べかえなさい。

(1) 科学技術が必ずしも私たちを幸せにしてくれるとは限らない。
(us / does / happy / not / necessarily / make / technology).
＿＿＿＿＿＿＿＿＿＿＿＿＿＿＿＿＿＿＿.

(2) 彼は金持ちになれるように一生懸命に働いた。
(worked / could / rich / be / so / he / that / hard / he).
＿＿＿＿＿＿＿＿＿＿＿＿＿＿＿＿＿＿＿.

(3) だれかが外で叫んでいるのが聞こえますか。
(outside / hear / you / shouting / someone / can)?
＿＿＿＿＿＿＿＿＿＿＿＿＿＿＿＿＿＿＿?

4 次の英語を日本語にしなさい。

(1) We saw a man enter the house.
（　　　　　　　　　　　　　　　　　　）

(2) I haven't read all the books on the desk.
（　　　　　　　　　　　　　　　　　　）

(3) Let's make a website so that more people will know about our project.
（　　　　　　　　　　　　　　　　　　）

5 次の英文を読んで，あとの問いに答えなさい。

What are your criteria for choosing a job? There are many factors to consider. How about salary? Some of you may say a high salary is most important. ①However, not everyone thinks so. In fact, some people are interested in making society better through work. They start new businesses to solve social problems. These people are called "②social entrepreneurs."

For example, Florence Nightingale can be considered a social entrepreneur because she founded the first nursing school. (　③　) her, the modern profession of nursing was established, and we can receive good care in hospitals.

(1) 下線部①の英語を，so が指す内容を具体的に表して日本語にしなさい。
(　　　　　　　　　　　　　　　　　　　　　　　　　　　　　　)

(2) 下線部②が指すものを日本語で具体的に答えなさい。
(　　　　　　　　　　　　　　　　　　　　　　　　　　　　　　)

(3) (　③　)に入る語句として適切なものを選び，記号で答えなさい。
　　a. According to　**b.** As for　**c.** Thanks to　**d.** Instead of　(　　　)

(4) 次の質問に英語で答えなさい。
Why can Florence Nightingale be regarded as a social entrepreneur?
_____

6 次の英文を読んで，あとの問いに答えなさい。

In Bangladesh, many young people who learned through the video lectures are now working actively in society. There was a high school student who said, "①I want to change the education system (　　) (　　) everyone can receive a good education." He finished graduate school and got a job at the Ministry of Education in Bangladesh. Now he is working hard for the realization of his dream. Another student wanted to help people ②(suffer) from money problems. He thought that a bank would be a suitable place for learning about money. ③After graduating, he started working at a foreign bank.

(1) 下線部①が「私はすべての人がよい教育を受けることができるように，教育制度を変えたい」という意味になるように，(　)に適切な語を入れなさい。
_____　_____

(2) 下線部②の(　)内の語を適切な形に変えなさい。
_____

(3) 下線部③の理由を日本語で答えなさい。
(　　　　　　　　　　　　　　　　　　　　　　　　　　　　　　)

定期テスト予想問題　解答　pp.224~225

1 (1) no longer　(2) Even if　(3) persuaded, to　(4) addition to
2 (1) both　(2) Not every　(3) isn't always
3 (1) Technology does not necessarily make us happy(.)
(2) He worked hard so that he could be rich(.)
(3) Can you hear someone shouting outside(?)
4 (1) 私たちは男性がその家に入るのを見た。
(2) 私はその机の上の本をすべて読んだわけではない。
(3) もっと多くの人が私たちのプロジェクトについて知るようにウェブサイトを作ろう。
5 (1) しかし，高い給料が最も重要だとすべての人が考えるわけではない。
(2) 社会の課題を解決するために事業を興す人々。
(3) c　(4) Because she founded the first nursing school.
6 (1) so that　(2) suffering
(3) お金について学ぶには銀行が適した場所だろうと考えたから。

💡 解説

1 (1)「もはや～でない」は no longer ～。　(2)「たとえ～でも」は even if ～。　(3)「A を説得して～させる」は persuade *A* to *do*。　(4)「A に加えて」は in addition to *A*。
2 文脈よりすべて部分否定を選ぶ。　(1) not ～ both =「両方とも～というわけではない」。neither ～は「どちらも～ない」という全体否定を表し，not とともに用いられることはない。　(2) not every =「すべての…が～というわけではない」。no ～は「どれも[だれも]～ない」という全体否定を表す。　(3) not always ～=「いつも～というわけではない」。never ～は「決して～ない」という全体否定を表し，not とともに用いられることはない。
3 (1)「必ずしも～というわけではない」は部分否定の not necessarily ～で表す。(2)「～するように」は so that を用いて，that 節内に could を入れる。(3)〈hear＋O＋現在分詞〉「O が～しているのを聞く」で表す。
4 (1)〈see＋O＋動詞の原形〉=「O が～するのを見る」
(2) not ～ all ... は「すべてが～というわけではない」という部分否定を表す。
(3)〈so that＋S＋will＋V〉は「～するため[よう]に」という目的を表す。
5 (1) not everyone =「すべての人が～というわけではない」という部分否定を表す。so は直前の文の a high salary is most important を指す。　(2) 直前の文を参照。　(3) thanks to *A* =「A のおかげで」　(4) 質問文は「なぜフローレンス・ナイチンゲールは社会起業家とみなすことができるのですか。」という意味の文。第2段落1文目を参照。
6 (1)〈so that＋S＋can＋V〉=「～できるように」　(2) 現在分詞の形容詞的用法。　(3) 直前の文を参照。

Lesson 9 Space Elevator

単語・熟語チェック

PART ①			
distinguished	形 優れた	He is a **distinguished** supervisor.	彼は優れた上司だ。
succeed	動 成功する	I'm sure that you will **succeed**.	あなたはきっと成功するでしょう。
promising	形 見込みのある	She looks **promising** as a singer.	彼女は歌手として見込みがありそうだ。
scientific	形 科学的な	That was a big **scientific** discovery.	それは大きな科学的発見だった。
elevator	名 エレベーター	Two **elevators** came down at the same time.	同時に2つのエレベーターが下降してきた。
association	名 協会	The **association** has about one hundred members.	その協会には約100人の会員がいる。
fiction	名 フィクション	This technology was just a **fiction** until 20 years ago.	この技術は20年前までは単なるフィクションだった。
dream of A	熟 Aを夢見る	My brother **dreams of** becoming a math teacher.	兄は数学の先生になることを夢見ている。
get into A	熟 Aに入る	His sister **got into** a very famous university.	彼の姉はとても有名な大学に入った。
succeed in A	熟 Aで成功をおさめる	She **succeeded in** the entrance exam.	彼女はその入学試験で成功をおさめた。
in the end	熟 結局	**In the end**, he bought a new cellphone.	結局，彼は新しい携帯電話を買った。
a small number of A	熟 少数の[わずかな]A	Only **a small number of** children know that.	少数の子供たちだけがそのことを知っている。
sound like A	熟 Aのように思われる	It **sounded like** a true story.	それは本当の話のように思われた。
become a reality	熟 現実のものになる	My dream has **become a reality**.	私の夢は現実のものになった。
PART ②			
stationary	形 静止した	Many people are in the **stationary** train.	その静止した電車には多くの人々が乗っている。
satellite	名 人工衛星	The old **satellite** fell to the Earth.	その古い人工衛星は地球に落下した。
launch A	動 Aを打ち上げる	They are going to **launch** a new satellite next year.	彼らは来年，新たな衛星を打ち上げる予定だ。
equator	名 赤道	The red line on the map stands for the **equator**.	その地図上の赤い線は赤道を表している。
gravity	名 引力，重力	The Earth's **gravity** is stronger than the moon's gravity.	地球の引力は月の引力より強い。
centrifugal	形 遠心性の	That machine uses **centrifugal** force to dry objects.	その機械は物を乾かすために遠心力を利用している。

force	名 (物理的な)力	Magnetic **force** pushes or pulls some kinds of metals. 磁力はある種の金属を押したり引っ張ったりする。
illustrate A	動 A を図解する	The figure **illustrates** how to use the machine. その図はその機械の使い方を図解している。
cable	名 ケーブル	What is this **cable** made of? このケーブルは何でできていますか。
stretch A	動 A を伸ばす	First, let's **stretch** our arms. まず、腕を伸ばしましょう。
downward	副 下向きに	We looked **downward** to our town from the hill. 私たちはその丘から自分たちの町を見下ろした。
surface	名 表面	Try touching the **surface** of this bag. このかばんの表面を触ってみなさい。
upward	副 上向きに	He looked **upward** and saw the stars in the sky. 彼は上を見て空の星を見た。
attach A	動 A を取り付ける	Please **attach** this label to your bag. あなたのかばんにこのラベルを付けてください。
expect A	動 A を予想[期待]する	I'm **expecting** her to send me a letter. 私は彼女が手紙をくれることを期待している。
therefore	副 したがって	**Therefore**, that idea is not practical. したがって、その考えは現実的ではない。
in balance	熟 つり合って	His thought and character were **in balance**. 彼の思考と性格はつり合っていた。
up and down	熟 上がったり下がったり	We had to go **up and down** the stairs. 私たちは階段を上がったり下がったりしなければならなかった。
it takes (A) +時間+ to do	熟 (Aが) ~するのに …(時間が)かかる	**It took** me a week **to** finish the work. 私がその仕事を終えるのに1週間かかった。
be expected to do	熟 ~することが予想[期待]される	He **is expected to** come to the party. 彼はそのパーティーに来ることが予想されている。
run on A	熟 A で動く[作動する]	The trains **run on** diesel oil. その列車はディーゼルオイルで動く。
at a speed of A	熟 A という速さで	Cheetahs can run **at a speed of** 120 km per an hour. チーターは時速120kmという速さで走ることができる。
extremely	副 極めて	This is an **extremely** important topic. これは極めて重要な議題だ。
steel	名 鋼鉄	We process imported **steel** here. 私たちはここで輸入された鋼鉄を加工している。
material	名 素材, 材料	The **material** used to make this board is paper. この板を作るために使われている素材は紙である。
development	名 開発	The **development** of the new energy will start soon. その新たなエネルギーの開発がまもなく始まる。
carbon	名 炭素	Diamonds are made of **carbon** atoms. ダイヤモンドは炭素原子でできている。
nanotube	名 ナノチューブ	**Nanotubes** carry electricity very well. ナノチューブは電気をとてもよく伝える。
remain	動 とどまる	Some people **remained** after the party ended. パーティーが終わったあと、とどまる人がいた。

PART ③

researcher	图 研究者	A **researcher** went to Africa to study animals. ある研究者が動物の研究をするためにアフリカに行った。
tough	形 堅い，頑丈な	This water bottle is **tough** and light. この水筒は頑丈で軽い。
be made of A	熟 A でできている	This house **is made of** brick. この家はレンガでできている。
rocket	图 ロケット	They launched a **rocket** for the first time. 彼らは初めてロケットを打ち上げた。
huge	形 莫大な	The professional soccer player pays a **huge** tax. そのプロサッカー選手は莫大な税金を払っている。
fossil	图 化石	Large amounts of **fossil** fuel were discovered there. そこで大量の化石燃料が発見された。
fuel	图 燃料	Vegetable oil can be used as **fuel**. 野菜の油を燃料として使うことができる。
eco-friendly	形 環境に優しい	The car is **eco-friendly**. その車は環境に優しい。
battery	图 バッテリー	These cellphone **batteries** could be smaller. これらの携帯電話のバッテリーはもっと小さくできるかもしれない。
unlike	前 ～とは違って	My brother can sing well **unlike** me. 兄は私とは違って上手に歌える。
dioxide	图 二酸化物	Our new car produces little carbon **dioxide**. 私たちの新しい車はほとんど二酸化炭素を排出しない。
forth	副 前へ，外へ	The plant is putting **forth** some buds. その植物は蕾を外に出そうとしている。
hammer	图 金づち，ハンマー	The shark has a head like a **hammer**. そのサメはハンマーのような頭をしている。
rotation	图 回転，（天体の）自転	We learned about the **rotation** of the Earth. 私たちは地球の自転について学んだ。
someday	副 いつか	I want to go to the moon **someday**. 私はいつか月に行ってみたい。
elderly	形 年配の	This is a good town for **elderly** people to live in. ここは年配の方々にとって暮らしやすい町だ。
back and forth	熟 前後に，あちこちに	Swing your arms **back and forth**. 腕を前後に振りなさい。

PART ④

PART ①　英文を読む前に，初めて習う文法を含んだ文を確認しましょう！ → p.231 ①

ポイント　だれでも簡単に宇宙に行けるようにしてくれる可能性のある技術とは何か。

① *If I were an astronaut, / I could go into space! //*
もし私が宇宙飛行士だったら　/　宇宙へ行けるのになあ　//

② A lot of people / dream
多くの人々が　/　宇宙

of traveling to space, / but not everyone can be an astronaut. //
旅行に行くことを夢見ている　/　しかしだれもが宇宙飛行士になれるわけではない　//

③ Many
多くの

distinguished people / try to get into space flight programs, / but only a few of them
優れた人々が　/　宇宙飛行計画に入ろうとする　/　しかしそのうちほんの数人

are selected. //
だけが選ばれる　//

④ Even if they are selected, / they must succeed / in the hard
たとえ選ばれたとしても　/　成功をおさめなければならない /　厳しい

training. //
訓練で　//

⑤ In the end, / only a small number of people / can achieve this dream. //
結局　/　ほんのわずかな人々だけが　/　この夢を叶えることができる//

⑥ However, / we should not give up / too easily. //
しかし　/　私たちはあきらめるべきではない / あまりに簡単に //

⑦ Now / there is a
今　/　見込み

promising scientific technology / that may make traveling to space simple. //
のある科学技術がある　/　宇宙への旅行を簡単にするかもしれない　//

⑧ It
それは

is called the space elevator. //
宇宙エレベーターと呼ばれている　//

⑨ According to Ohno Shuichi, / the president of the
大野修一氏によると　/　宇宙エレベーター

Japan Space Elevator Association (JSEA), / anyone will be able to ride the elevator
協会 (JSEA) 会長の　/　だれでもエレベーターに乗って宇宙へ行くことができるように

into space, / just like traveling abroad. //
なるだろう　/　ちょうど海外旅行に行くように //

⑩ This sounds like something / out of a
これは～ことのように思われる　/　SF 小説

science fiction story. //
からそのまま出てきた　//

⑪ However, / he says, / this could become a reality / by
しかし　/　彼は言う / これは現実のものになるかもしれない /

the middle of this century. //
今世紀半ばまでに　//

☑ 構成&内容チェック　本文を読んで，（　）に合う日本語を書きなさい。

①～⑤　宇宙旅行という話題を導入し，(1.　　　　　　　)になって宇宙へ行くことの難しさを述べている。

①・②　多くの人々の宇宙に対するあこがれ。
（1）になって宇宙へ行ってみたいと夢見ている人は多い。

↕ 逆接

③　（1）になることの難しさ。
多くの優れた人々が挑戦するが，（1）に選ばれるのはほんの数人である。

④　（1）に選ばれてもまだ試練がある。
（1）に選ばれたとしても，厳しい訓練に成功しなければならない。

⑤　実際に宇宙に行ける人の少なさ。
宇宙に行くという夢を叶えることができる人はほんのわずかである。

⑥～⑪　(2.　　　　　　　)という科学技術を提示している。

⑥～⑧　（2）についての導入。
（2）と呼ばれている科学技術が，宇宙旅行を簡単にするかもしれない。

⑨～⑪　JSEA 会長の話と実現の可能性。
（2）での宇宙旅行が，(3.　　　　　　　)までに現実のものとなるかもしれない。

❗教科書Qのヒント　**Q1** Is it easy to be an astronaut?
（宇宙飛行士になることは簡単ですか。）　→本文②・③

Q2 According to the JSEA, what could become a reality by the middle of this century?
（JSEA によると，今世紀半ばまでに何が現実のものとなるかもしれないのですか。）　→本文⑨～⑪

🎵 読解のカギ

① *If I were an astronaut, I could go into space!*
　　S' 動詞の過去形　　　　S could ＋動詞の原形

➡ 仮定法過去の文。〈If S'＋動詞の過去形，S＋would/could/might＋動詞の原形〉の形で，「もし（今）～ならば，…だろうに」と，現在の事実に反する仮定を表す。ただし，S' が I や三人称単数の語句のときでも，be 動詞の過去形は was ではなく were を使うのが一般的。　　　　　　　文法詳細 p.244

✏ **Q1.** ＿＿ を埋めなさい。

もし私が鳥なら，空を飛べるのに。

If I were a bird, I ＿＿＿＿＿ ＿＿＿＿＿ in the sky.

② ... **but not everyone can be an astronaut.**
→ not everyone は部分否定で,「だれもが〜というわけではない」という意味。

③ ... **but only a few of them are selected.**
→ この few は代名詞で a few は「少数の人」という意味。only は「ほんの〜だけ」という意味。
→ them は Many distinguished people を指す。

Q2. ＿＿＿ を埋めなさい。
彼らの中のほんのわずか数人だけがプロ野球選手になれる。
Only a very ＿＿＿＿＿＿ of them can be professional baseball players.

④ **[Even if they are selected,] they must succeed in the hard training.**
→ even if は 2 語で 1 つの接続詞である。「たとえ〜でも」という意味。
→ succeed in *A* は「A で成功をおさめる」という意味。

⑤ **In the end, only a small number of people can achieve this dream.**
→ in the end は「結局(は)」という意味で,結果や結論を導く。
→ a small number of *A* は「少数の[わずかな]A」という意味。
→ this dream は「宇宙へ旅行に行く夢」のこと。

　　　　　　　　先行詞 ┌──┐ 関係代名詞（主格）
⑦ ... **a** promising **scientific technology** [that may make **traveling to space simple**].
　　形容詞 └────────↑　　　　　 V'　　　　O'　　　　 C'
→ promising は「見込みのある」という意味の形容詞で,technology を修飾している。
→ that は a promising scientific technology を先行詞とする主格の関係代名詞。that で始まる節が先行詞を後ろから修飾している。
→ 〈make＋O＋C〉「O を C にする」を使って,traveling to space を simple にすると表している。

Q3. 並べかえなさい。
私たちを興奮させる興味深い話がある。
(that / is / us / an interesting story / there / make / excited / will).
＿＿＿＿＿＿＿＿＿＿＿＿＿＿＿＿＿＿＿＿＿＿＿＿＿＿＿＿＿＿＿＿.

⑩ **This sounds like something out of a science fiction story.**
→ This は前文⑨の大野修一氏の発言内容を指す。
→ sound like 〜 で「〜のように思われる」という意味。
→ out of *A* は,ここでは,「(物語など)から(そのまま)出てきた」という意味で使われている。

Q4. 日本語にしなさい。
That sounds like a big problem.
(　　　　　　　　　　　　　　　　　　　　　　　　　　　　　)

読解のカギ Q の解答　**Q1.** could fly　　**Q2.** few
Q3. There is an interesting story that will make us excited(.)
Q4. それは大問題のように思われる。

PART ❷

ポイント　地表から静止衛星までは，宇宙エレベーターでどのくらいの時間がかかるか。

① How will the space elevator be built? // ② See **A** in **Figure 1**. // ③ First, / a
宇宙エレベーターはどのようにして建設されるか //　　図1のAを見なさい。//　　まず /

stationary satellite will be launched / to a point about 36,000 km / above the Earth's
静止衛星が打ち上げられる　　/　　約36,000 kmの地点に　　/　　地球の赤道上空

equator. // ④ This is the place / where the Earth's gravity and the centrifugal
に。//　　ここは場所だ　　/　　地球の引力と遠心力が

force / are in balance. // ⑤ Next, / as **B** in **Figure 1** illustrates, / a cable will be
　/　つり合っている　//　　次に /　　図1のBが説明するように　/　1本のケーブルが

stretched downward / from the satellite to the Earth's surface, / and upward to
下向きに伸ばされる　/　　衛星から地表へ　　/　　そして宇宙へ上向きに

space / to keep the balance. // ⑥ When the elevator is attached / to this cable, / it
　/　バランスを保つために　//　　エレベーターが取り付けられると　/　このケーブルに /

will be able to climb up and down, / as shown as **C** in **Figure 1**. //
上昇したり下降したりできるだろう　/　図1のCで示されているように //

⑦ How long will it take / to go to space / on the space elevator? // ⑧ The elevator
　どれくらい時間がかかるのだろうか / 宇宙へ行くには / 宇宙エレベーターで//　エレベーターは

is expected / to run on electricity / at a speed of 200 to 300 km per hour. //
想定されている　/　　電気で動くと　/　　時速200～300 kmという速さで　　//

⑨ Therefore, / the elevator will take one or two hours / to reach the height of the
したがって /　エレベーターで1，2時間かかることになる　/　国際宇宙ステーション(ISS)の

International Space Station (ISS), / about 400 km above the Earth. // ⑩ In order to
高度に到達するのに　　/　　地上約400 kmにある　　//　　静止衛星に

reach the stationary satellite / about 36,000 km above the Earth, / the elevator will
到達するためには　　/　　地上約36,000 kmにある　　/　　エレベーターで

take about one week. //
約1週間かかることになる //

✓ **構成&内容チェック**　本文を読んで，（　）に合う日本語を書きなさい。

① 宇宙エレベーターの建設手順について問いかけている。

手順の説明

②～④ 第1段階の作業。

→ 地球の引力と遠心力がつり合う，赤道上空約36,000 kmの地点に（1.　　　　　　）を打ち上げる。

⑤ 第2段階の作業。

→ （1）から上下に向かって（2.　　　　　　）が伸ばされる。

⑥ 第3段階の作業。

→ （2）にエレベーターを取り付けると，それに沿って上昇・下降できる。

⑦ 宇宙エレベーターでの移動時間について問いかけている。

説明

⑧～⑩ 宇宙エレベーターの運行速度。

→ 時速200～300 kmで動くので，（1）までは約（3.　　　　　　）かかると思われる。

⚠ **教科書Qのヒント**　**Q3** What will be done first to build the space elevator?
（宇宙エレベーターを建設するためには，最初に何がなされるでしょうか。）　→本文③

Q4 How long will the elevator take to reach the height of the ISS?
（エレベーターがISSの高度に到達するのにどれくらいの時間がかかるでしょうか。）　→本文⑨

🔑 **読解のカギ**

④ This **is the place** [where **the Earth's gravity and the centrifugal force are**

先行詞 ┗━━━━━┛ where で始まる節が the place を後ろから修飾

in balance].

➡ This は赤道上空約 36,000 km の地点を指す。

➡ where は場所を表す関係副詞。関係副詞は先行詞を後ろから修飾する節を作り，関係副詞自体は，その節の中で副詞の働きをする。関係副詞の where は「その場所で[に，へ]」という意味で，先行詞が場所を表す語(句)のときに使われる。

➡ balance は「均衡，つり合い」という意味の名詞。in は「～の状態で」という意味を表すので，in balance は「つり合って」という意味になる。

🔑 **Q1. 並べかえなさい。**

ここは，ベンがよく来るコーヒーショップだ。

(Ben / is / where / the coffee shop / this / often / comes).

_____.

_____

✓ **構成&内容チェック** の解答　1. 静止衛星　　2. ケーブル　　3. 1週間

⑤ ... a cable will be stretched downward from the satellite to the Earth's surface, and upward to space to keep the balance.

→ downward は「下向きに」，upward は「上向きに」という意味の副詞。

Q2. 並べかえなさい。

私たちは上を見て花火を楽しんでいた。

(looking / were / the fireworks / upward / and / enjoying / we).

_____.

⑥ [When the elevator is attached to this cable,] it will be able to climb
　時を表す従属節　　　　　現在時制　　　　　　　　　　　未来時制

up and down, [as shown as C in Figure 1].

→ 主節は it will be ... と未来時制だが，When で始まる節の中では the elevator is attached ... と現在時制を用いている。このように「時」を表す従属節の中では，未来の出来事を表す場合でも現在時制を用いる。

→ as shown の as は接続詞で，as (it is) shown の it is が省略された形。「示されているように」という意味。2つ目の as は「～として」という意味の前置詞。

Q3. ＿＿ を埋めなさい。

彼がパリに着くころ，私が空港まで迎えに行きます。

When he _____ in Paris, I'll meet him at the airport.

⑦ How long will it take to go to space on the space elevator?

→ 〈take (A) ＋時間＋to do〉の形で「(A が)～するのに…(時間が)かかる」という意味を表す。ここでは，how long を使った疑問文になっていて，「～するのにどれくらい(の時間が)かかるのか」という意味を表している。

Q4. 並べかえなさい。

あなたの家に着くのにどれくらいの時間がかかりますか。

(to / your house / it / take / how long / get / does / to)?

_____?

⑧ The elevator is expected to run on electricity at a speed of 200 to 300 km per hour.

→ 〈expect＋O＋to do〉の受動態 be expected to do で，「～することが予想[期待]される」という意味。

→ at a speed of A は「A という速さで」という意味。

→ per は「～につき」という意味で，per hour で「1 時間につき」という意味を表す。

読解のカギ Q の解答　Q1. This is the coffee shop where Ben often comes(.)
Q2. We were looking upward and enjoying the fireworks(.)　　**Q3.** arrives
Q4. How long does it take to get to your house(?)

PART 3
英文を読む前に，初めて習う文法を含んだ文を確認しましょう！ → p.237 ③⑤, p.238 ⑩⑫

ポイント　宇宙エレベーターの開発における問題点とは何か。

① The space elevator needs / an extremely long cable. // ② It must be about 100,000
宇宙エレベーターは必要とする / 極めて長いケーブルを // それは約10万kmの長さが

km long. // ③ That is about eight times longer / than the Earth's diameter! // ④ Such
なくてはならない // それは約8倍長い / 地球の直径の // そのような

a long cable / might be broken / by the pull of the Earth's gravity and the centrifugal
長いケーブルは / ちぎれてしまうかもしれない / 地球の引力と遠心力の引く力で

force. // ⑤ Therefore, / the cable must be / more than about 100 times as strong as
// したがって / ケーブルはなくてはならない / 鋼鉄の約100倍を超える強度が

steel. // ⑥ Until the 1990s, / no one knew / what kind of material would be strong
// 1990年代まで / だれも知らなかった / どんな種類の素材に十分な強度があるのか

enough / for this cable. // ⑦ This was the biggest problem / in the development of
/ このケーブルに使うのに // これが最大の問題だった / 宇宙エレベーターの

the space elevator. //
開発において //

⑧ In 1991, / Dr. Iijima Sumio, / a Japanese scientist, / discovered a potential
1991年 / 飯島澄男博士が / 日本人科学者の / 可能性を秘めた素材を

material / for the space elevator cable. // ⑨ It is called "carbon nanotubes." //
発見した / 宇宙エレベーターのケーブルに適した // それは「カーボンナノチューブ」と呼ばれている //

⑩ If this material did not exist, / the space elevator would remain / only in science
もしこの素材が存在しなければ / 宇宙エレベーターはとどまることだろう / SFの中だけに

fiction. // ⑪ Carbon nanotubes are made of carbon / and are the lightest and strongest
// カーボンナノチューブは炭素でできている / そして最も軽くて最も強度のある素材だ

material / on Earth. // ⑫ They are about 50,000 times as thin as a human hair / and
/ 地球上で // それらは人間の髪の毛の約50,000倍細い / そして

about 20 times as strong as steel. // ⑬ Researchers are now working hard / to
鋼鉄の約20倍強い // 研究者たちが今，懸命に努力している /

produce a long and tough carbon nanotube cable. //
長くて丈夫なカーボンナノチューブ製のケーブルを生産するために //

✔ **構成&内容チェック**　本文を読んで，(　)に合う日本語や数字を書きなさい。

① 宇宙エレベーターには特殊なケーブルが必要であることを述べている。

　　詳しく説明

　┌→ ②・③ ケーブルに求められる長さ。
　　宇宙エレベーターには，全長約(1.　　　　　　　　) km に及ぶケーブルが必要と
　　される。

　┌→ ④~⑦ 長いケーブルに伴う問題点。
　　長すぎるケーブルは地球の(2.　　　　　　　　)と遠心力によってちぎれてしまう
　　恐れがある。

⑧~⑩ ケーブルに適した新素材の発見について述べている。

　　詳しく説明

　┌→ ⑪・⑫ 新素材の特性。
　　(3.　　　　　　　　)という素材は，地球上で最も軽くて最も強度があり，宇宙エ
　　レベーターのケーブルに適している。

　┌→ ⑬ 新素材についての現在の動向。
　　研究者たちが長くて強い(3)製のケーブルを生産するために努力している。

🔊 **教科書Qのヒント**　**Q5** What kind of cable does the space elevator need?
(宇宙エレベーターにはどんな種類のケーブルが必要ですか。)　→本文②・⑤

Q6 What did Dr. Iijima discover in 1991?
(飯島博士は 1991 年に何を発見しましたか。)　→本文⑧・⑨

🔑 **読解のカギ**

③ **That is about** eight times longer than **the Earth's diameter!**
　　　　　　　　　　倍数を表す語句　　比較級+ than

　➡ 倍数比較を表す文。倍数を表す X times を〈比較級+than〉の前に置き，〈X times +
　　比較級+than A〉の形で，「A の X 倍~」という意味を表す。この文では，倍数を表
　　す eight times(8 倍)を longer than ... の前に置き，「…の 8 倍長い」という意味を表
　　している。　　　　　　　　　　　　　　　　　　　　　　　　**文法詳細** p.245 ▶

⑤ **... the cable** **must be** **more than about** 100 times **as strong as** **steel.**
　　　　　　　　　　　　　　　　　　倍数を表す語句　as +原級+ as

　➡ must *do* は「~しなければならない」という意味で，must be ~ は「~でなければな
　　らない」という意味。
　➡ more than ~ は「~より多い，~を超える」という意味。
　➡ 〈X times as +原級+ as A〉の形で，「A の X 倍~」という意味。　　**文法詳細** p.245 ▶

✔ **構成&内容チェック** **の解答**　1. 10 万[100,000]　　2. 引力[重力]　　3. カーボンナノチューブ

⑦ This **was the biggest problem in the development of the space elevator.**
➡ This は前文⑥の no one ～ for this cable を指す。

⑨ It **is called** "carbon nanotubes."
　be 動詞＋過去分詞
➡ 〈call＋O＋C〉「O を C と呼ぶ」の O が主語になった受動態の文。

⑩ [If this material did not exist,] **the space elevator would remain** only in
　　　　S′　　　　過去の否定形　　　　　　　　S　　　　　would ＋動詞の原形
science fiction.
➡ 仮定法過去の文。〈If＋S′＋動詞の過去形，S＋would/could/might＋動詞の原形〉の
　形で，「もし（今）～ならば，…だろうに」と，現在の事実に反する仮定を表す。仮定
　法過去の文は，過去のことではなく，現在のことを述べている。　文法詳細 p.244
➡ this material は carbon nanotubes のこと。

Q1. 日本語にしなさい。
　If my grandfather were still alive, I would talk with him.
　(　　　　　　　　　　　　　　　　　　　　　　　　　　)

⑪ **Carbon nanotubes are made of carbon and are the lightest and strongest material on Earth.**
➡ be made of A は「A(材料)でできている」という意味を表す。be made from A 「A(原
　料)からできている」との違いに気を付ける。
➡ lightest と strongest は形容詞の最上級。両者とも material を修飾している。

Q2. ＿＿ を埋めなさい。
　①その衣類はペットボトルからできている。
　　The clothes are made ＿＿＿＿＿ plastic bottles.
　②私の机は木でできている。
　　My desk is made ＿＿＿＿＿ wood.

⑫ **They are about 50,000 times as thin as a human hair and about 20 times**
　　　　　　　　　倍数を表す語句　as ＋原級＋ as　　　　　　　倍数を表す語句
as strong as steel.
　as ＋原級＋ as
➡ They は前文⑪の Carbon nanotubes を指す。
➡ 〈X times as＋原級＋as A〉の形で，「A の X 倍～」という意味を表す。　文法詳細 p.245

PART ④　英文を読む前に，初めて習う文法を含んだ文を確認しましょう！ → p.240 ⑤

ポイント　宇宙エレベーターには，単に宇宙に行くことに加え，どのような可能性があるか。

① Today's rockets require / huge amounts of fossil fuel. // ② However, / the
今のロケットは必要とする　/　莫大な量の化石燃料を　//　しかし　/　宇宙

space elevator /is energy-saving and eco-friendly. // ③ The space elevator may use
エレベーターは　/　省エネで環境に優しい　//　宇宙エレベーターは多くの電気を

a lot of electricity / when it goes up, / but / it can also produce electricity / when it
使うかもしれない　/　上昇するときに　/　しかし　/　電気を生み出すこともできる　/　下降

comes down. // ④ That electricity can be stored / in a battery / and used / when the
するときに　//　その電気は蓄えられる　/　バッテリーに　/　そして利用できる　/　エレベーターが

elevator goes up again. // ⑤ The cost of a single trip / may be about a hundred
再び上昇するときに　//　1回の旅行の費用は　/　およそ100倍低い

times lower / than that of a trip / on a rocket. // ⑥ Unlike rockets, / the space
かもしれない　/　旅行の費用より　/　ロケットによる　//　ロケットと違って　/　宇宙

elevator / will not produce any carbon dioxide. //
エレベーターは /　二酸化炭素を少しも生み出さないだろう　//

⑦ The space elevator has even more potential. // ⑧ We may be able to build space
宇宙エレベーターにはさらに大きな可能性がある　//　私たちは宇宙エレベーターを建設できる

elevators / on other planets such as Mars, too. // ⑨ By using them, / it may be
かもしれない /　火星のような他の惑星にも　//　それらを使うことで　/　可能かも

possible / to send things back and forth / between the Earth and other planets. //
しれない　/　物を送り合うことが　/　地球と他の惑星の間で　//

⑩ See **Figure 2**. // ⑪ Like a hammer throw, / we could use the rotation of a planet / to
図2を見なさい　//　ハンマー投げのように　/　惑星の回転を利用するかもしれない　/

send things into space / without using fuel. //
宇宙へ物を送るために　/　燃料を使わずに　//

⑫ The space elevator may soon become a reality. // ⑬ Someday in the future, /
宇宙エレベーターはもうすぐ現実のものになるかもしれない //　将来のいつの日か　/

even elderly people and children / may be able to go into space / without any
お年寄りや子供でさえ　/　宇宙へ行けるかもしれない　/　特別な訓練

special training. //
を一切受けずに　//

✔ 構成＆内容チェック　本文を読んで，（　）に合う日本語を書きなさい。

① ロケットの問題点を挙げている。

　ロケットは大量の(1.　　　　　　　　　)を必要とする。

↕ 対比

②～⑥ 宇宙エレベーターの優れた点を紹介している。

　宇宙エレベーターは省エネで環境に優しく，下降時には発電もできるので，1回の旅行にかかる費用はロケットに比べてかなり低く，(2.　　　　　　　　　)も生み出さない。

⑦ 宇宙エレベーターの持つさらなる可能性について述べられている。

　詳しく説明

　　⑧・⑨ 宇宙エレベーターの他の(3.　　　　　　　　　)への建設。

　　　地球と他の(3)の間で物を送り合うことができるかもしれない。

　　⑩・⑪ 宇宙エレベーターの構造の応用。

　　　燃料を使わずに物を宇宙へ送るために，(3)の回転を利用するかもしれない。

⑫・⑬ 宇宙エレベーターの実現と将来の可能性についてまとめている。

⚫ 教科書Qのヒント　**Q7** Which is more eco-friendly, rockets or the space elevator?
（ロケットと宇宙エレベーターでは，どちらがより環境に優しいですか。）　→本文①・②

Q8 With the space elevator, what may elderly people and children be able to do?
（宇宙エレベーターがあれば，お年寄りや子供は何ができる可能性がありますか。）　→本文⑬

🔑 読解のカギ

⑤ **The cost of a single trip may be about** a hundred times lower than
　　　　　　　　　　　　　　　　　　　　　　　　　　　倍数を表す語句　　　比較級＋ than

that of a trip on a rocket.
= the cost

➡ 倍数比較を表す文。倍数を表す X times を〈比較級＋than〉の前に置き，〈X times ＋比較級＋than A〉の形で，「A の X 倍～」という意味を表す。ここでは，a hundred times を lower than ... の前に置いて，「…の 100 倍低い」という意味を表している。

　　　　　　　　　　　　　　　　　　　　　　　　　文法詳細 p.245 ▶

➡ that of の that は指示代名詞で，the cost を指している。すでに述べられた名詞の繰り返しを避けるために，〈the ＋名詞〉を that で代用する用法。

✎ Q1. 並べかえなさい。

東京スカイツリーは，このビルの約 5 倍の高さがある。

(this building / is / five / taller / times / than / Tokyo Skytree / about).

_____.

✔ 構成＆内容チェック の解答　1. 化石燃料　　2. 二酸化炭素　　3. 惑星

⑥ **Unlike rockets, the space elevator will not produce any carbon dioxide.**

➡ unlike は「〜とは違って」という意味を表す前置詞。like(〜と同じように)の反意語。

⑦ **The space elevator has even more potential.**
　　　　　　　　　　　　　　　　└─↑比較級

➡ even はあとの比較級を強調する役割を持つ。

⑨ **By using them, it may be possible to send things back and forth**
　　　　　　　　　形式主語　　　　　　　　真主語

between the Earth and other planets.

➡ them は前文⑧の space elevators を指す。

➡ it は形式主語で，to 以下が真主語を表している。

➡ back and forth は「前後に，あちこちに」という意味。ここでは「地球と他の惑星を行ったり来たり」という意味になる。

Q2. 日本語にしなさい。

It may be necessary to take your umbrella with you tomorrow.

(　　　　　　　　　　　　　　　　　　　　　　　　)

⑪ **... we could use the rotation of a planet to send things into space without using fuel.**

➡ could は，ここでは「〜できた」という過去の意味ではなく，現在や未来の推量を表している。

➡ without *do*ing で「〜することなしで」，つまり「〜せずに」という意味を表す。

⑫ **The space elevator may soon become a reality.**

➡ become a reality は「現実のものになる」という意味を表している。

⑬ **... even elderly people and children may be able to go into space without any special training.**

➡ 助動詞 may のあとに be able to 〜「〜することができる」を続けて，「〜することができるかもしれない」という意味を表している。may のあとに助動詞 can を続けることができないので，be able to が使われている。

➡ without は「〜なしで」と否定を表す前置詞なので，続く語句には some ではなく any を使う。

Q3. ＿＿ を埋めなさい。

あなたはまもなく自動運転車に乗れるかもしれません。

You may ＿＿＿＿＿＿ ＿＿＿＿＿＿ to ride in a self-driving car soon.

読解のカギ Q の解答　Q1. Tokyo Skytree is about five times taller than this building(.)
Q2. 明日は傘を持っていく必要があるかもしれない。
Q3. be able

Fill in the blanks to complete the plan for the space elevator.

（下線部に適切な語を入れて，宇宙エレベーターの計画書を完成させなさい。）

1～3 宇宙エレベーターの建設では，まず何をどこに打ち上げるか。（教 p.154, ℓℓ.2~5）

4 衛星からどの方向にケーブルを伸ばすか。（教 p.154, ℓℓ.5~8）

5,6 衛星から伸びたケーブルが地表に届いたあと，何をどうするか。

（教 p.154, ℓℓ.8~10）

7 宇宙エレベーターは，何を動力にするか。（教 p.155, ℓℓ.2~3）

8,9 電気はいつ生み出され，いつ使われるか。（教 p.158, ℓℓ.3~5）

10,11 宇宙エレベーターを何と比較し，何を排出しないと言っているか。

（教 p.158, ℓℓ.8~9）

12 ある日本人科学者は，宇宙エレベーターのケーブルとなりうる素材をどうしたか。

（教 p.156, ℓ.10~p.157, ℓ.1）

13 カーボンナノチューブは，どのような特徴を持つか。（教 p.157, ℓℓ.3~5）

14 カーボンナノチューブは，人間の髪の毛と比べてどのような性質があるか。

（教 p.157, ℓℓ.5~8）

15 研究者たちはカーボンナノチューブをどのようにするために今，懸命に努力しているか。（教 p.157, ℓℓ.8~10）

16 私たちはどのような状態で宇宙に行ける可能性があるか。（教 p.159, ℓℓ.5~7）

17 私たちは地球と他の惑星の間でどのように物を送り合える可能性があるか。

（教 p.158, ℓ.12~p.159, ℓ.1）

i More Information **①ヒント**

Question

・**教** p.164 の年表において, あなたが最も興味のある宇宙探査の出来事はどれかを答える。

・The event I'm most interested in
→ 自分が最も興味のある出来事を選んで書く。

・Reason(s)
→ その出来事を選んだ理由を書く。

→ I didn't know ~.「~とは知らなかった」や I have heard of[about] ~.「~のことを[~について]聞いたことがある」, I have seen ~ (on TV).「私は(テレビで)~を見たことがある」などの表現を使ってもよい。

→ 2つ以上理由を挙げるときは, Also, で2文目を始めるとよい。

Writing

・NASA または JAXA に, さらにしてほしい宇宙探査についてメールを書く。

・I am に続けて, 自分の名前とどこの高校の生徒かを書く。

・Personally, I hope to see further space exploration such as に続けて, 見たい宇宙探査を挙げる。

→ the exploration of *A*「Aの探査」などの表現を使うとよい。*A* には, the moon「月」, Mercury「水星」, Venus「金星」, Mars「火星」, Jupiter「木星」, Saturn「土星」, Uranus「天王星」, Neptune「海王星」などを入れるとよい。

・I want to know, I also want to know に続けて, それぞれ知りたいことを書く。

→ know のあとには, 間接疑問や〈whether + S + V ~ (or not)〉「~かどうか」などを続けるとよい。また, know のあとに about を置いて, そのあとに間接疑問や〈whether + S + V ~ (or not)〉, 名詞(句)のいずれかを続けてもよい。

・メールの最後に, 再度, 自分の名前を書く。

🔖 Grammar

G-22 仮定法過去

▶仮定法過去とは

・動詞や助動詞の過去形を使って，現在の事実に反する仮定を表す表現法を**仮定法過去**という。〈If S′＋動詞の過去形，S＋would/could/might＋動詞の原形〉の形でよく使われ，これで「もし(今)〜ならば，…だろうに」という意味になる。
・仮定法過去では，主節の**助動詞**(would/could/might)は，必ず**過去形**で使われる。
・仮定法過去は，文の時制は**過去**だが，述べている出来事は**現在**のことである。

could を使った仮定法過去

If I **had** a rocket, I **could travel** through space to the moon.
  S′ 動詞の過去形   could ＋動詞の原形

(もし私がロケットを持っていれば，宇宙を通って月に行くことができるのに。)
実際には「今」ロケットを持っていない

➡ 「もし(今)〜ならば，…できるだろうに[できるのに]」と言うときには，助動詞の
could を使う。

＋α

would を使った仮定法過去

If he **were** good at English, he **would travel** around foreign countries by himself.
  he の場合も was ではなく were にする

(もし彼が英語が上手なら，1人で外国を旅して回るだろうに。)
実際には「今」英語が上手ではない

If my grandmother **lived** near my house, I **would take** care of her every day.
    S′   動詞の過去形   would ＋動詞の原形

(もし祖母が私の家の近くに住んでいれば，毎日彼女の面倒を見てあげるのに。)
実際には「今」近くに住んでいない

➡ 「もし(今)〜ならば，…だろうに[なのに]」と言うときには，多くの場合は助動詞の
would を使う。
➡ 仮定法過去では，if 節の中の be 動詞はふつう was ではなく were を使う。

might を使った仮定法過去

If she **talked** to them, they **might change** their mind.
  S′ 動詞の過去形   might ＋動詞の原形

(もし彼女が彼らと話したら，彼らは考えを変えるかもしれないのに。)
実際には「今」彼女は彼らと話さない

➡ 「もし(今)〜ならば，…かもしれないのに」と言うときには，助動詞の might を使う。

G-23 倍数表現

▶倍数表現の表し方

・2つのもの[2人の人]を比べ，「A の X 倍～」と倍数表現をする場合には，X times（X 倍），twice（2 倍）などの倍数を表す語句を〈as＋原級＋as〉や〈比較級＋than〉の前に置く。

2 倍

The Earth is about *twice* as large in diameter as Mars.
　　　　　　　　倍数を表す語句　as ＋原級＋ as
（地球は，直径が火星の約2倍の大きさだ。）

×The Earth is about *twice* larger in diameter than Mars.
　　　　　　　　〈twice ＋比較級＋ than〉にはしない

➡「A の2倍～」と言うときには，ふつう two times ではなく twice を使う。〈twice as＋原級＋as *A*〉の形で表し，〈twice＋比較級＋than *A*〉の形にはしない。

4 倍

The Earth is about *four times* larger in diameter than the moon.
　　　　　　　　　　倍数を表す語句　比較級＋ than
（地球は，直径が月の約4倍の大きさだ。）

= The Earth is about *four times* as large in diameter as the moon.

➡〈比較級＋than〉の前に X times などの倍数を表す語句を置き，〈X times＋比較級＋than *A*〉の形にしても，「A の X 倍～」となる。

2分の1 [半分]

This cable is *half* as long as that one.
　　　　　倍数を表す語句　as ＋原級＋ as
（このケーブルは，あのケーブルの半分の長さだ。）

×This cable is *half* longer than that one.
　　　　　　〈half ＋比較級＋ than〉にはしない

➡「A の2分の1～」と言うときには，half as ～ as *A* の形にする。〈half＋比較級＋than *A*〉の形にはしない。

3分の1

This cable is *one-third* as long as that one.
　　　　　　倍数を表す語句　as ＋原級＋ as
（このケーブルは，あのケーブルの3分の1の長さだ。）

➡「A の X 分の Y ～」と言う場合は，〈分数＋as＋原級＋as *A*〉の形にする。

定期テスト予想問題　解答 ➡ p.248

1 日本語の意味に合うように，（ ）内の語を適切な形に変えて＿＿に入れなさい。ただし，必要があれば単語を補ってもよい。

(1) もし私が車を持っていれば，空港に祖父を迎えに行けるのに。(have)
If I ＿＿＿＿＿＿ a car, I could pick up my grandfather at the airport.

(2) もしあなたがこの町に住んでいれば，いつでも会いに行けるのに。(come)
If you lived in this town, I ＿＿＿＿＿ ＿＿＿＿＿ to see you anytime.

(3) もし私が有名な歌手なら，世界中を旅するのに。(be)
If I ＿＿＿＿＿ a famous singer, I would travel all around the world.

2 日本語に合うように，＿＿に適切な語を入れなさい。

(1) 少数の人々だけがその試合を観戦できる。
Only a small ＿＿＿＿＿ ＿＿＿＿＿ people can watch the game.

(2) 結局，彼はチームを去った。
＿＿＿＿＿ ＿＿＿＿＿ ＿＿＿＿＿, he left the team.

(3) 駅まで歩くのに約20分かかるでしょう。
It will ＿＿＿＿＿ about 20 minutes ＿＿＿＿＿ walk to the station.

3 日本語に合うように，（ ）内の語句や符号を並べかえなさい。

(1) 木星は地球の約11倍大きい。
(than / Jupiter / the Earth / bigger / times / is / eleven / about).
＿＿＿＿＿＿＿＿＿＿＿＿＿＿＿＿＿＿.

(2) このドレスはあのドレスの2倍高い。
(that one / is / as / as / this dress / twice / expensive).
＿＿＿＿＿＿＿＿＿＿＿＿＿＿＿＿＿＿.

(3) もし家の近くに図書館があれば，毎日そこで勉強するのに。
(there / near / a library / if / I / study / were / would / my house / ,)
there every day.
＿＿＿＿＿＿＿＿＿＿＿＿＿＿＿ there every day.

4 次の日本語を英語にしなさい。

(1) もし私がペンギン(penguin)なら，速く泳ぐことができるのに。
＿＿＿＿＿＿＿＿＿＿＿＿＿＿＿＿＿

(2) 私の妹の髪は，私の約半分の長さだ。
＿＿＿＿＿＿＿＿＿＿＿＿＿＿＿＿＿

5 次の英文を読んで，あとの問いに答えなさい。

　In 1991, Dr. Iijima Sumio, a Japanese scientist, discovered a potential material for the space elevator cable. It is called "carbon nanotubes." ①If this material did not exist, the space elevator would remain only in science fiction. Carbon nanotubes are made of carbon and are the lightest and strongest material on Earth. ②(as / as / they / a human hair / times / are / about 50,000 / thin) and ③(about 20 / steel / as / as / times / strong). Researchers are now working hard to produce a long and tough carbon nanotube cable.

(1) 下線部①の英語を日本語にしなさい。
　　(　　　　　　　　　　　　　　　　　　　　　　　　　　　　)

(2) 下線部②が，「それらは人間の髪の毛の約 50,000 倍細い」という意味になるように，(　)内の語句を並べかえなさい。

_____

(3) 下線部③が，「鋼鉄の約 20 倍強い」という意味になるように，(　)内の語句を並べかえなさい。

_____

6 次の英文を読んで，あとの問いに答えなさい。

　Today's rockets require huge amounts of fossil fuel. However, the space elevator is ①energy-saving and eco-friendly. The space elevator may use a lot of electricity when it goes up, but it can also produce electricity when it comes down. That electricity can be stored in a battery and used when the elevator goes up again. The cost of a single trip may be ②(than / about / times / a hundred / lower) that of a trip on a rocket. Unlike rockets, the space elevator will not produce any carbon dioxide.

(1) 下線部①について，ロケットに比べて宇宙エレベーターがこのように言われるのはなぜか。本文で述べられている具体的な理由を 2 つ，日本語で答えなさい。
　　(　　　　　　　　　　　　　　　　　　　　　　　　　　　　)
　　(　　　　　　　　　　　　　　　　　　　　　　　　　　　　)

(2) 下線部②が，「～の約 100 倍低い」という意味になるように，(　)内の語句を並べかえなさい。

_____

📝 定期テスト予想問題　解答　　pp.246~247

1 (1) had　　(2) could come　　(3) were
2 (1) number of　　(2) In the end　　(3) take, to
3 (1) Jupiter is about eleven times bigger than the Earth(.)
　　(2) This dress is twice as expensive as that one(.)
　　(3) If there were a library near my house, I would study
4 (1) If I were a penguin, I could swim fast.
　　　[I could swim fast if I were a penguin.]
　　(2) My sister's hair is about half as long as mine[my hair].
5 (1) もしこの素材が存在しなければ，宇宙エレベーターはSF[空想科学]の中
　　　だけにとどまることだろう。
　　(2) They are about 50,000 times as thin as a human hair
　　(3) about 20 times as strong as steel
6 (1) 例・宇宙エレベーターは降りてくるときに自家発電するから。
　　　　　・宇宙エレベーターは二酸化炭素を排出しないから。
　　(2) about a hundred times lower than

💡 解説

1 仮定法過去は〈If S' +動詞の過去形，S + would/could/might +動詞の原形〉
で表し，「もし(今)～ならば，…なのに」と現在の事実に反することを仮定する。
(2)「…できるのに」は could を使って表す。　(3) 仮定法過去では，if 節の be
動詞は主語に関係なく were を使う。
2 (1) a small number of A で「少数の[わずかな]A」という意味。　(2)「結局」は
in the end で表す。　(3)〈It takes (A) +時間+ to do〉で「(Aが)～するのに…(時
間が)かかる」という意味。
3 (1)「AのX倍大きい」はX times bigger than A で表す。　(2)「(値段が)高い」
は expensive。　(3)「～がある」は there is を使って表す。仮定法過去では，if
節の be 動詞は主語に関係なく were を使う。
4 (1) 仮定法過去を使った英文を作る。if 節の be 動詞は過去形の were にする。
if 節は文の後半に置いてもよい。　(2)「Aの半分の～」は half as ～ as A を使っ
て表す。
5 (1) 仮定法過去の文。remain は「とどまる」という意味で使われている。
(2)「細い」は thin。X times as thin as A という倍数比較の表現にする。
(3) and と下線部③の間に they are が省略されている。
6 (1) energy-saving は「省エネ(型)の」，eco-friendly は「環境に優しい」とい
う意味。宇宙エレベーターが省エネである理由，環境に優しい理由を探す。
(2) 比較級を使った倍数比較の表現。〈X times +比較級+ than A〉の形にする。

Lesson 10 Friendship over Time

単語・熟語チェック

PART 1

Iran	名 イラン	Her father is from **Iran**. 彼女のお父さんはイラン出身だ。
Iraq	名 イラク	He went to **Iraq** and took many pictures there. 彼はイラクへ行き，そこで写真をたくさん撮った。
announce A	動 Aを発表する	The teacher **announced** the test schedule. その先生はテストの日程を発表した。
airplane	名 飛行機	We went to Okinawa by **airplane**. 私たちは飛行機で沖縄に行った。
airline	名 航空会社	My sister wants to work for an **airline**. 姉は航空会社で働きたがっている。
embassy	名 大使館	I'll visit the **embassy** because I lost my passport. パスポートをなくしたので大使館に行くつもりだ。
priority	名 優先事項	He said our safety was the first **priority**. 彼は私たちの安全が第一優先事項だと言った。
refuse A	動 Aを断る[拒む]	They **refused** our offer of help. 彼らは私たちの手伝おうという申し出を断った。
passenger	名 乗客	One **passenger** is late, so the airplane has not taken off. 1人の乗客が遅れていて，飛行機はまだ離陸していない。
Turkish	形 トルコの	We ate a delicious **Turkish** dish. 私たちはおいしいトルコ料理を食べた。
deadline	名 (最終)期限	The **deadline** for the report is October 1. そのレポートの期限は10月1日だ。
media	名 (マス)メディア，マスコミ	The **media** reported the scandal. メディアはそのスキャンダルを報じた。
rescue (A)	名 救助(活動) 動 Aを救助する	A **rescue** team was sent to the area. その地域に救助隊が派遣された。
headline	名 (新聞記事などの)見出し	A newspaper **headline** caught my eyes. 新聞の見出しが目にとび込んだ。
risk	名 危険(性)，恐れ	Smoking can increase your **risk** of cancer. 喫煙によって癌になる危険性が高くなることがある。
ambassador	名 大使	The **ambassador** gave a speech to the reporters. 大使はレポーターたちに話をした。
shoot down A[A down]	熟 Aを撃ち落とす	The air force may **shoot down** the enemy airplane. 空軍は敵の航空機を撃ち落とすかもしれない。

PART ②

in a hurry	熟 急いで	We had only ten minutes, so we ate **in a hurry**. 10分しかなかったので，私たちは急いで食べた。
make every effort	熟 あらゆる努力 をする	I **made every effort** to pass the exam. 私は試験に受かるためにあらゆる努力をした。
refuse to *do*	熟 ～するのを断 る［拒否する］	He will **refuse to** answer the question. 彼はその質問に答えるのを拒否するだろう。
at the risk of *A*	熟 A の危険を 冒して	He saved me **at the risk of** losing his life. 彼は命を失う危険を冒して私を助けてくれた。
stormy	形 激しい	He went out in the **stormy** rain that night. 彼はその夜，その激しい雨の中を，出かけていった。
lighthouse	名 灯台	The **lighthouse** is near the rocks. 灯台はその岩の近くにある。
steep	形 切り立った	**Steep** mountains cover the small island. 切り立った山々がその小さな島を覆っている。
cliff	名 崖	Some rocks suddenly fell down the **cliff**. いくつかの岩が崖から突然落ちた。
eastern	形 東の	The **eastern** side of the island has a mountain. その島の東側には山がある。
edge	名 端	Don't get too close to the **edge** of the cliff. 崖の端に近づきすぎてはいけない。
rush	動 急いで行く	My little brother **rushed** into my room. 私の弟が急いで私の部屋に入ってきた。
keeper	名 守衛	Visitors need to go to the **keeper**'s room on holidays. 休日には来訪者は守衛室に行く必要がある。
wet	形 濡れた，湿っ た	I got **wet** in the rain. 私は雨で濡れた。
crew	名 乗組員	One of the **crew** of the ship saw the lighthouse. その船の乗組員の1人が灯台を見た。
flag	名 旗	Some people waved the **flag**. 旗を振っている人もいた。
crescent	名 三日月	A beautiful **crescent** moon was seen that night. その夜はきれいな三日月が見られた。
sink	動 沈む	The ship didn't **sink** even in the stormy typhoon. その激しい台風の中でもその船は沈まなかった。
sunk	動 sink の過去 分詞形	The sun had already **sunk** below the horizon. 太陽はすでに地平線の下に沈んでいた。
villager	名 村人	Several **villagers** saw the ship sink. 数人の村人がその船が沈むのを見た。

survivor	名 生存者	He is the **survivor** of the accident. 彼がその事故の生存者だ。
shiver	動 震える	The cold rain made the children **shiver**. その冷たい雨がその子供たちを震えさせた。
make *oneself* understood	熟 自分の言葉を理解してもらう	It was hard to **make myself understood** in Chinese. 中国語で自分の言葉を理解してもらうのは困難だった。
take off A[A off]	熟 A を脱ぐ	She **took off** her black coat. 彼女は黒いコートを脱いだ。
old-fashioned	形 旧式の	This **old-fashioned** stove uses coal. この旧式のストーブは石炭を使う。
wooden	形 木造の	My grandparents live in an old **wooden** house. 祖父母は古い木造の家に住んでいる。
warship	名 軍艦	I saw some **warships** approaching here. 私は数隻の軍艦がこちらに近づいて来るのを見た。
precious	形 貴重な，大切な	Thank you for showing me such a **precious** thing. そのような貴重なものを見せてくれてありがとう。
naked	形 裸の	She wrapped the **naked** baby in a blanket. 彼女はその裸の赤ん坊をブランケットでくるんだ。
emergency	名 非常[緊急]事態	We were surprised to see an **emergency** signal. 私たちは緊急信号を見て驚いた。
kindness	名 親切, 優しさ, 親切な行為	I will never forget your **kindness**. あなたのご親切は決して忘れません。
on the[*one's*] way (to A)	熟 (A へ向かう)途中で	**On our way to** the station, it started to rain. 私たちが駅へ向かう途中で雨が降り始めた。
run out of A	熟 A を使い果たす	We might **run out of** gasoline soon. 私たちはもうすぐガソリンを使い果たすかもしれない。
in case of A	熟 A の際には，A に備えて	**In case of** a car accident, we can help you. 自動車事故の際には，私たちがあなたをお助けできます。
not ～ at all	熟 まったく～ない	I'm **not** tired **at all**. 私はまったく疲れていません。
with all *one's* heart	熟 心から	She tried **with all her heart** to win the race. 彼女はそのレースで勝つために心から挑んだ。
keep A in (*one's*) mind	熟 A をしっかりと心に刻んでおく	I **kept** my teacher's advice **in my mind**. 私は先生の助言をしっかりと心に刻んでおいた。
safely	副 無事に	His airplane arrived at the airport **safely**. 彼の飛行機は無事に空港に到着した。
onto	前 ～の上に	He climbed **onto** the back of the truck. 彼はトラックの荷台の上によじ登った。

PART ❸

PART ❹

deck	名 デッキ	Some children are playing on the **deck**. デッキの上で子供が何人か遊んでいる。
port	名 港	A big ship came into the **port**. 大きな船がその港に入ってきた。
see *A* off	熟 A を見送る	I **saw** my father **off** at the station. 私は駅で父を見送った。
out of sight	熟 見えないとこ ろに[で]	She makes an effort **out of sight**. 彼女は見えないところで努力をしている。
leave *A* for *B*	熟 B に向けて A を出発する	He **left** Tokyo **for** London on December 22. 彼は 12 月 22 日にロンドンに向けて東京を出発した。
pass on *A*[*A* on]	熟 A を伝える	We **passed on** the story of the great fire. 私たちはその大火事の話を伝えた。
bring *A* together [together *A*]	熟 A を引き合 わせる	Soccer **brought us together**. サッカーが私たちを引き合わせた。

PART ①

ポイント　駐日トルコ大使は，なぜトルコ人が日本人に好感を持っていると述べたか。

① On March 17th, 1985, / during the Iran-Iraq War, / Iraq suddenly announced, /
1985 年 3 月 17 日　／　イラン・イラク戦争の最中　／　イラクが突然こう発表した　／

"Forty-eight hours from now, / we will shoot down any airplane / flying over Iran." //
「今から 48 時間後　／　我々はいかなる飛行機も撃墜する　／　イラン上空を飛んでいる」//

② Foreign people in Iran / began to return home / in a hurry / on the airlines / of their
イランにいた外国人は　／　故郷に帰り始めた　／　急いで　／　航空会社の飛行機で　／

home countries. // ③ Unfortunately, / at that time, / there was no regular airline
母国の　　　//　　不運にも　／　当時　／　飛行機の定期便は 1 つもなかった

service / between Iran and Japan. //
　　　／　イランと日本の間に　　//

④ The Japanese embassy in Iran / made every effort / to get seats on foreign airlines. //
イランの日本大使館は　／　あらゆる努力をした ／ 外国の航空会社の席を入手するために//

⑤ However, / the airlines gave top priority / to the people of their home countries / and
しかし　／　航空会社は最優先させた　／　自分の国の国民を　／

refused to accept the Japanese passengers. // ⑥ More than 200 Japanese people /
そして日本人乗客を受け入れることを拒んだ　//　200 人を超える日本人が　／

were left in Iran. // ⑦ Just when they were losing / hope of going back home, / the
イランに取り残された //　彼らがなくしかけたまさにその時 ／　故郷へ帰る希望を　／

Japanese embassy received a phone call / that said, / "Turkish Airlines will offer /
日本大使館は 1 本の電話を受けた　／　～と言う　／　「トルコ航空が提供する　／

special seats / for the Japanese people / left in Iran." // ⑧ Two planes from Turkey
特別席を　／　日本人のための　／ イランに取り残された」//　トルコから来た 2 機の飛行機

appeared / in the sky / and helped the Japanese / out of Iran. // ⑨ There was one hour
が現れた　／　空に　／　そして日本人を助け出した ／ イランから　//　　　1 時間 15 分

and fifteen minutes left / before the deadline. //
残されていた　／　最終期限まで　//

⑩ The next day / the Japanese media reported the rescue / as headline news. //
翌日　／　日本のメディアはその救出行動を報じた　／　トップニュースとして//

⑪ However, / they did not know the real reason / why Turkey saved those Japanese / at
しかし　／　彼らは本当の理由を知らなかった　／　トルコが日本人を救ってくれた　／

the risk of being shot down. // ⑫ The Turkish ambassador to Japan / explained
撃墜される危険を冒して　　//　　駐日トルコ大使は　／　後日説明

later, / "One of the reasons / is that the Turkish have good feelings / toward the
した ／　「その理由の 1 つは　／　トルコ人が良い感情を持っているということだ ／　日本人に

Japanese. // ⑬ This / is because of the *Ertugrul* accident / in 1890." // ⑭ What was
対して　//　これは/　エルトゥールル号の事故のためだ　／　1890 年の」// エルトゥールル

the *Ertugrul* accident? // ⑮ It happened / in Japan / in the Meiji era. //
号の事故とは何だったのか　　//それは起こった ／ 日本で　／　明治時代に　//

✓ **構成＆内容チェック**　本文を読んで，（　）に合う日本語を書きなさい。

① イラン・イラク戦争時のイラクによる突然の発表について述べている。
　イラクが「48時間後にイラン上空の(1.　　　　　)をすべて撃墜する」と発表。

詳しく説明

② 発表後に諸外国が取った対応を説明している。
　イランにいた外国人は母国の航空会社の(1)で故郷に帰り始めた。

③〜⑥ イランにおける日本の航空事情と日本人の状況を説明している。
　日本はイランへの定期便がなかったので，他国の航空会社の(1)で帰ろうとしたが断られた。日本人はイランに取り残されようとしていた。

⑦〜⑨ (2.　　　　　)が取った日本人の救出行動について説明している。
　(2)の航空会社から日本人のために特別な席を提供するとの申し出があり，日本人は(2)の(1)に乗ってイランを出国することができた。

⑩・⑪ (2)の行動についての日本の報道の様子を説明している。
　(2)による日本人の救出について大きく報道した日本のメディアは，なぜ(2)が撃墜される危険を冒してまで日本人を助けたのか，本当の理由を知らなかった。

⑫〜⑮ (3.　　　　　)号の事故を紹介している。
　駐日(2)大使は，この救出劇には1890年の(3)号の事故が関係しているのだと説明した。

! 教科書Qのヒント　**Q1** What did Iraq do on March 17th, 1985?
（1985年3月17日に，イラクは何をしましたか。）　→本文①

Q2 Which country's airline helped Japanese people out of Iran?
（どこの国の航空会社が日本人をイランから助け出しましたか。）　→本文⑦・⑧

🔑 読解のカギ

① ... we will shoot down <u>any airplane</u> <u>flying</u> over Iran.
　　　　　　　　　　　　現在分詞が any airplane を修飾

➡ flying は現在分詞で，ここでは over Iran という前置詞句を伴って any airplane を後ろから修飾している。「〜している…」という意味。
➡ 肯定文で名詞の単数形とともに使われる any は，「どの［どんな］〜でも」という意味。

④ The Japanese embassy in Iran <u>made</u> every effort <u>to get</u> seats on foreign
　　　　　　　　　　　　　　　　　to ＋動詞の原形（目的）

airlines.
➡ to get は副詞的用法の不定詞。「〜するために」という意味で, made を修飾している。

3

- every は effort（努力）や confidence（自信）などの名詞を修飾する場合は，「可能な限りの，あらゆる」という意味になる。make every effort の形で「あらゆる努力をする」という意味を表す。

Q1. 並べかえなさい。

外国人の相撲取りは日本語を習得するためにあらゆる努力をする。

(make / effort / foreign / Japanese / learn / every / sumo wrestlers / to).

⑤ **However, the airlines ... refused to accept the Japanese passengers.**

→ refuse の目的語に動名詞を置くことはできないので注意。refuse to *do* で「～するのを断る[拒否する]」という意味を表す。

⑦ **"Turkish Airlines will offer special seats for the Japanese people left in Iran."**

過去分詞が the Japanese people を修飾

→ left は過去分詞で，名詞を修飾して「残された～」という意味を表している。ここでは in Iran という前置詞句を伴って the Japanese people を後ろから修飾している。

⑧ **Two planes from Turkey ... helped the Japanese out of Iran.**

→ out of は2語で1つの前置詞として働き，「～から」という意味を表す。〈help＋O＋＋out of *A*〉は「O を A から救う[助け出す]」となる。

⑪ **However, they did not know the real reason [why Turkey saved those**

先行詞　　関係副詞

Japanese at the risk of being shot down].

→ why は関係副詞。関係副詞の why は reason(s) を先行詞にとる。ここでは the real reason why ～ の形で，「～する本当の理由」という意味を表す。

→ being shot は〈動名詞 being＋shoot の過去分詞形 shot〉の形で，動名詞の受動態。

Q2. 並べかえなさい。

私は昨晩遅く帰ってきた理由を彼に話した。

(I / I / him / home / the / why / reason / last night / came / late / told).

⑫ **The Turkish ambassador to Japan explained later, ...**

→ ambassador は「大使」という意味の名詞で，〈ambassador to＋O（国名）〉の形で「（～国の）駐在大使」という意味を表す。

⑬ **This is because of the *Ertugrul* accident in 1890.**

　S　V　　　　　　　　C

→ because of は2語で1つの前置詞として働き，「～のために」という意味を表す。前置詞は目的語を伴って形容詞句や副詞句になることができる。ここでは，形容詞句の働きをし，第2文型〈S＋V＋C〉の補語 C になっている。

読解のカギ Q の解答　Q1. Foreign sumo wrestlers make every effort to learn Japanese（.）
Q2. I told him the reason why I came home late last night（.）

PART 2 -1

ポイント 1890年9月16日に，樫野埼灯台では何が起きたか。

① On September 16th, 1890, / a strong typhoon / hit Oshima Island, /
1890年9月16日に / 強い台風が / 大島を襲った /

Wakayama. // ② Stormy winds began to blow / against Kashinozaki Lighthouse, /
和歌山県の // 暴風が吹き始めた / 樫野埼灯台に向かって /

which stood on a steep cliff / at the eastern edge of the island. //
その灯台は険しい崖の上に立っていた / その島の東の端の //

③ That night, / a big man rushed into / the lighthouse keepers' room. //
その夜 / 大男が駆け込んできた / 灯台守の部屋に //

④ He was all wet, / covered with blood, / and clearly not a Japanese. // ⑤ The
男は全身ずぶ濡れで / 血にまみれ / 明らかに日本人ではなかった //

keepers soon understood / that an accident had happened at sea. //
灯台守たちはすぐにわかった / 海で事故が起きたのだと //

⑥ "Whose ship are you on? // ⑦ How many crew members / do you have?" //
「だれの船に乗っているのだ // 乗組員は何人 / いるのだ」 //

⑧ "......" //
「……」 //

⑨ The keepers couldn't / make themselves understood / in Japanese. //
灯台守たちはできなかった / 自分たちの言うことを理解させることが / 日本語で //

✓ 構成&内容チェック 本文を読んで，（　）に合う日本語を書きなさい。

①・② 大島の樫野埼灯台で起きた出来事について導入している。
1890年9月16日，(1.　　　　　　)県の大島は強力な台風に襲われ，島の東端の
崖の上に立つ樫野埼灯台には，暴風が吹き始めた。

↓

③〜⑨ 駆け込んできた男性と(2.　　　　　　)たちのやり取りの様子を説明している。
夜，(2)の部屋にずぶ濡れで血だらけの男性が駆け込んできた。彼は明らかに日本人
ではなかった。海で事故が起こったことをすぐに理解した(2)たちは，その男性にい
くつか質問したが，(3.　　　　　　)が通じなかった。

✓ 構成&内容チェック の解答 1. 和歌山　2. 灯台守　3. 日本語

🔑 **読解のカギ**

② **Stormy winds began to blow against Kashinozaki Lighthouse, [which stood**

Kashinozaki Lighthouse を補足説明 └──────┘ 関係代名詞

on a steep cliff at the eastern edge of the island].

➡ 関係代名詞 which の前にコンマが置かれているので，関係代名詞の非限定用法。which で始まる節が先行詞の Kashinozaki Lighthouse を補足的に説明している。

🔹 **Q1. 日本語にしなさい。**

I have a picture of London Bridge, which is a famous bridge in London.

(　　　　　　　　　　　　　　　　　　　　　　　　　　)

④ **He was all wet, covered with blood, (and) clearly not a Japanese.**
　 S　V

➡ all wet と covered with blood と clearly not a Japanese が and でつながれていて，3 つとも He was にかかっている。was covered は受動態。

⑤ **The keepers soon understood [that an accident had happened at sea].**
　　　　　　　　過去形　　　　　　　　　　　　　　　had ＋過去分詞

➡ that 節の動詞 had happened は過去完了形で，主節の動詞 understood は過去形。「理解した」という過去のある時点よりも前に事故が起きたことを表している。

🔹 **Q2. ＿＿ を埋めなさい。**

私は電車にかさを置いてきたことに気づいた。

I noticed that I ＿＿＿＿＿ ＿＿＿＿＿ my umbrella on the train.

⑥ **Whose ship are you on?**

➡ 前置詞 on の目的語は Whose ship である。

🔹 **Q3. 並べかえなさい。**

あなたはだれのペンでその手紙を書いたのですか。

(pen / write / did / whose / with / the / letter / you)?

＿＿＿＿＿＿＿＿＿＿＿＿＿＿＿＿＿＿＿＿＿＿＿＿＿＿?

⑨ **The keepers couldn't make themselves understood in Japanese.**
　　　　　　　　　　　　使役動詞　　　O　　　過去分詞

➡ この make は使役動詞で，〈make＋O＋過去分詞〉の形で「O を〜されるようにする」という意味を表す。make *oneself* understood で「自分の言葉を理解してもらう」となる。ここでは「彼らの日本語が通じなかった」という意味。

🔹 **Q4. ＿＿ を埋めなさい。**

私は自分の英語を理解してもらうことができた。

I was able to make ＿＿＿＿＿ ＿＿＿＿＿ in English.

🔑 **読解のカギ** Q の解答　**Q1.** 私はロンドン橋の写真を持っているが，それはロンドンにある有名な橋である。
Q2. had left　**Q3.** Whose pen did you write the letter with(?)　**Q4.** myself understood

PART ❷-2

◆ポイント 村人たちは，どのような危険を冒して生存者を救助したか。

⑩ So, / they took out a book / which had pictures of national flags / in it. //
そこで / 彼らは本を取り出した / 国旗の絵の載った / その中に //

⑪ The injured man slowly pointed / at the red flag / with a white crescent moon
傷ついた男はゆっくりと指さした / 赤い旗を / 白い三日月と

and a star / in its center. //
星のある / 中央に //

⑫ "This flag / ... Turkey!" //
「この国旗は / …トルコか」 //

⑬ With gestures, / the Turkish man told them / that the ship had sunk / and all
身ぶりで / トルコ人の男は彼らに伝えた / 船が沈没して / 乗組員

the crew had been thrown / into the sea. // ⑭ He had managed to swim to the beach /
全員が投げ出されたことを / 海に // 彼はなんとか海岸まで泳ぎ着いた /

and climb up the cliff. //
そして崖を登ってきた //

⑮ The villagers, / who heard of the accident / from the lighthouse keepers, /
村人たちは / 事故のことを聞いた / 灯台守たちから /

quickly began to rescue / the other crew members. // ⑯ But it was dangerous work /
すぐに救助し始めた / ほかの乗組員を // しかしそれは危険な作業だった /

in the dark. // ⑰ Some villagers pulled / the injured crew members up /from the
暗闇での // 村人たちの中には引っぱる者もいた / 負傷した乗組員を上へ / 崖から

cliff / by rope. // ⑱ Others climbed up the steep cliff, / carrying the large Turkish
/ ロープで // 険しい崖を登る者もいた / 大柄なトルコ人をかつぎながら

people / on their shoulders. // ⑲ After that, / they took their clothes off and, / with
/ 肩に // そのあと / 村人たちは服を脱いで /

their bodies, / warmed the survivors / shivering with cold. //
自らの体で / 生存者を温めた / 寒さで震えている //

✓ 構成&内容チェック 本文を読んで，（　）に合う日本語を書きなさい。

⑩〜⑭ 男性と灯台守たちの身ぶりによるやり取りの様子を説明している。
灯台守たちが(1.　　　　　　)の載っている本を取り出すと，男性は(2.　　　　　　)
の（1）を指さした。彼は，乗っていた船が沈んで乗組員全員が海に投げ出されたことを身ぶ
りで伝えた。彼は自力で海を泳ぎ，崖を登ってきたのだった。

↓

⑮〜⑲ 事故を知った村人たちが取った行動を説明している。
村人たちはすぐに(3.　　　　　　)を始めたが，暗闇の中では危険なことだった。
彼らは負傷した乗組員を（3）すると，寒さに震える生存者たちを自らの体で温めた。

✓ 構成&内容チェック の解答　1. 国旗　2. トルコ　3. 救助

❗ 教科書Qのヒント 　**Q3** What did the Turkish man tell the keepers with gestures?
(そのトルコ人男性は灯台守たちに身ぶりで何を伝えましたか。)　→本文⑬

Q4 What did the villagers do when they heard of the accident?
(村人たちは事故のことを聞くと何をしましたか。)　→本文⑮

📖 読解のカギ

⑩ **So, they took out a book [which had pictures of national flags in it].**
　　　　　　　　　　先行詞└───────┘関係代名詞

➡ which は a book を先行詞とする主格の関係代名詞。which 以下が a book を修飾。

⑬ **... the Turkish man told them [that ... all the crew had been thrown into**
　　　　　　　　　　　過去形　　　　　　　　had been＋過去分詞(＝過去完了形の受動態)

the sea].
➡ 〈tell＋人＋that 節〉の文。had been thrown は受動態と過去完了形が合わさった〈had been＋過去分詞〉の形で、「投げ出されてしまった」という意味を表している。

🎵 Q1. 並べかえなさい。
私たちは先生に、教室の窓が割られたことを伝えた。
(the windows / our classroom / been / told / we / broken / in / our teacher / had).
_____.

⑭ **He had managed to swim to the beach (and) climb up the cliff.**
➡ had managed は過去完了形。manage to do は「なんとか〜する」という意味を表す。
➡ had managed to は and でつながれた swim と climb にかかっている。

⑮ **The villagers, [who heard of the accident from the lighthouse keepers,]**
　　　　　　　　└──────┘The villagers を補足説明

quickly began to rescue the other crew members.
➡ who は非限定用法の関係代名詞。先行詞 The villagers を補足的に説明している。

🎵 Q2. 並べかえなさい。
ユイはたいてい放課後は居残りしているのだが、今日は早く帰宅した。
(stays / came / usually / Yui, / today / after school, / who / home / early).
_____.

⑱ **Others climbed up the steep cliff, (carrying the large Turkish people on**
　　　　　　　└──動作が同時に行われている──┘　現在分詞で始まる分詞構文

their shoulders).
➡ 現在分詞 carrying で始まる分詞構文が、「〜しながら」という付帯状況を表している。ここでは2つの動作が同時に行われていることを表している。

📖 読解のカギ Qの解答　Q1. We told our teacher the windows in our classroom had been broken(.)
Q2. Yui, who usually stays after school, came home early today(.)

PART 3　英文を読む前に，初めて習う文法を含んだ文を確認しましょう！ → p.261 ⑤

ポイント　村人たちは，生存者たちに対してどのような世話をしたか。

① The name of the Turkish ship / was *Ertugrul*. //
トルコ船の名前は　/「エルトゥールル号」といった //

② It was an old-fashioned
それは旧式の木造の軍艦

wooden warship / with over 600 crew members. //
だった　/　600 名を超える乗組員を乗せた　//

③ The accident happened / on their
事故は起きた　/　途中で

way / from Yokohama to Kobe. //
/　横浜から神戸に向かう　//

④ There were only 69 survivors. //
生存者はわずか 69 名だった　//

⑤ If the villagers
もし村人たちが

had not helped them, / almost all the crew would have lost / their lives. //
彼らを助けていなかったら /　乗組員はほぼ全員が失っていただろう　/　命を　//

⑥ Although the poor villagers did not have / enough food / for themselves, / they
貧しい村人たちは持っていなかったけれども　/　十分な食料を　/ 自分たちにとって /

offered their precious rice and sweet potatoes / to the survivors. //
貴重な米やサツマイモを差し出した　/　生存者に　//

⑦ Even the
女性や

women and children / gave their own clothes / to the naked crew members. //
子供でさえ　/　自分たちの服を与えた　/　裸の乗組員たちに　//

⑧ When they ran out of food, / the villagers even gave them the chickens / which
食料を使い果たすと　/　村人たちはニワトリさえも彼らに与えた　/　飼われ

were kept / as food in case of emergency. //
ていた　/　緊急時の食料として　//

⑨ Although the villagers did not know / any Turkish at all, / they encouraged the
村人たちは知らなかったけれども　/　トルコ語を全く　/　傷ついた生存者を

injured survivors / in Japanese / and took care of them / for three days. //
勇気づけた　/　日本語で / そして彼らの世話をした /　3 日間　//

⑩ The
Turkish people thanked the villagers / with all their hearts / and kept the kindness
トルコ人たちは村人たちに感謝した　/　心から　/　そして村人たちの親切を

of the villagers / in their minds. //
しっかりと刻んでおいた /　心に　//

✓ **構成＆内容チェック**　本文を読んで，（　）に合う日本語を書きなさい。

①・② エルトゥールル号について紹介している。

その船は『エルトゥールル号』という名前の旧式の木造の軍艦で，600名を超える乗組員を乗せていた。

↓

③〜⑤ 事故の概要と生存者について説明している。

事故は船が横浜から神戸に向かう途中で発生した。生存者は69名しかいなかったが，村人たちの救助がなければ，乗組員はほぼ全員命を失っていただろう。

↓

⑥〜⑧ 村人たちが生存者に提供したものについて述べている。

貧しい村人たちは，自分たちの食料も十分に蓄えていない中，貴重な(1.　　　　　　)やサツマイモを提供した。女性や子供たちですら，自分たちの(2.　　　　　　)を生存者たちに差し出した。

↓

⑨ 村人たちが生存者を精神的にも支えたことについて述べている。

村人たちは(3.　　　　　　)で生存者たちを励まし続け，3日間世話をした。

　⑩ 生存者たちは村人たちに対しどのように感じていたかを述べている。

　トルコ人の生存者たちは，村人たちに心から(4.　　　　　　)していた。

教科書Qのヒント　**Q5** When the villagers ran out of food, what did they do?
（村人たちは，食料を使い果たすと，何をしましたか。）　→本文⑧

Q6 Why did the survivors thank the villagers with all their hearts?
（なぜ生存者たちは村人たちに心から感謝したのですか。）　→本文⑨

読解のカギ

② **It was an old-fashioned wooden warship with over 600 crew members.**
➡ old-fashioned は「旧式の」という意味の形容詞。fashioned は，fashion（〜を造る）の過去分詞形が形容詞になったもの。old と「-(ハイフン)」で結ばれている。
➡ wooden は名詞の wood に -en が付いて形容詞になったもので，「木製の」という意味。接尾辞の -en は名詞の語尾に付き，形容詞を作ることがある。

⑤ [**If the villagers had not helped them,**] **almost all the crew would have**
　　　　　S′ ＋ had＋過去分詞　　　　　S＋助動詞の過去形＋have＋過去分詞

lost their lives.
➡ 仮定法過去完了の文。〈If S′＋過去完了，S＋would＋have＋過去分詞〉の形で，「もし（あの時）〜だったなら，…だっただろうに」という過去の事実に反する仮定を表す表現。　　文法詳細 pp.268〜269

✓ **構成＆内容チェック** の解答　1. 米　2. 服　3. 日本語　4. 感謝

Q1. 日本語にしなさい。

If it had not rained this morning, I would have gone jogging.

(　　　　　　　　　　　　　　　　　　　　　　　　　　　　　)

Q2. 並べかえなさい。

もしあの時彼に会っていたら，彼を助けただろう。

(I / have / met / if / at that time / I / him / would / had / helped / him / ,).

_____.

⑦ Even the women and children gave their own clothes ....
　　└──────↑ 副詞の Even が名詞を修飾

➡ even は副詞。副詞の even は名詞を修飾することもできる。ここでは，the women and children を「〜でさえ」という意味で修飾している。

⑧ ... the villagers even gave them the chickens [which were kept as food
　　　　　　　　　　　　　先行詞 ↑──────────┘ 関係代名詞

in case of emergency].

➡ which は先行詞が the chickens の主格の関係代名詞。which で始まる節が先行詞を後ろから修飾し意味を限定している(限定用法)。関係代名詞の前にコンマが置かれる非限定用法と区別すること。

Q3. 並べかえなさい。

姉は，イタリア製の新しいバッグをほしがっている。

(was / which / wants / my sister / Italy / a new bag / made / in).

_____.

⑨ ... they encouraged the injured survivors in Japanese and took care of them for three days.

➡ in Japanese の in は「〜を使って，〜で」という意味の前置詞。〈in + (言語)〉の形で「〜語で」という意味を表す。

➡ for three days の for は「〜の間」という意味の期間を表す前置詞。

Q4. ＿＿ を埋めなさい。

彼は中国語で話していた。

He was talking _____ Chinese.

⑩ The Turkish people thanked the villagers with all their hearts (and) kept the
　　　　　　S　　　　　　　　V₁　　　　O₁　　　　　　　　　　　　　　　　V₂

kindness of the villagers in their minds.
　　　　　O₂

➡ 動詞 thanked と kept が，等位接続詞 and で結ばれている。

読解のカギ Q の解答　**Q1.** もし今朝雨が降らなかったら，ジョギングに行っただろう。
Q2. If I had met him at that time, I would have helped him(.)
Q3. My sister wants a new bag which was made in Italy(.)　　**Q4.** in

PART ④

ポイント　トルコ人は，日本人に対してどのような感情を持っているか。

① Early on the morning / of September 20th, / a German warship arrived / at
早朝に / 9月20日の / ドイツの軍艦が到着した /

Oshima / to take the survivors / to Kobe. // ② Just past noon / they were seen off /
大島に / 生存者を連れて行くために / 神戸へ // 昼過ぎに / 彼らは見送られた /

by the villagers, / who had taken care of them / until just a few minutes before. //
村人たちに / その村人たちは彼らの世話をしていたのだった / ほんの数分前まで //

③ "Arrive home safely!" //
「無事に帰りなさい」 //

④ "Good-bye!" //
「さようなら」 //

⑤ All the crew / that could walk on their own / came onto the deck. // ⑥ They
乗組員は皆 / ひとりで歩ける / デッキの上に出てきた // 彼らは

waved good-bye / to the villagers / until the port was out of sight. //
さようならと手を振った / 村人たちに / 港が見えなくなるまで //

⑦ After a three-week stay in Kobe, / the 69 Turkish survivors / left Japan / for
神戸に3週間滞在したあと / 69名のトルコ人生存者は / 日本を発った /

their home / on two Japanese warships / on October 11th, 1890. // ⑧ They arrived
故郷に向けて / 2隻の日本の軍艦で / 1890年10月11日に // 彼らは無事到着

safely / in Turkey / on January 2nd, 1891. // ⑨ A lot of Japanese people / learned
した / トルコに / 1891年1月2日に // 多くの日本人は / 事故の

about the accident / through the newspapers / and sent money / to the families /
ことを知った / 新聞で / そしてお金を送った / 家族に /

of the dead crew members. //
亡くなった乗組員の //

⑩ Now we understand / why the Turkish government decided / to rescue the
今や私たちはわかっている / なぜトルコ政府が決めたのか / 日本人を

Japanese people / during the Iran-Iraq War. // ⑪ The *Ertugrul* story has been passed
救出することを / イラン・イラク戦争の最中に // エルトゥールル号の話は伝えられてきた

on / for generations in Turkey / and its people keep a strong friendship / with the
/ トルコで何世代にもわたって / それでトルコ人は強い友情を保っている / 日本人

Japanese. // ⑫ The *Ertugrul* / brought Japan and Turkey together. // ⑬ The bridge
との // エルトゥールル号が / 日本とトルコを引き合わせた // 2つの

between the two countries / has been built up / over time. //
国に架けられた橋は / 築き上げられてきた / 時間と共に //

✓ **構成&内容チェック**　本文を読んで，（　）に合う日本語を書きなさい。

①～⑥　生存者たちが村を離れる時の様子を説明している。

9月20日，生存者を神戸に移送するドイツの軍艦が大島に到着した。出航する時，村人たちは船に向かって無事を祈る声をかけた。生存者たちもデッキに出て，手を振って別れを告げた。

↓

⑦・⑧　生存者たちが無事に帰国したことを述べている。

1890年10月11日に日本を出て，1891年1月2日にトルコに到着した。

↓

⑨　あとで事故のことを知った日本人が取った行動を紹介している。

事故を（1.　　　　　　　　）で知った多くの日本人が，亡くなった乗組員の家族に（2.　　　　　　　　）を送った。

↓

⑩～⑬　トルコと日本の結びつきについてまとめている。

エルトゥールル号の話がトルコで語り継がれていたので，イラン・イラク戦争での日本人救出をトルコが決断した。日本とトルコの（3.　　　　　　　　）の架け橋は，時間と共に築き上げられてきたのである。

📖教科書Qのヒント）　**Q7** When did the Turkish survivors arrive in Turkey?

（トルコ人の生存者たちはいつトルコに到着しましたか。）　→本文⑧

Q8 Why did the Turkish government decide to rescue the Japanese people during the Iran-Iraq War?

（なぜトルコ政府はイラン・イラク戦争の最中に日本人を救出しようと決めたのですか。）　→本文⑪

🔑読解のカギ）

① **Early on the morning of September 20th, a German warship arrived at Oshima to take the survivors to Kobe.**

　　　　　　to ＋動詞の原形　　　　　前置詞

➡ on は特定の日の前に置かれる前置詞で「～に」という意味を表す。the morning of September 20th は「朝」を表しているが，特定の日の朝なので，前置詞は on を使う。

➡ to take は副詞的用法の不定詞で「～するために」という意味を表す。to Kobe の to は「～へ」という方向や到達点を表す前置詞。take *A* to *B* で「A を B へ連れて行く」。

② **Just past noon they were seen off by the villagers, [who had taken care of them until just a few minutes before].**

the villagers を補足説明

✓ **構成&内容チェック** の解答　1. 新聞　2. お金　3. 友情

→ who は非限定用法の関係代名詞。関係代名詞の前にコンマを置いて，先行詞の the villagers を補足的に説明している。

Q1. 日本語にしなさい。

I'm going to visit my grandfather, who lives in another city.

(　　　　　　　　　　　　　　　　　　　　　　　　　　　　　　　)

⑤ **All the crew [that could walk on their own] came onto the deck.**
先行詞 ┗━━━━━━┛ 関係代名詞

→ that は主格の関係代名詞で，先行詞の All the crew を後ろから修飾している。先行詞に all のような「すべて」を表す修飾語が付くと，関係代名詞は that が好まれる。

→ on *one's* own は「自力で」という意味の熟語。

⑥ **They waved good-bye to the villagers [until the port was out of sight].**

→ この until は「〜するまで(ずっと)」という意味の接続詞。主節の行動が，until で始まる節の時点まで継続していたことを表している。本文②の until は前置詞。

⑩ **Now we understand [why the Turkish government decided to rescue the Japanese people during the Iran-Iraq War].**

→ ⟨S＋V＋O(疑問詞節)⟩の形の第3文型の文。疑問詞 why で始まる節が名詞の働きをして，understand の目的語になっている。疑問詞節が名詞の働きをする場合，疑問詞のあとの語順は平叙文と同じ⟨S＋V⟩になる。

Q2. 並べかえなさい。

父は，なぜ私がお金を貯めようとしているのかを知らない。

(why / my father / I'm / know / money / trying / to / doesn't / save).

_____.

⑪ **The *Ertugrul* story has been passed on for generations in Turkey ....**
has been ＋過去分詞(＝現在完了形の受動態)

→ has been passed は現在完了形と受動態が組み合わさった⟨have[has] been ＋過去分詞⟩の形。has been passed on で「ずっと伝えられてきた」という意味を表している。

⑬ **The bridge between the two countries has been built up over time.**
has heen ＋過去分詞

→ has been built up は現在完了形(完了・結果用法)の受動態で，「築き上げられてきた」という意味を表している。これまでやってきたことの結果として，今どのような状況になっているかを表している。

Q3. 日本語にしなさい。

Our breakfast has already been made by Kate.

(　　　　　　　　　　　　　　　　　　　　　　　　　　　　　　　)

読解のカギ Q の解答　**Q1.** 私は祖父のもとを訪れる予定だが，彼は別の市に住んでいる。
Q2. My father doesn't know why I'm trying to save money(.)
Q3. 私たちの朝食はすでにケイトによって作られた。

🎨 Comprehension ❗ヒント

Fill in the blanks to complete the table about the two incidents related to Japan and Turkey.

（下線部に適切な語を入れて，日本とトルコに関する2つの出来事についての表を完成させなさい。）

1　1890年9月16日に大島で何が起こったか。（教 p.172, ℓℓ.1~2）

2　トルコの船は大島付近でどうなったか。（教 p.172, ℓℓ.19~20）

3　あるトルコ人が助けを求めて駆け込んだ場所はどこか。（教 p.172, ℓℓ.5~6）

4　村人たちはどのような行動を取ったか。（教 p.173, ℓℓ.3~5）

5　600人以上いた乗組員のうち，生存者は何人か。（教 p.174, ℓℓ.2~4）

6,7　村人たちは生存者に何日間，何をしたか。（教 p.174, ℓℓ.14~17）

8　1890年9月20日，大島に何が到着したか。（教 p.175, ℓℓ.1~2）

9,10　生存者は何に乗って日本を出国し，どこへ向かったか。（教 p.175, ℓℓ.10~12）

11　生存者たちは無事にどこに着いたか。（教 p.175, ℓℓ.12~13）

12　生存者たちは故郷に帰るのに約何か月かかったか。（教 p.175, ℓℓ.10~13）

13,14,15　1985年3月17日にどの国が，どのようなことを発表したか。

（教 p.170, ℓℓ.1~3）

16,17　イランに残された日本人のために，だれが何をしたか。（教 p.170, ℓℓ.12~16）

18　日本のメディアは，何の理由を知らなかったか。（教 p.171, ℓℓ.4~6）

ⓘ More Information ①ヒント

Question

・あなたの市を姉妹都市に住んでいる外国の人々に紹介するイベントを計画するつもりで，以下のそれぞれの質問に対するあなた自身の答えを作る。

・What kind of event will you plan?

  ➡ どんなイベントを計画するつもりかを答える。

  ➡ たとえば，craft festival「工芸品祭り」や food festival「フードフェスティバル」などが考えられる。

    例   I will plan a craft festival.

・What time will the event start and end?

  ➡ そのイベントが始まる時刻と終わる時刻を答える。

    例   It will start at 1 p.m. and end at 3 p.m.

・Where will the event be held?

  ➡ そのイベントが開催される場所を答える。

    例   It will be held in Minami Community Center.

・What thing or food from your city will you introduce?

  ➡ 自分の市のどんなものやどんな食べ物を紹介するつもりかを答える。

  ➡ (伝統的な)日本独自のものや食べ物を紹介する場合は，例のように，紹介するものを表す語句のあとに，called ～「～と呼ばれる」を続けて日本語での名称を紹介するとよい。

    例   I will introduce traditional Japanese paper called *washi*.

Writing & Presentation

・あなたの計画について，ひとまとまりの文章を書いて，プレゼンテーションをする。教 p.181 の Example を参考にしてもよい。

  例   My plan is to hold a craft festival in autumn from 1 p.m. to 3 p.m. Minami Community Center is the best place for it. Our city is famous for its traditional Japanese paper called *washi*. Why don't we make origami crafts using *washi* and exhibit them? We could teach visitors how to make some easy origami crafts. The festival would be fun.

📖 Grammar

G-24 仮定法過去完了

▶**仮定法過去完了とは**

・仮定法過去完了は〈If S′＋過去完了，S＋would/could/might＋have＋過去分詞〉の形で，「もし（あの時）～だったなら，…だっただろうに」と，過去の事実に反することを仮定する場合に使う表現。

仮定法過去完了の肯定文

If I **had been** there, I **would have helped** the survivors.
if節は〈had＋過去分詞〉　　　主節は〈助動詞の過去形＋have＋過去分詞〉

（もし私がそこにいたなら，生存者を助けただろうに。）

➡ 実際には「その場所にいなかった」ので，過去の事実に反している。

➡ 過去の事実に反すること，実際には起こらなかったことを仮定する場合，if節には過去完了形が使われる。この形を仮定法過去完了と呼ぶ。

仮定法過去完了の否定文

If I **had** *not* **been** there, I **would** *not* **have helped** the survivors.
　had *not*＋過去分詞　　　　　would＋*not*＋have＋過去分詞

（もし私がそこにいなかったなら，私は生存者を助けなかっただろうに。）

➡ 実際には「そこにいた」ので，過去の事実に反している。

➡ 「もし（あの時）～でなかったなら，…ではなかっただろうに」という否定の意味を表す場合は〈If S′＋had not＋過去分詞，S＋would/could/might＋not＋have＋過去分詞〉の形で表す。not の位置に注意する。

could を使った仮定法過去完了

If I **had been** there, I **could have helped** the survivors.
　had＋過去分詞　　　　could have＋過去分詞

（もし私がそこにいたなら，私は生存者を助けることができただろうに。）

➡ 「もし（あの時）～だったなら，…できただろうに」と言うときは，助動詞の could を使う。

might を使った仮定法過去完了

If I **had been** there, I **might have helped** the survivors.
　had＋過去分詞　　　　might have＋過去分詞

（もし私がそこにいたら，私は生存者を助けたかもしれないのに。）

➡ 「もし（あの時）～だったなら，…だったかもしれないのに」と言うときは，助動詞の might を使う。

＋α

仮定法過去と仮定法過去完了を組み合わせることもできる。if 節が仮定法過去完了で，主節が仮定法過去の場合は「(過去に)もし〜だったなら，(現在)…だろうに」という意味を表す。

　　If I had not used the bus, I would not be here now.
　　　　　仮定法過去完了　　　　　　　　　仮定法過去

　　（もしそのバスを使わなかったら，私は今ここにはいないだろう。）
　　　過去の話題：「もし〜だったら」　　現在の話題：「〜だろう」

if 節が仮定法過去で，主節が仮定法過去完了の場合もある。

　　If I were you, I would not have done such a thing.
　　　仮定法過去　　　　　仮定法過去完了

　　（もし私があなただったなら，私はそんなことはしなかっただろうに。）
　　現在も過去も変わらない事実　　　過去の話題：「〜だっただろうに」
　　に反する仮定

➡ 「私があなたではない」ことは過去も現在も変わらない事実なので，主節が仮定法過去完了であっても，if 節はふつう，仮定法過去にする。

定期テスト予想問題　解答 ➡ **p.272**

1 ( )に入る適切な語句を，下の①～④から選びなさい。

(1) If I had had enough money, I ( ) bought a larger house.
　① would have　② will have　　　③ had　　　④ have

(2) If I hadn't been sick, I ( ) you to the sea.
　① can take　② could have taken　③ have taken　④ had taken

(3) If I ( ) busy, I could have gone to the concert.
　① am not　② were not　　　③ had not been　④ have not been

2 日本語に合うように，＿＿に適切な語を入れなさい。

(1) その国では私の英語は通じなかった。
　I couldn't ＿＿＿＿＿＿ myself ＿＿＿＿＿＿ in English in the country.

(2) 彼女は急いで家を出たが，電車に間に合わなかった。
　She left home ＿＿＿＿＿＿ a ＿＿＿＿＿＿, but she missed the train.

(3) 彼はあらゆる努力をしてきたので，きっと成功するだろう。
　I'm sure he will succeed as he has ＿＿＿＿＿＿ every ＿＿＿＿＿＿.

(4) 私たちはもう砂糖を使い果たしてしまった。
　We have already ＿＿＿＿＿＿ ＿＿＿＿＿＿ of sugar.

(5) ここで靴を脱いでください。
　Please ＿＿＿＿＿＿ ＿＿＿＿＿＿ your shoes here.

3 日本語に合うように，( )内の語句や符号を並べかえなさい。

(1) もし彼がそこにいたら，彼は事故にあったかもしれない。
　If (had / there / he / an accident / have / might / been / had / he / ,).
　If ＿＿＿＿＿＿＿＿＿＿＿＿＿＿＿＿＿＿＿＿.

(2) もし私が彼女に出会っていなかったら，私は医者にならなかっただろう。
　If (met / wouldn't / I / have / her / a doctor / I / become / not / had / ,).
　If ＿＿＿＿＿＿＿＿＿＿＿＿＿＿＿＿＿＿＿＿.

4 次の英語を日本語にしなさい。

(1) If you had come to the party, you could have met Keiko.
　( )

(2) If the car had run slowly, the accident might not have happened.
　( )

⑤ 次の英文を読んで，あとの問いに答えなさい。

　The name of the Turkish ship was *Ertugrul*.　①It was an old-fashioned wooden warship with over 600 crew members.　The accident happened ②(　) their (　) from Yokohama (　) Kobe.　There were only 69 survivors.　③(the villagers / all the crew / them / almost / their lives / have / had / if / would / not / lost / helped / ,).

(1) 下線部①の英語を日本語にしなさい。
　　(　　　　　　　　　　　　　　　　　　　　　　)

(2) 下線部②が，「横浜から神戸に向かう途中で」という意味になるように，(　)に適切な語を入れなさい。
　　＿＿＿＿＿, ＿＿＿＿＿, ＿＿＿＿＿

(3) 下線部③が，「もし村人たちが彼らを助けていなかったら，乗組員はほぼ全員が命を失っていただろう」という意味になるように，(　)内の語句や符号を並べかえなさい。
　　＿＿＿＿＿＿＿＿＿＿＿＿＿＿＿＿＿＿＿.

⑥ 次の英文を読んで，あとの問いに答えなさい。

　Early (　①　) the morning of September 20th, a German warship arrived at Oshima to take the survivors to Kobe.　Just past noon ②they were seen off by the villagers, who had taken care of them until just a few minutes before.
　"Arrive home ③(safe)!"
　"Good-bye!"
　All the crew that could walk ④(　) (　) (　) came onto the deck.　They waved good-bye to the villagers until the port was out of sight.

(1) (　①　)に適切な前置詞を入れなさい。
　　＿＿＿＿＿

(2) 下線部②の英語を日本語にしなさい。
　　(　　　　　　　　　　　　　　　　　　　　　　)

(3) 下線部③の(　)内の語を適切な形に変えなさい。
　　＿＿＿＿＿

(4) 下線部④が，「自力で」という意味になるように，(　)に適切な語を入れなさい。
　　＿＿＿＿＿ ＿＿＿＿＿ ＿＿＿＿＿

(5) 次の質問に英語で答えなさい。
　　How long did the crew wave to the villagers?
　　＿＿＿＿＿＿＿＿＿＿＿＿＿＿＿＿＿＿＿

定期テスト予想問題　解答　

1 (1) ①　　(2) ②　　(3) ③

2 (1) make, understood　　(2) in, hurry　　(3) made, effort
(4) run out　　(5) take off

3 (1) he had been there, he might have had an accident
(2) I had not met her, I wouldn't have become a doctor

4 (1) もしそのパーティーに来ていたら，あなたはケイコに会えたのに。
(2) もしその車がゆっくり走っていたら，事故は起きなかったかもしれない。

5 (1) それは旧式の木造の軍艦だった　　(2) on, way, to
(3) If the villagers had not helped them, almost all the crew would have lost
their lives(.)

6 (1) on　　(2) 彼らは村人たちに見送られたが，その村人たちはほんの数分前
まで彼らの世話をしていた　　(3) safely
(4) on their own　　(5) 例 They waved until the port was out of sight.

💡 解説

1 仮定法過去完了の文。〈If S′＋過去完了，S＋would/could/might＋have＋過
去分詞〉で表す。

2 (1)「自分の言葉を英語で理解してもらえなかった」と考えて，make *oneself*
understood を使って表す。　　(2)「急いで」は in a hurry で表す。　　(3)「あら
ゆる努力をする」は make every effort で表す。現在完了形の文になるよう，過
去分詞 made を使う。　　(4)「A を使い果たす」は run out of *A* で表す。現在完
了形の文になるよう，過去分詞 run を使う。　　(5)「A を脱ぐ」は take off *A* ま
たは take *A* off で表す。

3 仮定法過去完了の文にする。〈If S′＋過去完了，S＋would/could/might＋
have＋過去分詞〉の形にする。　　(1)「事故にあったかもしれない」は might
have had an accident で表す。　　(2) 前半を過去完了の否定文にする。wouldn't
は would not の短縮形。

4 どちらも仮定法過去完了の文。「もし～だったなら，…だったろうに」などと訳す。

5 (1) old-fashioned は「旧式の」，wooden は「木造の」。　　(2)「(A へ)向かう途
中で」は on the[*one's*] way (to *A*)。　　(3) 仮定法過去完了の文にする。

6 (1) morning の後ろに September 20th という日付がある。「9 月 20 日の朝」と
いう特定の日の朝を表す場合に使う前置詞は on。　　(2) 関係代名詞 who の非限定
用法の文。the villagers を who 以下が補足的に説明している。　　(3) -ly を付けて
「無事に」という意味の副詞にする。　　(4)「自力で」は on *one's* own で表す。
(5)「乗組員はどれくらい長く村人たちに手を振っていましたか」という質問。最
終文参照。until は時を表す前置詞で「～まで」という意味。